Comida y cultura en el mundo hispánico

Comida y cultura en el mundo hispánico
Food and Culture in the Hispanic World

Ana M. Gómez-Bravo

SHEFFIELD UK   BRISTOL CT

Published by Equinox Publishing Ltd.

UK: Office 415, The Workstation, 15 Paternoster Row, Sheffield, South Yorkshire S1 2BX

USA: ISD, 70 Enterprise Drive, Bristol, CT 06010

www.equinoxpub.com

First published 2017
© Ana M. Gómez-Bravo 2017

British Library Cataloguing-in-Publication Data

| ISBN-13 | 978 1 78179 434 0 | (hardback) |
| | 978 1 78179 435 7 | (paperback) |

Library of Congress Cataloging-in-Publication Data
Names: Gómez-Bravo, Ana M. (Ana María)
Title: Comida y cultura en el mundo hispánico = Food and culture in the Hispanic world / Ana M. Gómez-Bravo.
Other titles: Food and culture in the hispanic world
Description: Bristol: Equinox Publishing, 2017. | In Spanish. | Includes bibliographical references and index.
Identifiers: LCCN 2017003847 (print) | LCCN 2017007329 (ebook) | ISBN 9781781794340 (hb) | ISBN 9781781794357 (pb) | ISBN 9781781795903 (ePDF)
Subjects: LCSH: Food habits--Latin America. | Food habits--Spain. | Indians--Food--Latin America. | Latin America--Social life and customs. | Spain--Social life and customs. | Spanish language--Conversation and phrase books--English.
Classification: LCC GT2853.L29 G66 2017 (print) | LCC GT2853.L29 (ebook) | DDC 394.1/2098--dc23

LC record available at https://lccn.loc.gov/2017003847

Typeset by: Radix Language Services
Suite S1b, Leeds Innovation Centre, 103 Clarendon Road, Leeds, LS2 9DF
www.radixlanguageservices.com

Printed and bound in Great Britain by: Lightning Source Inc. (La Vergne, TN), Lightning Source UK Ltd. (Milton Keynes), Lightning Source AU Pty. (Scoresby, Victoria).

Table of Contents

Foreword

Teaching Hispanic culture through food has been a real pleasure for me for the last decade. This approach has many strengths: it engages the students from day one, and it allows an integrative approach to all Hispanic cultures, cutting across centuries and geographical divides while highlighting national, ethnic and personal identities. In addition, the subject matter encourages the use of an extensive vocabulary that students would not otherwise encounter, encompassing areas such as nutrition, medicine, physiology, material and culinary cultures, ethnic practices and more. As a teacher, food has allowed me to communicate with my students at a personal level that is hard to reach when teaching other subjects. Students like to share memories, stories about their family life, cultural encounters and opinions when discussing food in a way that makes communication fluid, meaningful and enjoyable. Through the topic of food students feel comfortable discussing many other matters that are inevitably linked to it: environmental issues, national identities, global politics, and comparative religion are some of the many areas that are evoked when discussing food.

Although this textbook is not meant to provide a history of food, its internal organization has respected chronology for the sake of clarity. Thus, the textbook begins with the prehistoric diet and moves on to contemporary practices. Similarly, chapters have clusters of sections organized around a geographic area, as I have found that students find this approach to be the most straightforward way of learning. At the same time, the focus on certain ingredients, cooking techniques and eating practices allows for an exploration of topics across countries and time periods. This approach helps students see connections and continuities and encourages them to think creatively outside of learned categories.

The book's subject matter is evidently vast and it cannot attempt to provide an exhaustive treatment of the subject. Rather, it presents a rich tapestry of meaningful food practices that suggests paths for further learning. For the sake of variety and in order to communicate the richness of the subject, each chapter is organized around a main topic indicated in the chapter title. In addition, there are other sections with related content that are meant to provide variety and complimentary information. At the end of each segment there are questions for further discussion. These are intended to be used among the students in small groups or as a class, or to be assigned as reading comprehension exercises to be completed at home. There is a recipe in each chapter that is related to its content and that is meant to encourage students to cross the line between reading and talking about food and cooking. The recipes also provide the opportunity to learn about the vocabulary of cooking: measures, instructions, kitchen advice, etc. There is also a section with activities at the end of each chapter. These are hands-on ideas for the students to put into practice some of the main points they have learned in the chapter, as well as to interact with the world outside of the classroom using food as a familiar platform.

The textbook comes with a set of PowerPoint presentations to be used in class. They provide visual aids that will help illustrate as much as possible the content in each chapter. The presentations are open so that they can be customized for each class and the instructor may add or delete slides as needed. The electronic materials that accompany the textbook also include an online forum where instructors anywhere in the world can exchange ideas, resources and additional materials.

I hope that you will enjoy teaching with Food and Culture in the Hispanic World as much as I do and to meet you through the online forum.

Capítulo 1: Comida, cultura y tradiciones ancestrales

El capítulo presenta la relación entre comida y cultura para continuar con algunas de las tradiciones más antiguas en relación con la comida. Empezando con la Prehistoria y la interpretación actual de la dieta prehistórica o Paleodieta, pasamos al mundo antiguo, Egipto, Grecia y Roma, cuyo estudio ayudará a comprender las prácticas alimentarias posteriores. El capítulo también destaca[1] la relación de la comida con el nivel social y económico, además de importantes consideraciones éticas y religiosas relacionadas con la bebida y la comida.

Comida y cultura

Una de las definiciones de cultura es la del conjunto de conocimientos, creencias, valores y experiencias que comparte un determinado grupo de personas y que se comunican de una generación a otra. La Real Academia Española define cultura como el "conjunto de conocimientos que permite a alguien desarrollar su juicio crítico;" y como el "conjunto de modos de vida y costumbres, conocimientos y grado de desarrollo[2] artístico, científico, industrial, en una época, grupo social, etc." Las actitudes con respecto a la comida y la cultura culinaria forman parte obvia de este ámbito.[3] Como en referencia a la cultura en general, a veces se diferencia entre alta cocina y cocina popular o entre gastronomía y la simple comida. La primera se caracterizaría por emplear técnicas refinadas, ingredientes caros y difícilmente asequibles[4] por su precio o su rareza y enfatizaría el placer sensorial de modo refinado. La segunda tendría un enfoque más claro en la alimentación con el fin de la subsistencia y por lo tanto utilizaría alimentos muy básicos, baratos y fácilmente asequibles. Otra forma de referirse a esta diferenciación es la que da al primer tipo de cocina el nombre de "cocina de corte," en alusión al hecho de que se desarrolla en las cortes de opulentos reyes y reinas, y a la segunda el de "cocina popular." El problema de esta distinción es que, aunque pone en evidencia las diferencias sociales y económicas que influyen en la comida, parece sugerir que se excluyen mutuamente, de forma que las clases populares no prestarían atención al valor gustativo y sensorial de sus alimentos.

---

[1] *destacar*: to highlight, to emphasize
[2] development
[3] field, range
[4] available

Hablemos sobre las lecturas
1. ¿Cuáles te parecen las características de la definición de cultura expuesta en esta sección que tienen más importancia para el estudio de la cultura alimentaria o gastronómica?
2. ¿Puedes pensar en ejemplos de cultura gastronómica actualmente que encajen en la definición de "cocina de corte"?
3. ¿Qué ejemplos puedes encontrar de cultura culinaria popular que demuestren el cuidado por valores sensoriales de la comida tales como exquisito sabor, presentación atractiva, etc.?

Dieta prehistórica: Los homínidos de Atapuerca

En la sierra de Atapuerca (Burgos, España) se han encontrado los restos [5] paleontológicos y arqueológicos más tempranos de Europa. Por esta razón la UNESCO ha nombrado el lugar patrimonio de la humanidad y el gobierno español lo considera Bien de interés cultural. En la Sima del Elefante se han encontrado los restos más antiguos de huesos humanos, datados en más de un millón de años, mientras que en el yacimiento[6] cercano de Gran Dolina se hallan restos de hace aproximadamente 800.000 años. En este yacimiento hay también gran número de herramientas[7] de piedra incluyendo hachas[8] de mano, que son las más antiguas encontradas en la Europa Occidental. Los paleoantropólogos han propuesto que los fósiles pertenecen a una nueva especie, a la que han llamado *Homo antecessor*, antecesores de los neandertales y del hombre moderno u *Homo sapiens*. Otros agrupan esta nueva especie con el *Homo heidelbergensis*. En la Sima de los Huesos se han encontrado más de 1.600 fósiles humanos que tienen entre 300.000 y 600.000 años de antigüedad. Entre los homínidos de Atapuerca, se ha demostrado que el alimento principal durante los tres y cuatro primeros años de vida era la leche materna, lo que los científicos han relacionado con el buen estado de salud[9] demostrado entre los adultos. Gracias a la gran cantidad de fósiles de animales, sabemos que en la zona vivían y se comían mamuts, rinocerontes, uros,[10] ciervos, hipopótamos, elefantes, bisontes, castores[11] y caballos. Hay otros de menor tamaño como conejos, tortugas[12] y diversos tipos de aves.[13] Se encuentran también carnívoros como el zorro,[14] el lince,[15] el león, la hiena manchada,[16] los osos de las cavernas,[17] o el tigre de diente de

---

[5] remains
[6] site
[7] tools
[8] hatchets
[9] health
[10] aurochs (especie animal extinguida parecida al bisonte)

[11] beavers
[12] turtles
[13] fowl
[14] fox
[15] lynx
[16] spotted hyena
[17] cave bears

sable.[18] Los animales se cazaban, pero también se practicaba el carroñismo.[19] También hay evidencia de que se practicó el canibalismo ritual. Por la forma y el desgaste[20] de la dentadura sabemos que consumían alimentos vegetales y pescado, pero es más difícil saber cuáles eran estas plantas y peces porque no se conservan tantos fósiles como los de los animales terrestres. Entre las plantas, se ha indicado que debían contarse las setas,[21] los frutos silvestres[22] y las bellotas,[23] variando los productos con las estaciones del año. En el yacimiento del Portalón se ha encontrado cerámica, tallas[24] en hueso, herramientas de hueso y bronce, así como diversos adornos pertenecientes a la Edad del Bronce. En la Galería del Sílex hay también cerámica y muestras de arte rupestre[25] del Neolítico y de la Edad del Bronce. Los paleoantropólogos han relacionado la caza con el comienzo de la sociabilidad y la comensalidad[26] humana. También hay hipótesis aceptadas de que el uso del fuego para cocinar tuvo un papel fundamental en la evolución de los homínidos al facilitar la absorción de ciertos nutrientes y hacer los alimentos más fácilmente masticables[27] (como en el caso de la carne) y digeribles.[28] Se ha descubierto un fósil de mandíbula[29] en la Sima del Elefante que pertenece a un homínido de unos treinta años y que tenía los dientes incisivos casi desprendidos[30] de las encías.[31] Esto ha llevado a proponer que el consumo[32] de carne cruda aceleraba el desgaste[33] de la dentadura y causaba infecciones. Descubrimientos[34] recientes demuestran que hace 30.000 años en el Paleolítico en Europa los antecesores de los humanos actuales ya elaboraban harinas[35] de raíces,[36] rizomas[37] y semillas[38] antes de la domesticación extendida de cereales. Para elaborar la harina, había que secar[39] y moler[40] las semillas y raíces, así como disponer de los instrumentos y técnicas necesarios para procesarlas. La harina después se cocinaba quizá en forma de un pan o galleta[41] sin levadura.[42] La ventaja de esta elaboración es que el producto resultante se podía conservar durante largo tiempo, transportarse con facilidad y aportaba un alto número de calorías. Este descubrimiento es importante puesto que demuestra que se utilizaban cereales antes de la aparición de la agricultura en el Neolítico.

---

18 saber-toothed tiger
19 scavenging
20 wear, wear down
21 wild mushrooms
22 wild berries
23 acorns
24 carvings
25 on rock
26 commensality
27 chewable
28 digestible
29 jaw
30 *desprender*: to detach
31 gums
32 consumption
33 wear and tear
34 discoveries, findings
35 flour
36 roots
37 rhizomes, rootstalks
38 seeds
39 dry
40 *moler*: to grind
41 cracker
42 leavening, yeast

Hablemos sobre las lecturas
1. ¿Cómo te parece que sería la vida diaria de los homínidos que vivían en la zona de Atapuerca?
2. ¿Cuál piensas que sería el uso de los objetos de cerámica que se han encontrado?
3. ¿Cuáles te parece que serían algunas de las funciones principales del fuego para los antiguos pobladores de Atapuerca?
4. ¿Crees que los primeros humanos tuvieron que esperar a consumir carne cocinada hasta que aprendieron a domesticar el fuego? ¿En qué otras condiciones podrían haber consumido carne asada[43]?
5. ¿Cuáles te parece que podrían haber sido las causas del canibalismo que aparece con evidencia en Atapuerca? ¿Conoces otros casos de prácticas canibalísticas?
6. ¿Qué posibles interpretaciones piensas que se pueden dar a las pinturas rupestres?

La Paleodieta

Los seguidores de la Paleodieta argumentan que es más sana que otras y que sigue las prácticas alimenticias propias de los primeros humanos, antes del desarrollo de la agricultura, y es por tanto la más adecuada para los humanos actuales por ser la dieta original para la que estamos adaptados. Esta dieta se centra sobre todo en el consumo de carnes magras,[44] pescado, huevos,[45] frutas, setas, raíces y frutos secos.[46] Se excluyen las legumbres,[47] los cereales, las papas o patatas, los lácteos[48] y el azúcar, la sal o el aceite refinados. La Paleodieta es rica en proteínas, aceites omega 3 y omega 6 principalmente insaturados y en equilibrio, minerales (principalmente potasio), vitaminas, antioxidantes y fitoquímicos.[49] También enfatiza el consumo de alimentos integrales,[50] frutas y verduras. Sin embargo, esta dieta es pobre en hidratos de carbono[51] y sodio. En su defensa además se arguye[52] que esta dieta resulta en una mejor salud, que está libre de las llamadas "enfermedades de la civilización" como la obesidad, la diabetes mellitus tipo 2, el cáncer y las enfermedades cardiovasculares. También se le atribuye el poder de defender contra las enfermedades autoinmunes y las degenerativas, así como el acné. Además, se dice que mejora el rendimiento[53] deportivo, el sueño, el nivel de energía, la libido y la función mental. Los estudios

---

[43] *asar*: to roast
[44] lean meats
[45] eggs
[46] nuts
[47] legumes
[48] dairy
[49] phytochemical
[50] whole foods
[51] carbohydrates
[52] *argüir*: to argue
[53] physical performance, capacity

científicos han podido confirmar que la Paleodieta mejora el perfil de lípidos (colesterol y triglicéridos) y la tolerancia a la glucosa. En favor de la Paleodieta se han citado asimismo los problemas que la dieta moderna presenta en gran número de personas. Estos problemas incluyen la intolerancia a la lactosa y al gluten, así como a los fitatos[54] de las legumbres. Por otro lado, se citan la presencia beneficiosa de calcio, vitamina D y proteínas en la leche y la de fitoquímicos y fibra en los cereales y legumbres. Además, se ha argüido que no conocemos completamente la dieta de nuestros antepasados prehistóricos y que los humanos del paleolítico vivían vidas muy cortas, por lo que es difícil comprobar cuál era el efecto real de su dieta durante el envejecimiento,[55] que es cuando suelen aparecer muchas de las enfermedades. Aunque hay ventajas claras de algunas de las propuestas de la Paleodieta, también hay ciertas desventajas, por lo que deben hacerse más estudios para comprobar el efecto de esta dieta en el cuerpo humano.

¿Sabías que...?

La *arqueogastronomía* intenta utilizar documentos y evidencia arqueológica del pasado para reconstruir los alimentos, técnicas culinarias y experiencias gastronómicas de las civilizaciones antiguas. Por ejemplo, hoy está intentando elaborarse el vino con miel y el vino de rosas que bebían los romanos y de los que habla el escritor romano Columela, que vivió en el siglo I DEC (Después de la Era Común).

Hablemos sobre las lecturas

1. ¿Piensas que la Paleodieta es ideal para el momento actual? ¿Por qué?
2. En tu opinión, ¿cuáles son las características positivas y negativas de la Paleodieta?
3. ¿Te parece una dieta factible hoy?
4. ¿Es verdad que el uso de los cereales se debe asociar exclusivamente con el Neolítico?

Egipcios y griegos[56]

Los dos pilares de la dieta egipcia eran el trigo[57] y la cebada.[58] Con el primero se hacía el pan y con la segunda la cerveza, estando ambos productos en manos de los mismos artesanos. El trigo se molía entre dos piedras, por lo que la harina siempre contenía

---

[54] phytates
[55] aging
[56] Egyptians and Greeks
[57] wheat
[58] barley

alguna cantidad de polvo desprendida de las piedras durante la molienda.[59] Parece que esta es la causa del desgaste dental que se ha encontrado en las momias[60] egipcias. El pan era el alimento básico para toda la población y la palabra que lo denominaba era la misma que la de "vida." La cerveza era la bebida de las clases bajas, mientras que el vino se reservaba para las clases altas. Esta cerveza tenía un bajo contenido alcohólico y sería más densa que la actual. Las tierras que se beneficiaban por las crecidas[61] del Nilo eran muy fértiles y en ellas se plantaban verduras y legumbres, siendo las más importantes las lentejas[62] y las habas.[63] Aunque el pan y la cerveza eran alimentos de consumo diario, la dieta constaba también de otros alimentos como dátiles,[64] melones, higos[65] y granadas.[66] Puerros,[67] cebollas, ajos y pepinos[68] formaban parte de la dieta habitual. No había cítricos[69] y para endulzar[70] se usaba la miel.[71] Los cerdos, cabras,[72] ovejas,[73] vacas y burros[74] formaban parte del mundo agrícola y ganadero[75] egipcio. El cerdo era carne de consumo común, pero la carne de vaca era muy cara y su consumo era mayor entre la realeza[76] y las clases privilegiadas. Se consumía también pescado del Nilo y las aves acuáticas que atraía el Nilo, que complementaban los patos[77] y gansos[78] de cría[79] doméstica. Las gallinas[80] llegaron a Egipto en época muy tardía.

La dieta griega estaba sostenida por tres alimentos fundamentales: la oliva o aceituna, de la que se hacía el aceite; la uva,[81] con la que se elaboraba el vino; y el trigo, con el que se hacía el pan. El cereal más barato era la cebada, con la que se hacían unas tortas llamadas *maza* que eran consumidas por la gran parte de la población. El pan elaborado con trigo solía ser el preferido por las clases aristocráticas. Los griegos hacían dos comidas principales. La primera consistía en un desayuno frugal consistente en pan mojado[82] en aceite de oliva o en vino con el acompañamiento[83] facultativo[84] de aceitunas, higos o frutas frescas. También comían unas tortitas que tomaban su nombre de la sartén[85] en la que se cocinaban, el τάγηνον (*tagēnon*). Las *tagenites* se hacían con harina de trigo, aceite de oliva, queso fresco y miel. Había otras tortitas que se hacían con harina de espelta.[86] La comida

---

[59] milling
[60] mummies
[61] rise, flooding
[62] lentils
[63] fava bean, broad bean
[64] dates
[65] figs
[66] pomegranates
[67] leaks
[68] cucumbers
[69] citrus fruits
[70] sweeten
[71] honey
[72] goats

[73] sheep
[74] donkeys
[75] livestock
[76] royalty
[77] ducks
[78] geese
[79] rearing
[80] hens
[81] grape
[82] *mojar*: to soak, to wet
[83] accompaniment, side dish
[84] optional
[85] frying pan
[86] spelt

principal era la cena, que se hacía al anochecer, aunque a veces con anterioridad podía hacerse un almuerzo rápido o una merienda por la tarde. Los hombres y las mujeres comían por separado. Si no había suficiente espacio para que todos comieran al mismo tiempo, primero comían los hombres y después las mujeres. En las casas con esclavos,[87] éstos servían las comidas. Si una casa era pobre, la mujer y los hijos ejercían[88] esa función de servir las comidas. Este modelo reflejaba la importancia social relativa de cada grupo. Los griegos de la Antigüedad clásica comían sentados en sillas y con mesas altas. En los banquetes se usaban lechos[89] y mesas bajas. Las mesas eran en un principio cuadradas o rectangulares, pero en períodos más tardíos eran redondas con pies en imitación de patas de animales. Los platos eran de loza[90] y se comía con los dedos. No se usaba el tenedor,[91] sino solo la cuchara[92] para platos que eran caldosos[93] y el cuchillo[94] para cortar las carnes. El alimento principal de cada comida era el llamado *sitos* y consistía en pan de trigo, gachas[95] de cebada o una legumbre. El pan podía usarse como plato y también como ayuda para llevarse la comida a la boca. Junto con el alimento principal, se servía un acompañamiento llamado *opson*, que podía ser carne, pescado, queso, verdura o simplemente aceite de oliva. La bebida u *oinos* era predominantemente vino. No estaban bien consideradas las personas que consumían demasiado *opson*, que era la parte más deleitosa de la comida, y no suficiente pan. Tampoco estaba bien visto el consumo excesivo del vino o de la carne, que se comía con poca frecuencia y siempre como resultado de un sacrificio religioso. Los griegos comían aceitunas, ajo, cebollas, así como legumbres, que incluían lentejas, garbanzos y habas. También de consumo común eran frutas tales como los higos, granadas, manzanas y peras, así como frutos secos como las nueces, castañas[96] y avellanas.[97] Se consumían muchos lácteos en forma de diferentes tipos de queso y cuajada.[98] La carne y el pescado eran caros. Entre las carnes, se comían pollos y gansos domésticos y también cuadrúpedos como ovejas y cabras. El pescado se consumía fresco y también seco y en salazón. Entre otros, se comían sardinas, anchoas, atún y anguilas.

El *symposium* era un banquete o reunión exclusivamente para hombres donde primero se comía y se bebía vino mezclado con agua y donde después los participantes se dedicaban al entretenimiento mientras seguían bebiendo. Esta segunda parte era la *libación* y se hacía en honor al dios Dionisios. En el *symposium* se leía poesía, se cantaba, se disfrutaba de espectáculos de música y danza y se debatían cuestiones de interés intelectual. Se ha destacado el alto valor cultural que los griegos daban a la frugalidad en la mesa. Esta frugalidad se asociaba con las

---

[87] slaves
[88] *ejercer*: fulfill, exercise
[89] beds, couches
[90] clay
[91] fork
[92] spoon

[93] soupy
[94] knife
[95] porridge
[96] chestnuts
[97] hazelnut
[98] junket

condiciones físicas y climáticas del territorio griego y servía para distinguir a los griegos de los extranjeros. Los griegos identificaban su frugalidad con cualidades personales y nacionales positivas, mientras que relacionaban el exceso y abundancia de pueblos como los persas[99] con imágenes y valores negativos. Estas asociaciones fueron cambiando con el tiempo y en los períodos helenístico y romano hay ya evidencia de una cultura de aprecio de la buena mesa.

Algunas antiguas religiones griegas prescribían una dieta vegetariana. Esta dieta estaba unida a formas ascéticas de vida. Entre otras razones, el vegetarianismo se apoyaba en creencias sobre la transmigración[100] de las almas[101] y en una reticencia[102] a dar muerte a los animales. El vegetarianismo también prohibía en algunos casos el consumo de ciertas plantas, como el haba. Aunque no están claras las causas de los tabúes contra las habas, se sabe que Pitágoras las aborrecía[103] y que, quizá como sus maestros egipcios, creía que las leguminosas[104] estaban hechas de la misma materia que los humanos. Como contraste, los atletas, que en un principio limitaban su dieta a higos, queso y pan, consumían grandes cantidades de carne para mejorar su rendimiento[105] físico en las competiciones.

Romanos

La cocina de la Roma clásica sigue las vicisitudes políticas, económicas y culturales de la historia del Imperio romano. Por este motivo, se encuentran variaciones notables entre los períodos de la monarquía, la República y el Imperio, como también se encuentra la influencia puntual de Grecia y la de los territorios que van anexionándose a un imperio en constante expansión.

En las casas el fuego para cocinar se hacía en un horno[106] o cocina portátil[107] consistente en una simple base sostenida por cuatro patas. Con el tiempo, algunas casas empezaron a tener una habitación dedicada exclusivamente a la preparación de alimentos. Muchas de estas cocinas[108] eran más como patios sin techo[109] para facilitar la ventilación. Las cocinas cubiertas interiores no solían tener chimenea ni ningún tipo de apertura superior, por lo que serían lugares llenos de humo. Sin embargo, gran parte de la población en la gran urbe romana vivía en bloques de pequeños apartamentos en los que no se podía cocinar, por lo que comía en los numerosos puestos callejeros[110] que servían dulces, vino especiado, salchichas, sopas y gachas.

---

[99] Persians
[100] transmigration, rebirth
[101] souls
[102] reluctance
[103] abhor
[104] legumes

[105] performance
[106] oven
[107] portable stove
[108] kitchens
[109] roof
[110] street stands, stalls

Figura 1: Foro Romano, donde está situado el Mercado de Trajano

La base de la dieta romana era una papilla o gachas de cereales llamada *puls*, que en un principio y entre las clases bajas era sobre todo de cebada, mientras que el trigo se introduciría más tarde y estaría reservado en su mayor parte a las clases más altas. Con la harina de los cereales también se hacían unas tortas o galletas muy finas. Al principio se comían sobre todo las tortas elaboradas con farro, un cereal relacionado con la espelta y el trigo. Después empezó a elaborarse el pan de trigo, que en un principio se hacía en casa hasta que después aparecieron los panaderos profesionales, que vendían el pan al público. La calidad del pan se marcaba por la cantidad de harina de trigo refinada que tenía, siendo preferible el pan blanco de harina de trigo al negro o integral.[111] La introducción del pan parece deberse a panaderos griegos que llegaron a Roma y se establecieron allí hacia finales de la República. La base de la población comía también verduras y algo de pescado en salazón.[112] A diferencia de Grecia, la carne de vacuno[113] apenas se consumía. Se comía pescado, aves y caza,[114] pero la carne de los cuadrúpedos[115] se consumía poco y solo después de haber sido ofrecida en sacrificio religioso. Se comían peras, higos, aceitunas, manzanas, uvas, membrillos[116] y granadas, además de muchas clases diferentes de verduras. Entre estas últimas se encontraban la col o repollo,[117] las acelgas,[118] los cardos,[119] las ortigas,[120] las coles de Bruselas,[121] coliflor, brócoli, col rizada, lechugas,[122] endivias, cebolla, puerros, espárragos, judías verdes,[123]

---

[111] whole grain
[112] salt fish
[113] beef
[114] game
[115] four-legged animals
[116] quince
[117] cabbage

[118] chard
[119] cardoon
[120] nettles
[121] Brussels sprouts
[122] lettuces
[123] green beans

calabacín,[124] alcachofas,[125] rábanos[126] y pepinos. De Asia llegaron los limones y mucho después, en tiempo de las Cruzadas, las naranjas agrias,[127] pero las naranjas dulces no aparecieron hasta más tarde como producto importado de China. Se practicaba la acuacultura y las casas más importantes tenían sus propios estanques,[128] donde se hallaban diferentes tipos de pescado.[129] Entre los pescados más apreciados se encontraban el atún,[130] el salmonete,[131] la dorada,[132] la morena[133] y el rodaballo.[134] También se comía pulpo,[135] calamares[136] y langostas.[137] Entre las carnes se consumía el cerdo, que era la carne más común, y el lirón gris.[138] En el Foro de Trajano en la ciudad de Roma se ubicaba el mercado central, organizado en varios pisos[139] con espacios dedicados a diversas mercancías.[140]

El queso era alimento fundamental, sobre todo el de cabra y el de oveja. Se hacían quesos de multitud de clases y tamaños y se les añadían diferentes ingredientes como por ejemplo hierbas. La palabra 'queso' viene del latín *caseus*, mientras que el italiano *formaggio* y el francés *fromage* vienen de la expresión *caseus formaticus*, es decir el queso al que se ha dado forma y que era el más común. El *mortum* era un preparado de queso que se hacía machacándose[141] en un mortero[142] (del que toma su nombre) queso fresco, bien con frutos secos, bien con hierbas aromáticas, aceite y vinagre. El preparado podía ser muy similar a lo que hoy conocemos como el *pesto* italiano. También está relacionado con el almodrote de España.

El *garum* era un condimento muy apreciado. Se cree que era muy parecido a la salsa de pescado[143] que se usa hoy en las cocinas tailandesa, filipina y vietnamita y que es en su uso similar a la salsa de soja[144] de países como China, Japón y Corea. El *garum*, también llamado *liquamen*, se elaboraba dejando fermentar al sol las entrañas[145] de diferentes tipos de pescado, así como pequeños peces. También se le añadían hierbas aromáticas como el orégano. El garum podía mezclarse[146] con vino, agua o vinagre para producir diferentes variedades de este condimento. El mejor garum era el que se hacía de verdel o caballa[147] en España. Se producía una versión kasher[148] del garum a base de pescado con escamas para el consumo de la población judía.[149] Este *garum*

---

[124] zucchini
[125] artichokes
[126] radishes
[127] sour oranges
[128] ponds
[129] fish
[130] tuna
[131] red mullet
[132] gilt head bream
[133] moray eel
[134] turbot
[135] octopus
[136] squid
[137] lobster
[138] dormouse
[139] floors, stories
[140] merchandise
[141] *machacar*: to mash, to pound
[142] mortar and pestle
[143] fish sauce
[144] soy sauce
[145] entrails
[146] *mezclar*: to mix
[147] mackerel
[148] kosher
[149] Jewish

kasher recibía el nombre de *garum castum* o *castimoniale*.

Aunque había gran variedad de alimentos, en momentos difíciles de conflictos internos como los que vive la población tardorromana de la antigua Tarraco en España, el análisis de los huesos humanos encontrados demuestra que la dieta era básicamente vegetariana con pocas proteínas de origen animal.

La primera comida era el *ientaculum*, que era un desayuno muy ligero y se tomaba muy de mañana. Después venía el *prandium* o segundo almuerzo hacia las 11 de la mañana, que se introdujo cuando se eliminó la *vesperna*, ligero refrigerio[150] que se tomaba por las noches. La *cena* era la comida principal y en un principio se hacía al final de la jornada,[151] pero más tarde pasó a hacerse hacia las tres de la tarde. Las clases medias y altas urbanas tendían a realizar sus negocios por la mañana para dedicarse a actividades recreativas y sociales como la visita a los baños[152] por la tarde. Unos dos tercios de la población de la ciudad de Roma eran indigentes que recibían alimentos suplementarios del estado para ayudar a su manutención.[153] El estado distribuía con regularidad entre las clases más bajas o *humiliores* alimentos como cereales, aceite, vino y pescado seco. En realidad, esto era una forma de control social que intentaba evitar la sublevación[154] de los indigentes. Los más pobres se alimentaban de cereales y de hierbas y frutos silvestres o *fruges* (frutos de la tierra, de donde viene la palabra *frugal*) que recolectaban[155] ellos mismos. Entre estos *fruges* se encontraban el ajo y la cebolla, por lo que estos dos alimentos se asocian hasta época muy tardía[156] con las clases más bajas en países mediterráneos, como se verá en el capítulo 11. Las clases bajas y los legionarios bebían *posca*, que era agua mezclada con vinagre o vino agrio[157] y con hierbas aromáticas. También se consumían otras bebidas hechas a base de mosto[158] cocido.

La comida de las clases pudientes[159] se hizo cada vez más complicada y al final constaba de varios platos servidos en momentos diferentes: primero era un pequeño aperitivo o *gustatio* que podía consistir en aceitunas y verduras aliñadas,[160] después venía el plato fuerte o *prima mensa*, que podía consistir en un plato de carne, comúnmente cerdo, pollo o pescado, con una guarnición[161] de verduras como espárragos o puerros,[162] para terminar con la *secunda mensa* que solía consistir en fruta, preferentemente manzanas. Durante la comida, se consideraba de pésima[163] educación cualquier actividad que tuviera que ver con las funciones básicas del

---

[150] light refreshment or snack
[151] work day
[152] baths
[153] provision
[154] uprising
[155] *recolectar*: to gather
[156] late

[157] sour
[158] must
[159] wealthy
[160] *aliñar*: to dress vegetables
[161] accompaniment, side dish
[162] leaks
[163] worst

cuerpo. Una vez terminada la comida, se pasaba a la *commisatio*, dedicada ante todo a beber y a charlar sobre temas serios que podían ser de política, ética o filosofía; también podía incluir el recitado de poemas u otros textos y música.

Para las clases altas, el banquete era el escenario ideal para demostrar su poder económico y su refinamiento cultural. Aunque al principio los romanos se sentaban a comer, en el banquete se disponían los *lecta triclinaris*, que eran tres largos lechos dispuestos para mayor comodidad con colchones,[164] almohadones[165] y colchas[166] dispuestos en forma de "U" para facilitar el paso[167] del personal de servicio y de los diferentes platos. El cuarto de comer era también conocido como *triclinium*. Los comensales,[168] tres por cada *triclicium*, se recostaban[169] sobre el brazo izquierdo con la cabeza orientada hacia el interior de la U, de forma que todos podían verse y conversar fácilmente. En el centro de esta disposición se ponía la mesa o mesas con la comida. Antes de iniciarse la comida, se lavaban los pies y manos de los invitados. La comida se tomaba con los dedos, utilizándose asimismo para ciertos alimentos una cuchara llamada *ligula* y otra más pequeña que tenía el extremo del mango[170] afilado[171] y que se conocía como *cochlearium* y que parece haberse usado para comer caracoles[172] y pequeños moluscos y también para pinchar[173] alimentos, a modo de tenedor. Al terminar la comida, se obsequiaba a los invitados con restos sustanciosos de la comida y con objetos de valor. Hubo intentos de controlar el gasto[174] excesivo en los banquetes, prohibiéndose[175] en algunos casos por ejemplo los regalos de objetos de oro o el uso de piezas de vajilla[176] del mismo metal. Al principio los invitados a los banquetes eran solo hombres, pero después pudieron entrar mujeres, que no podían recostarse, sino que se sentaban en sillas frente a su marido o padre respectivo. Más tarde empezó a permitirse que las mujeres también pudieran recostarse en los banquetes. La bebida preferida era el vino, que podía beberse mezclado con especias[177] y era frecuentemente mezclado con agua debido a su alto contenido alcohólico. Uno de los libros de cocina romana más conocido es el *De re coquinaria* de Apicio. En este libro puede verse cuánto apreciaba la alta cocina romana especias importadas de alto valor tales como la pimienta[178] y el clavo.[179] También se ve que ciertos alimentos como el lirón gris o los huevos de pavo real[180] eran apreciados no tanto por su sabor como por su rareza y por el impacto que tenía la forma de presentarlos a la mesa.

---

[164] mattresses
[165] cushions
[166] bed covers, bedspreads
[167] passage
[168] diners, dinner guests
[169] *recostarse*: to lean
[170] handle
[171] sharp
[172] snails

[173] spear
[174] expense
[175] *prohibir*: to forbid
[176] objects used in table service
[177] spices
[178] pepper
[179] clove
[180] peacock

¿Sabías que...?

La palabra <u>hogar</u>[181] *viene del latín focus, que significa 'fuego,' 'hoguera,'*[182] *'lugar donde está el fuego' u 'hogar.'*[183] *De este modo la palabra refleja la idea básica de casa como lugar que se construye alrededor del fuego, de la cocina. Las estructuras arquitectónicas*[184] *más primitivas y básicas que se han conservado muestran que la casa tiene como lugar central el fuego, que sirve para cocinar y también para dar calor.*

Modales y tradiciones culturales

La importancia de observar una serie de modales y reglas en la mesa aparece en gran número de culturas. En el último capítulo aprenderemos cuáles son los modales establecidos que hay que observar hoy en los restaurantes. Es también interesante notar las costumbres referentes a los modales de la mesa que siguen diferentes sociedades tradicionales. Una breve narración de las observadas en un viaje por Nicaragua se encuentra en las *Notas geográficas y económicas de la república de Nicaragua* (1873) de Pablo Lévy:

> *Los caracteres generales de la alimentación nicaragüense son la sobriedad y la uniformidad ... salvo*[185] *la gente más pobre, se come generalmente sentado a una mesa cubierta de un mantel; pero el uso de la servilleta es muy poco conocido. Hay algunas irregularidades en el uso de la cuchara, del tenedor y del cuchillo; sin embargo, solo la gente muy común come con las manos. Un gran número de personas ha aprendido de los americanos del Norte la costumbre de llevar los alimentos a la boca con la punta del cuchillo. Muchos comen sin beber y, solo después de comido, beben agua; otros beben chocolate o café... En varios puntos de la América Española, en México, por ejemplo, un gran número de familias, aunque muy acomodadas,*[186] *comen en el suelo, en un petate,*[187] *y con los dedos. Hay interés que se sepa en el exterior que Nicaragua, bajo este concepto, lleva la delantera*[188] *a muchas de sus hermanas.*

---

[181] home
[182] bonfire, fire
[183] hearth
[184] architectural
[185] except

[186] well-off
[187] bed mat
[188] *llevar la delantera*: to be ahead, to lead the way

Hablemos sobre las lecturas

1. ¿Cómo difieren los utensilios que usamos para comer hoy de los que se usaban en la Antigüedad clásica? ¿Piensas que hoy también usamos ciertos alimentos como utensilio para llevarnos la comida a la boca? ¿Cuáles son? ¿Cuál es el valor cultural del uso de los diferentes utensilios? ¿Es igual comer con los dedos que saber usar los cubiertos[1]? ¿Por qué?
2. ¿Qué relación jerárquica[1] relativa a los alimentos existía en las culturas antiguas? ¿Ves alguna similitud[1] con los valores[1] que actualmente se les da a las diferentes categorías de alimentos?
3. ¿Conoces prácticas religiosas relacionadas con la comida?
4. ¿Crees que la clase social alta de tu país consume alimentos diferentes de los que come la clase social baja? ¿Qué alimentos son? ¿Por qué existe esta disparidad?[1]
5. ¿Cuándo es aceptable en tu cultura comer con los dedos?

Queso

En culturas que, como la griega y la romana, cuentan con animales productores de leche, la elaboración del queso permite hacer uso de un producto como la leche que es muy perecedero,[189] sobre todo cuando no existen refrigeradores ni otras formas de conservación. El queso aporta proteína, calcio y otros minerales y vitaminas, además de ser fuente importante de calorías en dietas de subsistencia. El proceso de elaboración del queso es relativamente sencillo y no se necesita instrumental[190] especializado. Para hacer queso se necesita leche y cuajo,[191] un enzima[192] que ayuda a separar la caseína[193] del suero.[194] El cuajo que se emplea con más frecuencia es el rennet, un enzima que se encuentra en el estómago de los rumiantes. Es también posible hacer queso utilizando cuajos sintéticos y cuajos vegetales e incluso sustancias ácidas como el zumo de limón o el vinagre. En partes del norte de México, sobre todo en Chihuahua y Coahuila se usa el fruto del <u>trompillo</u>, una planta silvestre nativa de la zona, como enzima coagulante para hacer el famoso <u>queso asadero</u>. De modo similar, el queso conocido como 'torta del casar' se elabora con leche de oveja y un cuajo que se extrae de los pistilos de un cardo silvestre. Por ser de elaboración especial en una zona geográfica limitada (Casar de Cáceres, España), este queso es uno de los muchos productos alimenticios que disfrutan de la Denominación de Origen Protegida (DOP). Los productos que reciben la DOP deben estar elaborados

---

[189] perishable
[190] instruments, tools
[191] curdling agent

[192] enzyme
[193] casein
[194] whey

Figura 2: Quesos curados de leche de oveja, cabra y vaca

de acuerdo a unas normas propias y dentro del área geográfica especificada. Esto hace que, por ejemplo, un queso manchego solo pueda denominarse como tal si se ha hecho dentro del área de La Mancha y de acuerdo a los procesos de elaboración específicos de este queso. La elaboración del queso es fácilmente asequible a todas las personas que dispongan de la materia prima necesaria. Las variables de la calidad de la leche, el tipo de leche y su sabor y las condiciones ambientales en las que se desarrolle su maduración dan a cada tipo de queso un sabor y una textura diferentes. El queso típicamente debe madurar[195] o curarse durante un período que oscila entre varios días (queso tierno), dos a tres meses (semicurado),[196] cuatro y siete meses (queso curado)[197] y más de siete meses (queso muy curado, añejo o viejo). El lugar de curación es esencial para quesos como los azules, que contienen el moho [198] *Penicillium* y se acostumbran a curar en cuevas. En el Valle de Valdeón, situado en los Picos de Europa se elabora el famoso queso azul de Valdeón (DOP). Este queso se hace con leche de vaca o también con una mezcla de leche de vaca y de oveja o de cabra. Una vez hecho, el queso se sala[199] y se punza[200] para permitir la penetración y formación del moho azul dentro del queso. Al cabo de dos meses de curación,[201] el

---

[195] *madurar*: to ripen, to mature
[196] semi-cured
[197] cured
[198] mold

[199] *salar*: to salt
[200] *punzar*: to prick, to stab
[201] curing

queso se envuelve en hojas de plágamo.[202] Unas investigaciones llevadas a cabo en la Universidad de León han descubierto que en este queso está presente el componente anticancerígeno[203] Andrastina.

Receta[204]
Queso

Ingredientes
- 1 galón o un poco menos de 4 litros de leche de vaca, cabra, oveja o una combinación de varias (la leche cruda, no pasteurizada, tiene mejor sabor). La leche debe ser entera[1] o semi-desnatada,[1] pero no completamente desnatada.[1]
- Cuajo líquido comercial (síganse las indicaciones del paquete) o ½ vaso de zumo de limón o vinagre
- ½ cucharadita de sal

1. Pon la leche en una olla[205] al fuego moderado. La leche debe alcanzar casi una temperatura de 200º Fahrenheit y estar casi a punto de ebullición.[206]
2. Retira la leche del fuego.
3. Añade el cuajo, el zumo o el vinagre y mezcla con una cuchara. Si se usa cuajo comercial, deben seguirse las instrucciones del paquete.
4. Deja reposar 10 minutos.
5. Pon un colador[207] grande cubierto de gasa[208] encima de un cuenco.
6. <u>Muy despacio</u>, recoge con las manos los grumos[209] de la leche y ponlos en el colador, dejando que el suero caiga en el cuenco.
7. Ata la gasa alrededor de los grumos que has recogido y aprieta para extraer más líquido.
8. Pon la gasa con los grumos sobre un plato, quita la gasa, da forma cuadrada o redonda a los grumos y espolvorea[210] la sal por encima.
9. Pon un plato con algo pesado encima de los grumos para extraer el resto del suero y mantenlo así durante 1 hora.
10. El queso está hecho. Debes meterlo en el refrigerador y consumirlo antes de tres días.

---

[202] sycamore tree
[203] cancer-fighting
[204] recipe
[205] pot, pan
[206] boiling point

[207] colander
[208] gauze, cheese cloth
[209] curds
[210] *espolvorear*: to dust, to sprinkle

Actividades

1. En grupos pequeños comparte con tus compañeros y compañeras de clase los hábitos alimentarios de tu familia: ¿qué modales te enseñaron? ¿qué costumbres propias tiene tu familia? ¿cuáles son vuestros platos favoritos? ¿qué platos relaciona tu familia con celebraciones o fiestas?

2. Entrevista a una persona mayor de tu familia y pide que te cuente su experiencia dentro de su propia familia cuando era pequeña. ¿Cómo difiere tu experiencia de la de tu familiar? Comparte tus comentarios con el resto de la clase.

3. Visita una tienda de alimentos latinos o un restaurante de comida latina en un momento del día en el que no haya mucha gente. Antes de visitar la tienda o el restaurante piensa qué es lo que te interesa saber sobre el lugar que vas a visitar y sobre las personas con las que vas a hablar. Escribe un cuestionario con 5 preguntas. Charla con alguna de las personas que trabajan en la tienda o en el restaurante y hazle las preguntas que has preparado de antemano.[211] Comparte el resultado de la entrevista con el resto de la clase.

4. Haz queso siguiendo la receta anterior. ¿Te parece que es un alimento fácil de elaborar? ¿Está al alcance de todo el mundo su elaboración?

5. Dibuja o reconstruye una comida romana. ¿Cómo se sirve la comida? ¿Qué platos hay? ¿Quiénes son tus invitados? ¿Cómo se sientan?

---

[211] beforehand

Capítulo 2: ¿De qué humor estás hoy?

Este capítulo presenta la relación entre la nutrición y la medicina desde época temprana, destacando la teoría de los humores, que forma la base de muchas de las concepciones actuales sobre el cuerpo y la nutrición. Se destaca el papel fundamental que tenían las especies en la medicina y la gastronomía y se explica la importancia de la ruta de las especies. Los musulmanes[1] tuvieron gran importancia tanto en el comercio de las especies como en la agricultura y en las técnicas culinarias y de elaboración de bebidas. También tuvieron gran importancia en la destilación del alcohol con fines médicos que luego se aplicaría de modo más amplio.

Humor, personalidad y alimentación

En la Edad Media se desarrollan teorías de la ingestión de alimentos como factor determinante en los procesos de constitución física que marcan la identidad de una persona. Estas teorías están basadas en las de famosos filósofos y médicos griegos, como Hipócrates y Galeno. Las teorías tienen vigencia[2] hasta el siglo XIX, cuando llega la medicina moderna, aunque continúan funcionando hasta hoy en la medicina y creencias populares. Con el fin de entender cómo se creía que funcionaba esta asociación de alimentos e identidad, es necesario conocer los fundamentos de la fisiología de los períodos antiguo y medieval. El pensamiento médico de la época seguía la teoría universal de que todas las cosas estaban constituidas por una combinación de elementos fríos y calientes, húmedos y secos. En esta teoría estaban incluidas las plantas, los animales y los minerales, ya que sus propiedades naturales debían conocerse correctamente para poder tenerlas en cuenta a la hora de prepararlas para su consumo. Al conocerse en detalle las propiedades de plantas, animales y minerales, podía encontrarse la combinación adecuada de ingredientes y técnicas de cocina que fueran más adecuadas a las necesidades específicas de la fisiología personal de cada individuo. Así se estableció el estrecho vínculo[3] entre medicina y nutrición, entre médicos y nutricionistas y entre libros de medicina y libros de recetas. En los seres humanos, la medicina adoptó la teoría de los cuatro humores[4] o sustancias básicas—sangre, bilis[5] amarilla, flema[6] y bilis negra—que constituían el cuerpo humano. El equilibrio de estos cuatro humores en el cuerpo determinaba la salud o la enfermedad del individuo. Estos humores daban como resultado cuatro temperamentos fundamentales: sanguíneo (en el que dominaba la sangre), colérico (en el que dominaba la bilis amarilla), flemático (en el que dominaba la flema) y melancólico (en el que dominaba la bilis negra). Como el cuerpo humano estaba en relación con el resto del universo, los humores estaban relacionados con los cuatro

---

[1] musulmán/musulmana: Muslim
[2] validity
[3] link

[4] humors
[5] bile
[6] phlegm

elementos (tierra, fuego, aire, agua) y con los elementos fríos y calientes, secos y húmedos de las cosas. La predominancia de un humor determinado en una persona daba como resultado los diferentes temperamentos o <u>complexiones</u>. El temperamento colérico está relacionado con el fuego y se caracteriza por ser caliente y seco; el melancólico se relaciona con la tierra y es frío y seco; el flemático se relaciona con el agua y es frío y húmedo. Por último, el sanguíneo tiene su correlación con el aire, ya que es a la vez caliente y húmedo. Las teorías de la generación (concepción y desarrollo del feto)[7] de la época afirmaban que había varios factores fundamentales que afectaban la gestación del feto: el linaje,[8] los factores climáticos[9] externos y la posición de los planetas[10] tenían un papel clave[11] en el momento de la concepción. Después del nacimiento,[12] la ingestión de alimentos era considerada como factor determinante tanto en lo físico como en el bienestar[13] mental y espiritual.

Las características del cuerpo y las propiedades de los alimentos se ponen en contacto mediante la digestión. La digestión se entendía como un proceso por el cual los alimentos se cocinaban en el estómago para luego pasar al hígado[14] en forma de un extracto o jugo refinado llamado <u>quilo</u>. El hígado convierte el quilo en sangre, que a continuación se distribuye por todo el cuerpo por medio de un proceso conocido como <u>asimilación</u> que transforma los nutrientes en carne humana. Después de salir del hígado, la sangre también necesita refinarse en el cerebro (que produce flema), la vesícula biliar[15] (que produce cólera), y el bazo[16] (que produce melancolía). Posteriormente, la sangre puede refinarse aún más en los humores de los diferentes órganos, ya que lleva los nutrientes a todas las partes del cuerpo. De esta manera, las propiedades de los alimentos afectan los cuatro humores. Después de dejar el hígado, se pensaba que la sangre seguía un tercer camino hasta el corazón. Desde el corazón, la sangre continúa a los pulmones, de donde se expulsan los vapores nocivos.[17] En el corazón (ventrículo[18] izquierdo), la sangre entra en contacto con el aire exterior, que revitaliza la sangre. Luego la sangre entra en las arterias, que distribuyen el espíritu resultante o <u>pneuma</u> (aliento racional[19]). Por esta razón, la calidad del aire es esencial para la buena salud. Las arterias también llevan la sangre vitalizada[20] al cerebro.[21] En el cerebro, la sangre entra en contacto con una red de refrigeración[22] llamada <u>rete mirabile</u>, donde se forma el <u>animus</u> o alma racional. Este ánimo se lleva a todo el cuerpo a través del sistema nervioso, llevando las órdenes o

---

[7] fetus
[8] lineage
[9] related to the weather, climate
[10] planets
[11] key
[12] birth
[13] well-being
[14] liver

[15] gallbladder
[16] spleen
[17] harmful, noxious
[18] ventricle
[19] breath of life
[20] *vitalizar*: to vitalize
[21] brain
[22] cooling net

señales que emite el cerebro. Por lo tanto, cualquier problema o fallo introducido en la dieta o en el proceso digestivo tiene un impacto directo en el cerebro, en los pensamientos y el comportamiento, en el alma racional o espíritu.

Debido al proceso de asimilación que ocurre en la primera parte de la digestión, se creía que los alimentos más beneficiosos eran aquellos que eran más similares a la persona que los consumía. Por lo tanto, la carne era el alimento ideal para los seres humanos. También se tenían en cuenta[23] las propiedades de otros alimentos en relación con el temperamento de una persona y su nivel social. La comida era alimento y medicina. Debido a las similitudes entre la anatomía del cerdo y la humana, la carne de cerdo se consideraba un alimento ideal. Sin embargo, se pensaba que muchas verduras y frutas eran peligrosas para el organismo por tener propiedades húmedas y frías, ya que la humedad causa la putrefacción y el calor es necesario para la vida. Estas propiedades adversas podían moderarse o corregirse al cambiar sus propiedades mediante el cocinado o también combinándolas con otros alimentos que modificaran sus propiedades. Las especias[24] (entre las que se incluía el azúcar) eran uno de los grupos de alimentos más utilizados para modificar las propiedades de los alimentos. Al considerarse que tenían muchas propiedades beneficiosas, las especias formaban parte de las recomendaciones médicas para aquellas personas que tuvieran dinero para comprarlas. Las especias eran en su mayoría importadas, por lo que su precio era muy alto. Otra forma de atemperar[25] las propiedades negativas de verduras y frutas era tomarlas con vino, bebida que tenía propiedades calientes y que por lo tanto ayudaba a evitar problemas digestivos. Este es el origen de la costumbre actual de beber vino con las comidas.

Deben también tenerse en cuenta dos aspectos importantes de la salud y la nutrición de estas épocas. Uno es el miedo constante a la intoxicación por alimentos (por lo que había muchos tratados sobre este tema y muchos recursos dedicados a la prevención de este peligro). El segundo es el de las oleadas periódicas[26] de enfermedades como difteria,[27] ergotismo,[28] viruela[29] o la peste negra.[30] La nariz y la boca se consideraban lugares clave para la comunicación de las enfermedades. Los alimentos blancos simbolizaban[31] la pureza y se convirtieron por lo tanto en el ideal. El <u>manjar blanco</u> (pechuga de pollo[32] triturada[33] con leche de almendras,[34] agua de rosas[35] y azúcar) era el estándar de oro para cualquier menú. En contraste, se creía que el veneno era negro u oscuro, al igual que la suciedad. La suciedad exterior estaba

---

[23] *tener en cuenta*: to take into account
[24] spices
[25] temper
[26] periodic waves
[27] diphtheria
[28] ergotism
[29] smallpox

[30] black death
[31] *simbolizar*: to symbolize
[32] chicken breast
[33] *triturar*: to grind
[34] almond milk
[35] rose water

conectada con la suciedad interior. Por lo tanto, el período puso énfasis en la limpieza del cuerpo y de la ropa como demostración de la pureza interior. La necesidad de la limpieza interna no distinguía claramente entre el espíritu y la anatomía interna, como es fácilmente comprensible si se sigue la teoría médica citada antes. Una mente limpia y un espíritu limpio iban de la mano de un cuerpo limpio y una sangre limpia. Estas teorías servirían más tarde para justificar la inferioridad de grupos étnicos y religiosos aduciendo[36], entre otras razones, los alimentos específicos que consumían y la falta de pureza de su sangre.

¿Sabías que…?
Durante muchos siglos era costumbre añadir especias y azúcar al vino. Esta mezcla se conocía como hipocrás *(o ipocrás) y era muy popular en toda Europa. Las especias y el azúcar, que estaba clasificada como especia, tenían fines medicinales, pero también disimulaban el fuerte sabor que tenía frecuentemente el vino. Este tipo de bebidas son la base de lo que hoy conocemos como* sangría *y otras bebidas como el* rompope *mexicano, el* coquito *puertorriqueño o el* colemono *o cola de mono chileno. Una receta de hipocrás del siglo XV contiene cinco partes de canela,[37] tres de clavo y una de jengibre,[38] todo mezclado con vino (la mitad blanco y la otra mitad tinto[39]) y azúcar.*

Hablemos sobre las lecturas
1. ¿Cuáles son los cuatro principios sobre los que se organiza el universo?
2. ¿Cuáles son los cuatro elementos?
3. ¿Qué son los humores? ¿Cuántos hay? ¿Cuáles son?
4. ¿Por qué piensas que los principios universales y humanos están basados en el número cuatro?
5. ¿Qué relación hay entre los humores y la alimentación?
6. ¿Cuál es tu complexión?

Especias medicinales

El médico Bernardo de Gordonio sigue la teoría de los humores en su popular *Lilio de medicina*, publicado en 1495. Además de identificar y describir los síntomas y los remedios para muchas enfermedades, da recetas de medicamentos. Sus recetas combinan plantas y flores, especias, minerales e ingredientes de origen animal como la carne y la leche de vaca. Esta es su receta para el dolor de estómago: machacar

---

[36] *aducir*: to claim, to adduce
[37] cinnamon
[38] ginger
[39] red

galanga,[40] nuez moscada,[41] canela, tres clases de pimienta, jengibre, clavos, anís, hinojo,[42] ameos,[43] sesileos (cerifolio o mirra),[44] cominos,[45] conserva de naranjas,[46] pan de azúcar,[47] todo mezclado y hecho letuario (mermelada[48]).

Como hemos visto en el ejemplo del libro de Bernardo de Gordonio, los libros de medicina incluían listas de ingredientes para hacer medicinas adecuadas para el tratamiento de muchos tipos de enfermedades. Gran número de los ingredientes utilizados eran especias. Además de los libros de medicina, había otros de dietética que proponían regímenes específicos para personas determinadas. Estos libros son también un cruce[49] entre los libros de medicina y los libros de recetas de cocina. El uso generalizado de las especias durante siglos, tanto en medicina como en cocina, puede hacer pensar que eran fácilmente asequibles a todas las personas. En la zona mediterránea se cultivaban algunas especias, como el comino, el cilantro, el anís, el azafrán[50] y la mostaza,[51] así como hierbas como el tomillo,[52] el romero[53] y el orégano. Sin embargo, muchas otras especias consideradas necesarias eran en su mayoría importadas, ya que el clima europeo no era propicio para su cultivo. Por este motivo, eran muy caras y estaban asociadas con las clases altas, que eran quienes las consumían preferentemente. No es cierto que las especias se usaran para enmascarar u ocultar el sabor de la carne podrida. Las personas que tenían dinero para comprar especias no eran las que comían carne en malas condiciones. El principal uso de las especias era medicinal y gustativo. Puede entenderse su atractivo sensorial si pensamos en cocinas de países como la India donde se usan muchas especias.

Desde la Antigüedad, e incluso desde el Neolítico, se comerciaba con especias tales como la canela, la casia, el cardamomo,[54] el clavo, la nuez moscada, la macis,[55] el jengibre, la galanga, la mirra y la pimienta. La llamada ruta de las especias tenía un centro comercial importante en la India. En la India y en territorios limítrofes[56] se cultivaba la pimienta, el cardamomo y la canela, mientras que el resto de las especias eran originarias[57] de regiones tropicales de Asia y de las Islas Molucas (Indonesia).

---

[40] galangal (ginger family)
[41] nutmeg
[42] fennel
[43] bullwort, bishop's weed
[44] sweet cicely (myrrh)
[45] cumin
[46] orange preserves
[47] sugar loaf
[48] marmalade, jam

[49] cross
[50] saffron
[51] mustard
[52] thyme
[53] rosemary
[54] cardamom
[55] mace
[56] adjacent
[57] native to

Figura 3: Semillas de anís, alholva, comino, hinojo y cilantro; nuez moscada, clavos, cardamomo, azafrán y, en el centro, canela y jengibre

Durante mucho tiempo estas rutas comerciales estuvieron en gran medida en manos de comerciantes musulmanes y también judíos. Al ser un comercio tan lucrativo, los mercaderes de especias ocultaban el verdadero origen de estas, inventando cuentos fantásticos llenos de monstruos y obstáculos imposibles para desalentar[58] a posibles competidores. Además de estas historias, la larga distancia que había entre las zonas de Asia de donde venía gran cantidad de especias y los países que las compraban evitaba que la ruta comercial estuviera en manos de un solo comerciante en su totalidad. Al contrario, la ruta estaba segmentada de modo que había mercaderes especializados en cada tramo.[59] Esto impidió durante mucho tiempo que hubiera personas que conocieran con exactitud la ruta de las especias desde principio a fin. La decadencia del gusto por las especias parece coincidir con su abaratamiento al descubrirse por fin el lugar de origen de muchas de ellas y adaptarse su cultivo a otros lugares. Las religiones protestantes rechazaron el hedonismo que asociaban con el consumo de especias, lo que pudo también jugar un papel importante en el descenso de su consumo en el norte de Europa.

---

[58] discourage [59] stretch, section

Durante muchos siglos, diferentes naciones europeas habían luchado por conseguir el monopolio de la ruta de las especias y por descubrir nuevas rutas comerciales, lo que impulsó los viajes a territorios que antes eran desconocidos para los europeos. Es bien sabido que el principal objetivo de Cristóbal Colón al salir para lo que después se llamaría el Nuevo Mundo era el de encontrar una nueva ruta hacia las Indias, en un intento de controlar la ruta comercial de las especias. Con la llegada europea al Nuevo Mundo, se aclimataron nuevas especies de animales y plantas en el Viejo y en el Nuevo Mundo. El intercambio biológico resultante se conoce como intercambio colombino, tal y como se describe en el capítulo 6. Una de las plantas nativas de América que mayor y más rápida aceptación tuvo en el resto del mundo fue el chile o ají. En España, el chile se consideró una especia equivalente a la pimienta negra, por lo que recibió el nombre de pimiento, que seco y pulverizado se convierte en pimentón, hoy considerado especia indispensable en muchos platos de la cocina española.

Especias en la cocina

Durante siglos, el consumo de comida muy especiada era común entre las personas de alto nivel económico. Las especias no se usaban solo para hacer dulces o en bebidas, sino también en platos de carne, legumbres, arroz y otros. El libro de recetas del autor musulmán Ibn Razin al Tugibi, que nació y vivió en el este de España en el siglo XIII, es un importante documento para conocer no solo los alimentos que se comían en la España musulmana, sino también la profunda huella[60] que dejó la cocina árabe, cuya influencia puede verse todavía hoy no solo en España, sino también en Latinoamérica. La receta del plato musulmán por excelencia, el cuscús ('alcuzcuz'), de Ibn Razin al Tugibi dice que debe primero cocinarse carne de vaca con sal, aceite, pimienta, cilantro seco y cebolla, para después añadir las verduras que estén a mano, como zanahorias,[61] col,[62] nabos,[63] calabaza,[64] berenjenas,[65] lechuga, habas verdes e hinojo. Más tarde debe hacerse el cuscús, al que hay que añadir canela, almáciga[66] y espicanardo. [67] Antes de servirlo a la mesa dispuesto en una fuente debe espolvorearse todo con canela, jengibre y pimienta. Como puede verse en esta receta, las especias se usan en profusión, por lo que esta versión del cuscús parece haber estado destinada para mesas de gente acomodada.

Cultura musulmana e innovación

Los musulmanes entraron en España en el año 711 y permanecieron como cultura de poder y prestigio hasta 1492, cuando pierden Granada, el último reino de Al-Andalus,

---

[60] mark, footprint
[61] carrots
[62] cabbage
[63] turnips

[64] pumpkin, squash
[65] eggplants
[66] mastic
[67] spikenard

nombre que los musulmanes dieron a los territorios que estaban bajo su control en España. Junto con la lengua árabe, los musulmanes traen a España conocimientos avanzados en muchas áreas del saber, incluyendo la agricultura. También introducen nuevos gustos y técnicas culinarias. En agricultura, introducen nuevas técnicas de irrigación, la noria[68] y el injerto[69] de plantas. Traen nuevas plantas, como el arroz, el azúcar, la alcachofa, la berenjena, las espinacas, las zanahorias, las naranjas agrias y nuevas especies de trigo. Además, traen los dátiles, los plátanos, el membrillo, la sandía[70] y nuevos tipos de melones. Reintroducen los limones y las granadas, que habían desaparecido al final de la ocupación romana. También se dice que las uvas que se usan para hacer el famoso jerez[71] vinieron con los musulmanes desde Shiraz, en Persia. Asimismo, introdujeron nuevas variedades de ganado ovino,[72] como la oveja merina, muy apreciada por su fina lana,[73] así como nuevas especies de palomas. Comerciantes musulmanes y judíos ayudaron a importar especias y otros productos de la India, el lejano Oriente[74] y partes remotas de Asia. Los musulmanes tuvieron un gran impacto en la alimentación diaria de toda la población, pero también introdujeron el estilo refinado y complejo de la cocina persa que seguía la moda de Bagdad. Por este motivo, hasta el día de hoy, pueden encontrarse muchas similitudes entre la cocina española e hispana con la cocina persa. La técnica del escabeche, una deliciosa salsa hecha de aceite frito, vinagre y laurel en la que se conserva el pescado, es de origen persa y entra en España por medio de los musulmanes. Algunas de las características más destacadas de la cocina musulmana son la combinación de carnes y frutas como las manzanas, ciruelas y membrillos en un mismo plato, el uso de sabores florales como el agua de rosas, así como el de las almendras y otros frutos secos en la cocina. Con la alboronía, guiso de hortalizas[75] variadas cortadas en pedazos pequeños, se relacionan platos actuales similares como el pisto español o el ratatouille francés. Es de destacar la importancia que la cocina musulmana daba al color de los platos. El azafrán y el huevo batido ayudaban a dar color amarillo, mientras que la combinación de jugos de hierbas como el cilantro y la menta se usaba para dar un color verde al plato. La cocina musulmana era también rica en pastas, entre las que se incluyen el cuscús o alcuzcuz, los fideos[76] y las aletrías (un tipo de fideo). El condimento típico de la cocina musulmana era el almorí, que daba un toque sabroso (umami) a las comidas por su alto contenido en glutamato. Se ha comparado su valor en la cocina al de las salsas de soja o de pescado de la comida asiática actual y al garum de la cocina romana. El almorí se hacía mediante un largo y complejo proceso de fermentación de cebada, en su elaboración más frecuente, o también de pescado. La cebada se envolvía en hojas de higuera, donde se dejaba fermentar en dos fases, para después formarse una pasta de color marrón oscuro que se mezclaba

[68] waterwheel
[69] grafting
[70] watermelon
[71] sherry
[72] ovine, sheep
[73] wool
[74] Far East
[75] vegetables
[76] thin noodles

con agua y se usaba como apreciado condimento, al que podía añadirse otros ingredientes tales como semillas de anís, hinojo y eneldo.[77] En Al-Andalus los nobles musulmanes no comían cerdo, pero sí bebían vino ocasionalmente. Los musulmanes introdujeron el método de la destilación del alcohol, para la que se utilizaba una alquitara o <u>alambique</u>.[78] En un principio, la destilación se hacía de diversos líquidos, muchas veces agua con hierbas o flores, para obtener aguas aromáticas. El resultado de la destilación tenía con frecuencia usos medicinales, higiénicos y culinarios. El agua de rosas y el agua de azahar,[79] ambas obtenidas por destilación, se usan todavía hoy en muchas recetas, como por ejemplo en el roscón o rosca de reyes y en el pan de muerto (de los que se habla en el capítulo 7). Hoy la bebida destilada más común es el aguardiente,[80] que viene de la uva, aunque hay otras famosas bebidas destiladas como el <u>pisco</u>, el <u>orujo</u> (ambos de la uva), la <u>cususa</u> (del maíz), el <u>guaro</u> y el <u>ron</u> (ambos de la caña de azúcar) y el <u>tequila</u> (que se obtiene por destilación del maguey). Las bebidas destiladas del mundo hispánico actual deben su origen a las técnicas de destilación introducidas por los musulmanes.

La lengua española contiene la huella de la introducción de muchos productos agrícolas y platos de cocina en España por parte de los musulmanes, al conservar la palabra en español su nombre árabe. Este es el caso de jarabe,[81] naranja, zanahoria, berenjena o espinaca. A través del árabe entran en el español muchas de las palabras que comienzan con *al-*, que es el artículo determinado en árabe, y otras que empiezan con *a-*, una forma de este artículo. Como ejemplos pueden citarse acelga, albóndiga, algodón, alcohol, alambique, alubia,[82] azahar, azúcar y azafrán.

Hablemos sobre las lecturas
1. ¿Qué es la ruta de las especias?
2. ¿Cuáles son las áreas geográficas comprendidas en esta ruta?
3. ¿Por qué surgieron cuentos y relatos fantásticos alrededor del comercio de las especias?
4. ¿Cómo están relacionados los descubrimientos de tierras desconocidas hasta entonces por los europeos con el comercio de las especias?
5. ¿Qué es el cuscús? ¿Qué especias contiene el del libro de cocina de Ibn Razin al Tugibi? ¿Qué te parece que añaden esas especias al plato?
6. ¿Qué especias son las de consumo más frecuente en tu cultura? ¿Y en tu familia?

---

[77] dill
[78] (alcohol) still
[79] orange blossom water

[80] moonshine, liquor
[81] syrup
[82] bean

Dime lo que comes y te diré quién eres

Las obras literarias como el *Quijote* reflejan las prácticas de la medicina de la época, basadas en la teoría de los humores y en la dieta recomendada por los médicos. Cuando Sancho Panza, escudero[83] y compañero de aventuras de don Quijote, es nombrado gobernador de una isla (la ínsula Barataria), su médico personal se ocupa de cuidar la alimentación de Sancho, que de la noche a la mañana ha pasado de ser un villano[84] comedor de ajos y alimentos poco refinados a un gran personaje que debe adoptar costumbres más sofisticadas. Aunque Sancho está contento de su nuevo cargo,[85] no puede convencerse de que los consejos de su médico sean buenos para él, ya que no le dejan comer como a él le gusta. En *Don Quijote de la Mancha* (1605, 1615) Cervantes presenta una escena cómica donde contrasta los hábitos alimentarios de las clases bajas con la excesiva complicación de la disciplina médica, que Cervantes presenta con ironía:

Cuenta la historia que desde el juzgado[86] llevaron a Sancho Panza a un suntuoso palacio, adonde en una gran sala[87] estaba puesta una real[88] y limpísima mesa; y, así como[89] Sancho entró en la sala, sonaron chirimías,[90] y salieron cuatro pajes[91] a darle aguamanos,[92] que Sancho recibió con mucha gravedad.

Cesó la música, se sentó Sancho a la cabecera[93] de la mesa, porque no había más de aquel asiento, y no otro servicio en toda ella. Se puso a su lado en pie un personaje, que después mostró ser médico, con una varilla de ballena[94] en la mano. Levantaron una riquísima y blanca toalla con que estaban cubiertas las frutas y mucha diversidad de platos de diversos manjares;[95] uno que parecía estudiante echó la bendición,[96] y un paje puso un babador randado[97] a Sancho; otro que hacía el oficio de maestresala,[98] llegó con un plato de fruta delante; pero, apenas hubo comido [Sancho] un bocado, cuando el de la varilla tocando con ella en el plato, se lo quitaron de delante con grandísima celeridad; pero el maestresala le llevó otro plato de otro manjar. Iba a probarlo Sancho; pero, antes que llegase a él ni le gustase,[99] ya la varilla había tocado en

---

83 squire
84 lower-class, commoner
85 position
86 court
87 great hall
88 royal
89 as soon as
90 shawm
91 pages, page boys

92 a darle agua para lavarse las manos
93 head
94 whalebone rod
95 delicious foods, delicacies
96 *echar la bendición*: to say the blessing, to bless
97 bib with lace trimming
98 headwaiter
99 *gustar*: to taste

él, y un paje alzándolo[100] con tanta presteza[101] como el de la fruta. Visto lo cual por Sancho, quedó suspenso,[102] y, mirando a todos, preguntó si se había de comer aquella comida como juego de maese coral.[103] A lo cual respondió el de la vara:

-No se ha de comer, señor gobernador, sino como es uso y costumbre en las otras ínsulas donde hay gobernadores. Yo, señor, soy médico, y estoy asalariado[104] en esta ínsula para serlo de los gobernadores de ella, y miro por[105] su salud mucho más que por la mía, estudiando de noche y de día, y tanteando[106] la complexión del gobernador, para acertar a curarle cuando cayere enfermo; y lo principal que hago es asistir a sus comidas y cenas, y a dejarle comer de lo que me parece que le conviene, y a quitarle lo que imagino que le ha de hacer daño y ser nocivo al estómago; y así, mandé quitar el plato de la fruta, por ser demasiado húmeda, y el plato del otro manjar también lo mandé quitar, por ser demasiado caliente y tener muchas especias, que acrecientan[107] la sed; y el que mucho bebe mata y consume el húmedo radical, donde consiste la vida.

-De esa manera, aquel plato de perdices[108] que están allí asadas, y, a mi parecer, bien sazonadas, no me harán algún daño.

A lo que el médico respondió:

-Ésas no comerá el señor gobernador en tanto que yo tuviere vida.

-Pues, ¿por qué? -dijo Sancho.

Y el médico respondió:

-Porque nuestro maestro Hipócrates, norte y luz de la medicina, en un aforismo suyo, dice: Omnis saturatio mala, perdices autem pessima. Quiere decir: 'Todo hartazgo[109] es malo; pero el de las perdices, malísimo.'

-Si eso es así -dijo Sancho-, vea el señor doctor de cuantos manjares hay en esta mesa cuál me hará más provecho y cuál menos daño, y déjeme comer de él sin que me lo apalee;[110] porque, por vida del gobernador, y

---

[100] *alzar*: to lift
[101] swiftness
[102] perplexed, bewildered
[103] juego de maese coral: juego de manos (hand tricks)
[104] salaried

[105] *mirar por*: to look after
[106] *tantear*: to sound out, to consider
[107] *acrecentar*: to increase
[108] partridges
[109] surfeit, glut
[110] *apalear*: to beat, to thrash

así Dios me lo deje gozar, que me muero de hambre, y el negarme la comida, aunque le pese[111] al señor doctor y él más me diga, antes será quitarme la vida que aumentármela."[112]

El médico continúa prohibiendo a Sancho que coma de los apetitosos platos que hay en la mesa, lo que enfurece a Sancho, que acaba diciendo que si no puede comer, no quiere ser gobernador de la isla: "Y denme de comer, o si no, tómense su gobierno, que oficio que no da de comer a su dueño no vale dos habas."

La comida aparece también frecuentemente como un marcador social, de modo que los alimentos que cada persona consume representan una indicación bastante aproximada de su nivel socioeconómico. Miguel de Cervantes comienza su famosa obra *Don Quijote de la Mancha* dando una descripción del viejo hidalgo[113] que incluye sus hábitos alimenticios: "En un lugar de la Mancha, de cuyo nombre no quiero acordarme, no ha[114] mucho tiempo que vivía un hidalgo de los de lanza en astillero, adarga antigua,[115] rocín[116] flaco y galgo[117] corredor. Una olla de algo más vaca que carnero,[118] salpicón[119] las más noches, duelos y quebrantos los sábados,[120] lentejas los viernes, algún palomino[121] de añadidura los domingos, consumían las tres partes de su hacienda.[122]" Según esta descripción, don Quijote come una olla o guisado[123] que tiene más vaca que carnero, que era la carne más cara. Come lentejas los viernes porque están asociadas con la vida ascética y porque, como buen católico, se abstiene de comer carne siguiendo el mandato de la Iglesia de guardar la abstinencia ese día. Sin embargo, a diferencia de la comida que se sirve a Sancho cuando es un importante gobernador, los alimentos de don Quijote no se encuentran sazonados con especias. Cervantes sitúa a don Quijote en los niveles medios de la sociedad, identificándolo como un miembro de la baja nobleza, no muy rico, pero tampoco pobre, ya que puede permitirse comer carne varias veces por semana, y católico practicante, ya que sigue los preceptos de la Iglesia.

De este modo, Cervantes sitúa a los dos protagonistas de su novela dentro de su nivel socioeconómico con la ayuda de la comida, que sirve para marcar claramente las costumbres y la personalidad de cada uno de ellos. Las especias aparecen en su obra como ingredientes en la mesa de los ricos valorados también por sus efectos en la salud.

---

[111] *pesar*: to regret
[112] *aumentar*: to increase, to lengthen
[113] nobleman
[114] hace
[115] these are the arms of don Quijote's ancestors (spear and shield) proving that he is a gentleman
[116] hack, horse

[117] greyhound
[118] mutton
[119] stew made of various minced ingredients
[120] fried eggs and bacon
[121] young pigeon
[122] fortune, property
[123] stew, casserole

Hablemos sobre las lecturas

1. ¿Qué papel tienen las especias en la medicina?
2. Viendo el ejemplo de Bernardo de Gordonio, ¿cómo piensas que se elaboran las recetas médicas antes de la aparición de las medicinas sintéticas?
3. ¿Cómo podemos identificar el nivel social de don Quijote según la descripción de Cervantes?
4. ¿Cómo actúa el médico de Sancho a la hora de comer?
5. ¿Cómo se contrastan las actitudes de Sancho y de su médico con respecto a la comida?
6. ¿Qué ideas médicas relativas a los humores expresa el doctor?

Postre de manzanas medieval

Esta receta es la última que aparece en el libro de recetas de Ruperto de Nola, cocinero y autor del *Libro de guisados*, escrito a finales del siglo XV, pero publicado en el siglo siguiente. La receta contiene dos de las especias medievales preferidas, la canela y el azúcar. Hoy es deliciosa tibia con helado o con bizcocho:

"Mirrauste de manzanas

Has de tomar manzanas de las más dulces y mondarlas[124] de la corteza,[125] y hacerlas cuartos;[126] y quitarles el corazón y las pepitas,[127] y después hacer hervir una olla con tanta agua como conocerás que será menester,[128] y cuando la agua hirviere echarle las manzanas y después tomar almendras bien tostadas; y majarlas[129] bien en un mortero, desatarlas[130] con el caldo de las manzanas, y pasarlas por estameña[131] con un migajón de pan remojado en el dicho caldo de las manzanas; y pasarlo todo esto bien espeso: y después de pasado échale buena cosa de canela molida y azúcar; y después vaya a cocer al fuego y cuando la salsa hirviere quitarlo del fuego; y echarle las manzanas que queden bien escurridas del caldo, pero mira que las manzanas no quieren ser escaldadas,[132] porque puedas hacer dellas escudillas;[133] y desque sean hechas echar encima azúcar y canela. E aquí se acaba el presente libro."

---

[124] pelarlas
[125] piel
[126] cortarlas en cuatro trozos
[127] semillas
[128] como... como sea necesaria

[129] machacarlas
[130] desleírlas, disolverlas en un líquido
[131] colador o tamiz
[132] scald, boil
[133] platillos

Figura 4: Postres de manzanas, frutas y nueces

Receta

Ingredientes
- 4 manzanas, peladas, cortadas en trozos y quitados el corazón y semillas
- ¼ cucharadita de canela o al gusto
- ¼ vaso de azúcar o al gusto
- ¼ vaso de almendras peladas y tostadas
- 1 rebanada de pan o ¼ vaso de pan rallado o germen de trigo (facultativo)

1. Poner el horno a calentar a 350° Fahrenheit
2. Pulverizar las almendras en un molinillo eléctrico o en un mortero
3. Hacer hervir cuatro vasos de agua y añadir las manzanas, el pan (si se va a utilizar), las almendras molidas, el azúcar y la canela
4. Cuando vuelva a hervir el agua, retirar del fuego
5. Sacar las manzanas y poner en una cazuela resistente al calor
6. Espolvorear con azúcar y canela y meter en el horno durante 10 minutos.

Actividades

1. Dibuja un diagrama mostrando la relación entre los humores, los elementos y los principios universales de frío, calor, húmedo y seco.

2. Dibuja una ilustración de la distribución de los alimentos a todo el cuerpo por medio de la sangre.

3. En parejas, elabora un cuestionario para poder determinar la complexión de tus compañeros y compañeras de clase.

4. Todavía en el siglo XX libros de cocina como *La perfecta cocinera* (Anónimo, Madrid, 1910) dan recetas para elaborar mezclas especiales de especias en casa que den un sabor delicioso a los guisos:

   "Consejos prácticos:

   El empleo de las especias, tan útil en el arte culinario, requiere tenerlas preparadas, y aunque en las tiendas de ultramarinos[134] suelen tener saquitos con diversas combinaciones, es mucho mejor lo que puede prepararse en casa. Una buena combinación es la siguiente: en un saco de papel se ponen ocho gramos de tomillo, ocho de laurel, cuatro de mejorana[135] y cuatro de romero. Después de secar perfectamente en fuego dichos ingredientes, se ponen en el mortero con quince gramos de nuez moscada, quince de clavo, ocho de pimienta en grano y cuatro de pimienta de cayena. Se reduce todo a polvo, y después de tamizado[136] se guarda en una botella limpia y bien tapada. La proporción conveniente para emplearlas es la quinta parte, en peso, de la sal. Como guía diremos que diez gramos de sal y dos de especias combinadas, constituyen sazón[137] suficiente para medio kilo de carne."

   Prepara la mezcla de especias y hierbas secas de *La perfecta cocinera* y cocina una carne, pescado o verdura con ella. Si prefieres una mezcla líquida, puedes añadir aceite de oliva, experimentando con los ingredientes y las proporciones hasta conseguir una mezcla más personal. Comparte los resultados con la clase.

5. Organiza una representación teatral de la escena en la que Sancho se sienta a la mesa llena de manjares para comer. Destaca los elementos cómicos y la frustración de Sancho. Pon especial atención en la intervención del médico. ¿Cómo debe reaccionar don Quijote ante esta escena? ¿Qué manjares vas a presentar a la mesa? ¿Cómo vas a elaborarlos?

---

[134] grocery stores
[135] marjoram
[136] *tamizar*: to sieve, to sift
[137] seasoning

Capítulo 3: Reglas dietéticas y persecución religiosa

Este capítulo trata sobre la relación entre etnia, religión y comida tomando el caso de los judíos sefarditas.[1] La comida sefardita depende de la región en la que se cocina, pero hay ciertos platos y modos de cocinar que se consideran emblemáticos de los sefarditas. Además, los hábitos alimentarios vienen determinados por las reglas dietéticas que marca la religión y que describen los textos religiosos. La persecución a que la Inquisición sometió primero a los judeoconversos y luego a los moriscos pone de manifiesto los usos de la comida para identificar a grupos étnicos y religiosos. Dos de los platos usados de este modo son la adafina y el almodrote.

Comida e identidades étnicas

Cuando se instituye la Inquisición en 1478, su objetivo es perseguir a cristianos cuyas prácticas se salían de la ortodoxia religiosa y que por tanto la Iglesia consideraba heréticas.[2] A finales del siglo XV estos herejes[3] eran sobre todo antiguos judíos[4] convertidos al cristianismo bien voluntariamente, bien como consecuencia de las violentas persecuciones de minorías religiosas que se recrudecieron[5] desde los pogromos[6] de 1391. La primera oleada[7] de persecuciones inquisitoriales tuvo como objetivo la erradicación del "problema converso" y se enfocó en los judeoconversos.[8] Más tarde, la persecución se extendió a los moriscos, musulmanes convertidos al cristianismo. Aunque la Inquisición se interesaba por las creencias[9] religiosas de los acusados,[10] en realidad su vigilancia[11] se extendía a ámbitos[12] más amplios, entre los que se contaban las prácticas alimentarias. La doctrina cristiana preceptuaba[13] la abstinencia del consumo de carne en muchos días del año como acto penitencial de negación corporal. La privación de la ingestión de ciertos alimentos como el cerdo no entraba dentro de las obligaciones exigidas[14] en los días que no eran de abstinencia. Sin embargo, la evitación[15] del cerdo y de otros alimentos relacionados con las leyes dietéticas del judaísmo y del islam, junto con los rituales relacionados con la preparación y consumo de los alimentos, se convirtieron en un marcador[16] de estas

---

[1] Sephardic (from Sepharad, Jewish Spain)
[2] heretical
[3] heretics
[4] Jews
[5] *recrudecerse*: to recrudesce, to intensify
[6] pogroms
[7] wave
[8] converts from Judaism to Christianity

[9] beliefs
[10] the accused
[11] vigilance, surveillance
[12] scope
[13] *preceptuar:* to establish, to dictate
[14] *exigir*: to demand
[15] avoidance
[16] marker

religiones. Por lo tanto, en los detallados[17] interrogatorios[18] a los acusados,[19] la Inquisición exigía una explicación pormenorizada[20] de los alimentos que consumían, incluyendo ingredientes y modos de preparación. Además de esto, la Inquisición estaba interesada en conocer el consumo de ciertos platos que, independientemente de sus ingredientes, se identificaban con las minorías religiosas. En el caso de los musulmanes, el plato que servía para identificar a un musulmán fiel era el cuscús (o alcuzcuz). En el caso de los judíos, este plato era la adafina.

La adafina

La adafina es para los sefarditas[21] lo mismo que el cholent para los judíos askenazíes. Es el hamín, aní o comida caliente que prescribe la Biblia para el Sábado, día de descanso, y que aparece también así nombrado en los textos españoles. Había que prepararla el viernes antes de la puesta del sol,[22] ya que es en ese momento cuando empieza la celebración religiosa del Sábado. La palabra adafina parece derivar del árabe hispánico addafína, que a su vez proviene del árabe clásico dafīnah, que quiere decir 'enterrado' o 'escondido.' Este origen podría relacionarse con la forma de cocinar la adafina en el hogar,[23] cubierta por el rescoldo o por un caldero[24] lleno de ascuas[25] que va a permitir un cocinado lento a baja temperatura durante toda la noche. Los sefarditas de Marruecos aún hoy preparan de este modo sus adafinas o t'finas. La adafina recibe en España también los nombres de trasnochado, porque cocía toda la noche, y el de albondiguillas porque las albóndigas eran componente frecuente de las adafinas. Estos dos términos[26] podían aparecer usados en otros contextos, pero cuando aparecen mencionados en relación a las prácticas sefarditas siempre se refieren a la comida que se prepara para servirse el Sábado. La adafina pertenece a la misma familia de comidas que las ollas, cocidos, escudellas y pucheros y que los ajiacos, sancochos, sopas de olla o de carne y moles de olla de Latinoamérica. Son todas ellas comidas que se cocinan en un solo recipiente[27] muchas veces de barro,[28] pero también de metal, que tradicionalmente era el hierro fundido. Tenemos mucha información sobre los ingredientes que se usaban para preparar las adafinas gracias a los archivos[29] de la Inquisición. Como parte del proceso inquisitorial, en muchas ocasiones los acusados debían revelar lo que comían los Sábados y otras fiestas del año de importancia religiosa tanto para los judíos como para los cristianos. Esta era una forma de comprobar[30] si los convertidos al cristianismo seguían las prescripciones religiosas con respecto a la comida (por

---

[17] detailed
[18] interrogation
[19] accused
[20] detailed
[21] Sephardic Jews
[22] sunset
[23] hearth

[24] cauldron
[25] hot coals, embers
[26] terms
[27] pan, pot, container
[28] clay
[29] archives
[30] check

Figura 5: Adafina

ejemplo, los ayunos[31] y abstinencias prescritos por la Iglesia) o si, por el contrario, continuaban observando las leyes kasher o kosher. Las *adafinas* varían en sus ingredientes, dependiendo de la temporada[32] y de las posibilidades económicas de cada familia. La receta más común es la que combina varios de los siguientes ingredientes: garbanzos, habas secas, verduras, carnes, huevos, especias, hierbas aromáticas. Las judías, frijoles o porotos del Nuevo Mundo todavía no estaban presentes en la comida mediterránea. Los huevos son muchas veces la principal proteína de origen animal presente en las adafinas. Cuando son componente de la adafina, se denominan huevos haminados por su modo de preparación como parte del *hamín* y por la especial textura resultante que los diferencia de la de otro tipo de preparados. Los huevos haminados son cremosos y de una textura muy suave. Además de los documentos inquisitoriales, tenemos mucha información sobre la alimentación de los judíos sefarditas en documentos municipales, en las crónicas y literatura de la época e incluso en poesía. En un poema dirigido al poeta converso Antón de Montoro, que trabajaba como sastre[33] en la ciudad de Córdoba, se mencionan los alimentos que se entienden como estereotípicos de judíos y conversos

---

[31] fasts, fasting
[32] season

[33] tailor

y que incluyen: garbanzos con espinacas ("ganvanços cocheros / e gentiles espinacas"), carnero kasher (comer carnero / degollado cara'l Dió), berenjenas con culantro ("culantro y verenjenas") y carne curada de ganso ("gordos ansarones / para hazer cecinar").

Hablemos sobre las lecturas

1. ¿Cuál era el objetivo de la Inquisición? *para perseguir los judíos y musulmanes*
2. ¿Quiénes son los judeoconversos? *judío → cristianano*
3. ¿Cuáles eran las comidas que marcaban a las minorías étnicas y religiosas? *NO CERDO!, adafina = judíos y cuscús = musulmanes*
4. ¿Qué es la adafina y cuál es su importancia? *un plato para los sábados*
5. ¿Cuáles son los alimentos típicos judíos según el testimonio de Antón de Montoro? *garbanzos, carne kasher, berenjenas con culantro y carne curada de ganso*
6. ¿Por qué crees que saber lo que comían los acusados era tan importante para la Inquisición? ¿Cómo se explica que simplemente el comer un determinado plato fuera motivo de sospecha? *religión y grupo social y económic*
7. ¿Cuáles te parece que son los puntos más importantes en el establecimiento de la diferencia religiosa y étnica por medio de la comida? *las carnes y las restricciones*
8. ¿Por qué juega la comida un papel tan fundamental a la hora de establecer las diferencias entre grupos?

Leyes dietéticas y práctica religiosa

escape

Casiodoro de la Reina fue un monje español que se vio obligado a huir de la Inquisición por ser sospechoso de practicar el judaísmo. Este monje hizo una traducción de la Biblia que apareció publicada por primera vez en 1569. En ella, como en otras traducciones de la Biblia, aparecen las leyes dietéticas que deben seguir los judíos:

> *"Habló Jehová a Moisés y a Aarón, diciéndoles:*
>
> *Hablad a los hijos de Israel, diciendo: Estos son los animales que comeréis de todos los animales que están sobre la tierra.*
>
> *De entre los animales, todo el de pezuña,[34] y que tiene las pezuñas hendidas,[35] y que rumia,[36] este comeréis.*

---

[34] hoof

[35] cloven hoofs

[36] *rumiar*: to ruminate, to chew the cud

Estos empero[37] no comeréis de los que rumian y de los que tienen pezuña: el camello, porque rumia mas no tiene pezuña hendida, habéis de tenerlo por inmundo;[38]

También el conejo, porque rumia, mas no tiene pezuña, lo tendréis por inmundo;

Asimismo la liebre,[39] porque rumia, mas no tiene pezuña, la tendréis por inmunda;

(pig/hog)

También el puerco, porque tiene pezuñas, y es de pezuñas hendidas, mas no rumia, lo tendréis por inmundo.

De la carne de ellos no comeréis, ni tocaréis su cuerpo muerto: los tendréis por inmundos.

✓ *Esto comeréis de todas las cosas que están en las aguas: todas las cosas que tienen aletas[40] y escamas[41] en las aguas de la mar, y en los ríos, aquellas comeréis;*

Mas todas las cosas que no tienen aletas ni escamas en la mar y en los ríos, así de todo reptil[42] de agua como de toda cosa viviente que está en las aguas, las tendréis en abominación.

└ como inmundo

Os serán, pues, en abominación: de su carne no comeréis, y abominaréis sus cuerpos muertos.

Todo lo que no tuviere aletas y escamas en las aguas, lo tendréis en abominación.

Y de las aves, estas tendréis en abominación; no se comerán, serán abominación: el águila,[43] el quebrantahuesos,[44] el esmerejón,[45] el milano,[46] y el buitre[47] según su especie;

Todo cuervo[48] según su especie;

---

[37] nevertheless
[38] filthy
[39] hare
[40] fins
[41] scales
[42] en este texto "reptil" significa animal que repta o "creeping creature"

[43] eagle
[44] bearded vulture
[45] merlin
[46] white tailed kite
[47] vulture
[48] crow

El avestruz,[49] y la lechuza,[50] y el gavilán[51] según su especie;

Y el buho,[52] y el somormujo,[53] y el ibis, y el calamón,[54] y el cisne,[55] y el onocrótalo,[56] y el herodión,[57] y el caradrión,[58] según su especie, y la abubilla,[59] y el murciélago.[60]

Todo reptil alado [61] que anduviere sobre cuatro pies, tendréis en abominación.

Empero esto comeréis de todo reptil alado que anda sobre cuatro pies, que tuviere piernas además de sus pies para saltar con ellas sobre la tierra;

Estos comeréis de ellos: la langosta[62] según su especie, y el langostín[63] según su especie, y el aregol[64] según su especie, y el haghab[65] según su especie.

Todo reptil alado que tenga cuatro pies, tendréis en abominación.

Y por estas cosas seréis inmundos: cualquiera que tocare a sus cuerpos muertos, será inmundo hasta la tarde:

Y cualquiera que llevare de sus cuerpos muertos, lavará sus vestidos, y será inmundo hasta la tarde.

Todo animal de pezuña, pero que no tiene pezuña hendida, ni rumia, tendréis por inmundo: cualquiera que los tocare será inmundo.

Y de todos los animales que andan a cuatro pies, tendréis por inmundo cualquiera que ande sobre sus garras: [66] cualquiera que tocare sus cuerpos muertos, será inmundo hasta la tarde.

Y el que llevare sus cuerpos muertos, lavará sus vestidos, y será inmundo hasta la tarde: habéis de tenerlos por inmundos.

---

[49] ostrich
[50] barn owl
[51] sparrow hawk
[52] owl
[53] grebe
[54] Western swamphen
[55] swan
[56] pelícano
[57] unknown bird, perhaps a stork or heron

[58] perhaps *alondra*: lark
[59] hoopoe
[60] bat
[61] winged
[62] locust
[63] bold locust
[64] *escarabajo* (beetle)
[65] *saltamontes* (grasshopper)
[66] claws

Y estos tendréis por inmundos de los reptiles que van arrastrando sobre la tierra: la comadreja,[67] y el ratón, y la rana según su especie, y el erizo,[68] y el lagarto,[69] y el caracol, y la babosa,[70] y el topo.[71]

Estos tendréis por inmundos de todos los reptiles: cualquiera que los tocare, cuando estuvieren muertos, será inmundo hasta la tarde."

Jamón judío

Figura 6: Jamón judío (ansarón cecinado)

Los productos derivados del cerdo son muy populares en muchas cocinas hispánicas, tal y como se explica en el capítulo 12. De todos ellos, el chorizo y el jamón son seguramente de los más apreciados y conocidos. Los judíos no consumían carne de cerdo, pero sí otras preparadas de forma similar, curadas con sal y secadas al aire fresco. Una de estas carnes era el ansarón cecinado, carne de pato o de ganso que se curaba de este modo.

---

[67] weasel

[68] hedgehog

[69] lizard

[70] slug

[71] mole

El consumo de este tipo de carne no era exclusivo de los judíos, pero durante el período de persecución de los conversos por parte de la Inquisición, este fue uno de los alimentos que se identificaron con prácticas alimentarias sospechosas. Por su similitud con la carne curada del cerdo, una de las acusaciones contra los judeoconversos era que comían ansarón cecinado o cocinaban con él para aparentar que estaban comiendo jamón de cerdo y así librarse de las sospechas de sus vecinos y de la Inquisición.

¿Sabías que...?

Los estatutos de limpieza de sangre[72] sirvieron para discriminar legalmente a los judíos y a los musulmanes, negando a cualquier persona que tuviera algún antepasado de una de estas religiones acceso a puestos de poder en el gobierno municipal, así como la entrada a las universidades y órdenes militares. La idea de que los judíos y musulmanes tenían la "sangre sucia" o "manchada," estaba justificada en parte por los alimentos que les eran propios y que marcaban una diferencia física. Además de los mencionados en este capítulo, había otros como el aceite de oliva cuyo uso se identificaba con judíos y musulmanes. El ajo y la cebolla se decía que adquirían un sabor y olor peculiares cuando los judíos y los musulmanes los freían en aceite. La manteca de cerdo usada por los cristianos se consideraba la grasa óptima para la cocina y su sabor superior al del aceite. En el Nuevo Mundo, estos estatutos se aplicaron también a las personas que tenían antepasados nativos americanos y, más tarde, a otros grupos. En el Nuevo Mundo, una de las justificaciones de la diferencia étnica se radicaba en el consumo del maíz por parte de las poblaciones nativas. El maíz se representaba como alimento inferior al trigo de los colonizadores.

Hablemos sobre las lecturas

1. ¿Cuáles son los animales inmundos? ¿Puedes clasificar estos animales en diferentes grupos de acuerdo a su clase?
2. ¿Cuáles son las características principales de estos animales?
3. ¿Te parece que la lista de animales prohibidos obedece a una determinada lógica? ¿Cuál es?
4. ¿Por qué piensas que está prohibido tanto comer cuanto tocar los animales considerados inmundos?
5. Explica cuáles son las leyes dietéticas que conoces que estén en relación con leyes religiosas. ¿Cuáles te parece que son las relaciones más importantes entre identidad religiosa y leyes dietéticas?

---

[72] statutes of blood purity

6. ¿Coinciden algunos de los animales prohibidos en la Biblia con los animales que no pueden comerse en tu cultura? ¿Cuáles son las razones por las que hay animales que no se comen en tu cultura?

7. Vemos que las leyes dietéticas tienen que ver sobre todo con el consumo de animales y el contacto con ellos. ¿Por qué te parece que tantas religiones tienen leyes regulando las prácticas carnívoras de los humanos?

8. ¿Qué son los estatutos de limpieza de sangre? ¿Cómo se aplican y con qué fin?

Diáspora sefardita y cocina: el almodrote

Los judíos habían dado a España el nombre de Sefarad, topónimo bíblico que se consolidó en la diáspora sefardita, tras la expulsión de los judíos de España en 1492. Los judíos sefarditas (o 'de Sefarad') se llevaron consigo la lengua, la cultura y tradiciones y sus prácticas gastronómicas. Con el paso del tiempo, al instalarse los sefarditas en diferentes países, adoptaron costumbres de los nuevos lugares e incorporaron palabras nuevas en su lengua, el judeoespañol, también conocido como ladino. Algunas de sus recetas cambiaron con el tiempo y los nuevos lugares en que se quedaron a vivir. Un ejemplo de las variaciones de las recetas en la diáspora sefardí es el del almodrote. Almodrote es palabra que viene el árabe y que quiere decir 'majado' o 'machacado' ya que es aderezo[73] que se hace en un mortero machacando ajo y queso, a veces con la adición de otros ingredientes y de un líquido como el aceite o el agua para darle consistencia de salsa. Está relacionado con el *moretum* de la Roma clásica, que consistía en una mezcla[74] de queso, aceite, vinagre o vino, hierbas y, en ocasiones, nueces[75] o almendras, majada en un mortero, del que tomaba el nombre. En el *Llibre de Sent Soví* (s. XIV), el almodrote o "almadroc" se hace machacando en un mortero ajos crudos[76] con queso rallado[77] hasta conseguir una densa pasta.[78]

En la actualidad el almodrote se conserva como uno de los platos típicos de las comunidades sefarditas[79] de la diáspora, así como en algunas zonas de España, siendo una de las versiones más conocidas el *almogrote* de la Isla de la Gomera en Gran Canarias. En la tradición sefardí, es típico comer berenjenas en almodrote. La berenjena se cultivaba en Asia desde siglos tempranos y los musulmanes la introdujeron en Europa, junto con diversos métodos de preparación. Por esta razón, la berenjena siempre se asoció a la cultura árabe y, por extensión, a la judía, de modo

---

[73] seasoning
[74] mix
[75] walnuts
[76] raw

[77] *rallar*: to grate
[78] paste
[79] Sephardic

que tanto musulmanes como judíos aparecían estereotipados como comedores de berenjenas, aunque su consumo era en realidad generalizado en toda la población, independientemente de la religión. Cuando se come en almodrote, la berenjena puede cocerse o asarse directamente sobre la llama,[80] lo que le da un sabor[81] ahumado.[82] Tanto si se asa como si se cuece, en la tradición de la diáspora sefardí, tras preparar la berenjena, pelándola y picando su carne, se mezcla con el queso feta y queso gruyere rallados, uno o más huevos cocidos[83] o crudos y quizá una rebanada[84] de pan hecha trocitos. De esta forma se hace hoy en Marruecos y en algunos lugares del este de Europa. La adición de los huevos transforma el plato en una comida más sustanciosa, lo que es importante si se quiere servir como plato principal porque las leyes kasher prohiben consumir carne y productos lácteos[85] en la misma comida.

Una de las recetas más claras para hacer almodrote tradicional es la que da Juan Vallés (c. 1496-1563), en su colección de recetas y consejos caseros[86] titulado *Regalo de la vida humana*:

"Berengenas con almodrote

Tomen las berengenas y pártanlas por medio y cuézanlas en agua y sal y escúrranlas,[87] y después fríanlas[88] muy bien en aceite y pónganlas en un plato y échenles por encima salsa de almodrote.

Almodrote

Tomen ocho o diez granos de ajo crudos y májenlos muy bien, y después echen sobre ellos una escudilla[89] de buen queso rallado y májenlo todo junto mucho y muy bien, y después desátenlo[90] con agua clara de manera que quede algo espeso."[91]

El almogrote gomero, hecho en la isla de la Gomera, una de las Islas Canarias, disfruta de justa fama. Para hacerlo, se usa queso añejo[92] o muy curado de cabra rallado, pimienta negra, pimienta palmera rehidratada (pimiento rojo seco algo picante), ajo rallado, pimentón, comino en polvo, sal y aceite de oliva. Se añaden los ingredientes al gusto y se mezclan hasta conseguir la consistencia de una pasta cremosa.

---

[80] flame
[81] taste
[82] *ahumar*: to smoke
[83] *cocer*: to boil
[84] slice
[85] dairy products
[86] of the home, domestic

[87] *escurrir*: to drain
[88] *freír*: to fry
[89] bowl
[90] *deslíanlo; desleir*: to dissolve
[91] thick
[92] aged

Los judíos sefarditas continúan disfrutando de las berenjenas y preparándolas de muchas formas diferentes, una de las cuales es la de las berenjenas con almodrote. Tanto es así que los diferentes modos de preparar la berenjena tienen su propia canción.

La cantiga de las merenjenas
Esta canción se encuentra en la tradición oral de los sefarditas. Hay también algunas versiones escritas que datan del siglo XVIII. Este poema consta de 36 coplas[93] en las que se dan 35 maneras de cocinar la berenjena. La copla número tres da la receta del almodrote, atribuida en el poema a la señora o "tía" (*bula*) Joya de Aksote:

> *La tercera las hacía bula Joya de Aksote:*
> *las buía[94] y las cocía y les sacaba el cocote[95]*
> *y el queso sin mancía[96] y aceite con el bote*
> *y las llamaba por nombre la comida de almodrote.*

Puedes ver fotos de estas recetas en:
http://jewishstudies.washington.edu/converso-cookbook-home/

Hablemos sobre las lecturas
1. ¿Cuáles son las asociaciones culturales relacionadas con la berenjena?
2. ¿Por qué te parece que la berenjena es tan importante para las comunidades sefarditas?
3. ¿Qué es el almodrote? ¿Cuáles son las transformaciones del almodrote de acuerdo con su historia y el lugar geográfico donde se prepara?
4. ¿Qué conclusiones puedes sacar a partir de un análisis de estas transformaciones?
5. ¿Por qué te parece que hay tantas versiones cantadas de las recetas de las berenjenas?
6. ¿Cuál te parece que es el papel de la música en la transmisión de las recetas?

¿Y eso qué es?
El <u>mortero</u> es un instrumento de cocina casi universal. Lo hemos visto usado en la cocina romana y en la España antigua y moderna. También se usa en diferentes partes de Latinoamérica, muchas veces con el nombre de <u>molcajete</u>, así como en África y Asia con otros nombres. El mortero puede ser de muy diferentes tamaños, usándose

---

[93] stanzas
[94] bullir, cocer
[95] tallo
[96] sin vergüenza, es decir 'mucho.'

para moler desde pequeñas cantidades de especias hasta grandes cantidades de cereales u otros alimentos. Consiste típicamente de dos piezas: una grande en forma de cuenco[97] con una cavidad cóncava donde se colocan los ingredientes y otra movible que puede tener forma cilíndrica o esférica, dependiendo de los usos a los que se destine el mortero. Los morteros pueden estar hechos de madera, metal o piedra.

El mortero es el punto de unión de las técnicas que relacionan muchas recetas básicas tradicionales. Sebastián de Covarrubias, en su *Tesoro de la lengua castellana o española* (1611) explica la relación entre el almodrote y el salmorejo. Covarrubias explica que el salmorejo es una salsa o mezcla de sal y otros ingredientes machacados en un mortero:

"Salmorejo. Un cierto género de salsa o escabeche con que suelen aderezarse[98] los conejos echándoles pimienta, sal y vinagre y otras especies. Díjose a sale & moretum: díjose moreto, según claramente lo dice Virgilio, ab verbo Graeco μορεω, moreo, quod inter cetera significa trabado,[99] porque los que hacen el almodrote tienen necesidad de raer[100] las paredes del mortero o almirez para juntarlo en el hondón[101] y molerlo bien."

Como veremos en el capítulo 13, el almodrote y el salmorejo están estrechamente relacionados con el gazpacho.

Salmorejo

Hoy tiene también justa fama el salmorejo andaluz,[102] sobre todo el cordobés, que tiene parecido al gazpacho de la misma región. Los componentes principales del salmorejo andaluz son pan, ajo, cebolla, tomate, vinagre, aceite y sal. Para hacerlo, hay que seguir esta receta, variando las cantidades de los ingredientes según el gusto.

Receta

Ingredientes
- ¼ de barra de pan bueno o ⅓ libra de pan rallado (más o menos dependiendo de cómo se quiera de espeso el salmorejo)
- 1 ½ libras de tomates muy maduros, quitado el corazón

---

[97] bowl
[98] *aderezar*: to season
[99] *trabar*: to thicken

[100] *raer*: to scrape
[101] bottom
[102] from Andalucía, Spain

- ¼ pimiento verde pequeño
- ¼ cebolla
- ½ pepino
- 1 vaso de buen aceite de oliva
- 4 dientes de ajo pelados u otra cantidad al gusto
- 2 cucharaditas de vinagre de jerez o de vino tinto
- Sal
- jamón serrano, 1 huevo duro y picatostes (pan tostado cortado en trocitos)

1. Mezclar los siete primeros ingredientes. Pueden machacarse en un mortero o triturarse con una batidora[103] eléctrica. Cuando estén bien mezclados y se haya conseguido una textura cremosa, añadir el vinagre y la sal. Probar y rectificar el ajo, sal o vinagre al gusto.
2. Enfriar al menos dos horas o hasta 24 horas en la nevera. Servir frío y adornado con el jamón, huevo y pan tostado.
3. Este salmorejo puede tomarse como primer plato o, si se hace muy espeso, puede servirse también como salsa, por ejemplo, acompañando un plato de berenjenas fritas o asadas.

Receta y práctica

La siguiente es una receta que combina muchos de los ingredientes mencionados en textos de la época y que está inspirada por la relación de una adafina de Toledo cuyos ingredientes aparecen relatados en un documento inquisitorial. Como en el siglo XV la comida era por definición orgánica y los animales se criaban al aire libre con acceso a pastos,[104] se recomienda utilizar los ingredientes de la mejor calidad para intentar reproducir en la medida de lo posible el sabor de las adafinas antiguas. La adafina puede cocinarse hoy en el horno, aunque puede colocarse entre las ascuas de la chimenea si se quiere conseguir un sabor más cercano al de las recetas antiguas.

Receta
Adafina de Toledo

Ingredientes
- 2 cuartos de pollo

---

[103] blender   [104] pasture

- 1 jarrete de ternera[105]
- ½ kilo de morcillo[106] o de pecho[107] de ternera en una pieza
- 4 huesos de ternera con tuétano[108]
- 6 huevos o al gusto[109]
- ½ kilo de garbanzos
- 2 cebollas con un clavo de especia clavado en cada una de ellas
- 6 zanahorias grandes
- 4 tallos de apio[110]
- varias ramitas de cilantro o de perejil
- 3 hojas de laurel
- 1 cucharadita de alcaravea[111] molida o al gusto
- 1 cucharadita de cominos molidos o al gusto
- ½ cucharadita de cilantro seco o al gusto
- Sal al gusto
- hojas de espinaca o acelgas, cantidad al gusto

Para las albóndigas:
- ½ kilo de ternera picada o ternera y pollo picados[112]
- 2 ajos triturados, machacados o muy picados
- 2 cucharadas de perejil picado
- 1 huevo
- ⅛ de cucharadita de canela
- pan rallado

1. Precalentar el horno[113] a 80° centígrados (175° Fahrenheit).
2. Combinar todos los ingredientes de las albóndigas con las manos, formar las albóndigas, pasarlas por harina y dorarlas[114] en aceite de oliva a fuego medio-alto. Esto les da mejor sabor y evitará que se desmenucen[115] en la olla. Las albóndigas no tienen que freírse por dentro, solo tienen que dorarse por fuera.
3. En una olla se coloca el resto de los ingredientes, poniendo primero las carnes y sobre ellas los garbanzos, las especias y verduras, las albóndigas y por fin los huevos. Puede reservarse las espinacas o acelgas para añadirlas en el último momento posible.

---

[105] veal hock, veal shank
[106] shank
[107] breast
[108] bone marrow
[109] to taste
[110] celery

[111] caraway
[112] *picar*: to mince, to chop, to grind
[113] oven
[114] *dorar*: to brown
[115] *desmenuzar*: to break into little pieces

4. Añadir agua que cubra bien el contenido y que lo rebase[116] unos dos centímetros.
5. Dejar que dé un hervor[117] en la cocina.
6. Cubrir e introducir en el horno; dejar de 12 a 15 horas.
7. Al final de este periodo, sacar del horno y entonces añadir las espinacas o acelgas si no se habían añadido antes. Si las hojas de espinaca son pequeñas, se cocerán en el calor de la olla sin necesidad de ponerlas al fuego.
8. Sírvase poniendo un poco de cada ingrediente en cada plato y añadiendo un poco de caldo[118] al gusto.

Actividades

1. Cocina una de las dos recetas de este capítulo y compártelas con la clase. ¿Qué has aprendido sobre las diferentes técnicas de cocinado? ¿Cómo cambia la temperatura y el tiempo de cocinado la textura y la naturaleza de un plato?
2. Entrevista a una persona de otra religión o etnia y pídele que te hable de las reglas que su religión o su etnia observa con respecto a la comida. Por ejemplo, ¿cómo observa el Ramadán una persona musulmana, la fiesta de Yom Kipur una persona judía o la Cuaresma una persona cristiana? ¿Cuáles son las prácticas culinarias de una persona budista? ¿Cuáles son las de un determinado grupo nativo americano?
3. En pequeños grupos en clase, describe a tus compañeros y compañeras las costumbres alimentarias de tu familia. ¿Cuáles están relacionadas con tu religión o tu etnia?
4. Visita un mercado o un supermercado donde vendan comida especialmente preparada para un determinado grupo religioso o étnico (por ejemplo, los productos que se ponen a la venta durante la Pascua judía o Pesaj[119] o durante Janucá).[120] ¿Qué comida especial está a la venta? ¿Cómo está presentada en el supermercado? ¿Cómo presentan las etiquetas[121] de los envases[122] la comida?

---

[116] *rebasar*: to pass, to exceed
[117] *dar un hervor*: to bring to a boil
[118] broth
[119] Passover

[120] Hanukkah
[121] labels
[122] containers, packaging

Capítulo 4: Chocolate y el mundo azteca

Este capítulo trata sobre la importancia del chocolate y su paso de bebida azteca, relacionada con las clases privilegiadas y el mundo masculino, a ser un dulce sólido identificado por los europeos con el mundo femenino y, más tarde, con el conservadurismo político. El capítulo también explica las formas de vida aztecas y sus usos alimentarios, incluyendo la práctica de nixtamalización del maíz. Se incluyen importantes textos de la época que describen los banquetes aztecas y la extensión y riqueza de sus mercados.

El chocolate

El cacao es una planta del Nuevo Mundo. Su uso está documentado desde hace al menos cuatro milenios en Centroamérica y México. Sabemos mucho sobre su uso entre los mayas y los aztecas. La vaina[1] del cacao contiene una pulpa algodonosa[2] y dulce que se puede comer, dentro de la cual se encuentran las semillas del cacao, con las que se hace el chocolate.

Para elaborarlo, hay que secar, tostar y fermentar las semillas. Después de este proceso, hay que molerlas, de forma similar a lo que se hace con el café. El cacao en su forma pura es muy amargo y tiene un alto contenido graso. La Real Academia Española (RAE) repite la discutida etimología del "chocolate" que la hace provenir del náhuatl *xocoatl*, palabra compuesta de *xoco* (amargo), y *atl* (agua).

En el mundo azteca y maya, el chocolate siempre se consumía en forma líquida y al final de una comida. Era un alimento muy caro y las semillas se utilizaban como moneda, por lo que su consumo era un marcador del nivel social. Su uso estaba permitido exclusivamente a la élite guerrera y religiosa y se castigaba con mucha severidad a miembros de otros grupos si se los descubría consumiendo cacao. El chocolate se mezclaba con agua y con otros ingredientes, como vainilla, canela, achiote, miel o chile. Se vertía desde un vaso cilíndrico a una vasija[3] situada a una cierta distancia para producir la espuma,[4] la parte más delicada y apreciada de la bebida, que se consumía preferentemente fría. Solo se tomaba en su forma dulce (con miel) en algunas ocasiones. Entre los mayas y los aztecas, el chocolate tenía un significado religioso y un uso ceremonial. Era ofrenda[5] ofrecida a los dioses y con él se ungían[6] la frente, la cara y los dedos de pies y manos de los recién nacidos.

---

[1] pod
[2] cottony
[3] pot, cooking vessel

[4] foam
[5] offering
[6] *ungir*: to anoint

Figura 7: Fruto del cacao, con semillas envueltas en su pulpa algodonosa

Aunque al principio no gustan del chocolate, para 1590 los españoles y aún más las españolas lo consumen ya en grandes cantidades. El escritor José de Acosta comenta las prácticas relacionadas con el chocolate en su *Historia natural y moral de las Indias,* aparecida en 1590:

"El principal beneficio de este cacao es un brebaje[7] que hacen que llaman chocolate, que es cosa loca lo que en aquella tierra le precian, y algunos que no están hechos[8] a él les hace asco;[9] porque tiene una espuma arriba y un borbollón[10] como de heces,[11] que cierto es menester[12] mucho crédito para pasar con ello. Y en fin, es la bebida preciada y con que convidan[13] a los señores que vienen o pasan por su tierra, los indios y los españoles, y más las españolas hechas a la tierra, se mueren por el negro chocolate. Este sobredicho[14] chocolate dicen que hacen en diversas formas y temples:[15] caliente, y fresco y templado. Usan echarle especias

[7] brew, concoction
[8] estar hecho a: estar acostumbrado
[9] repugnance, disgust
[10] bubbling
[11] scum

[12] ser menester: ser necesario
[13] convidar: invitar
[14] aforementioned
[15] temperaturas

> *y mucho chili; también le hacen en pasta, y dicen que es pectoral[16] y para*
> *el estómago, y contra el catarro.[17] Sea lo que mandaren, que en efecto*
> *los que no se han criado con esta opinión, no le apetecen"*

Los españoles usan del molinillo[18] para batir[19] el chocolate en una chocolatera de tapadera perforada con un orificio para introducir el molinillo, que se hace girar rápidamente entre las palmas de las manos para mezclarlo bien y obtener la codiciada espuma. También añaden azúcar de caña y otros ingredientes nuevos junto con los que ya se usaban en tiempos precolombinos. Parece que el cacao llega por primera vez a España en 1544 y que se inicia su uso como producto comercial en 1585. Cuando llega a Europa, los europeos imitan los usos del cacao de su tierra de origen en un principio, sobre todo en lo que respecta a su consideración como bebida de élite, lo que viene en parte determinado por su alto costo. Se toma el chocolate como bebida por la mañana después de despertarse o por la tarde. En el siglo XVII España goza de fama en Europa por su preparado y consumo del chocolate, que después se extiende también a otros países del Viejo Continente.

En lo que se refiere a los usos culturales y alimentarios del chocolate, hay curiosas diferencias entre diversos países y períodos. Mientras que para los aztecas y mayas el chocolate era una bebida de claras asociaciones masculinas por estar reservada a la élite religiosa y guerrera, en la época colonial y después en España es bebida asociada con las mujeres y lo femenino. En otro orden de cosas, en Inglaterra la manufactura del chocolate se asocia en un principio con doctrinas religiosas unitarias como las de los cuáqueros[20] por pertenecer a esta religión los fundadores de las principales compañías manufactureras de chocolate. En la España de los siglos XVIII y XIX el consumo del chocolate se relaciona con el conservadurismo[21] político y el del café con el liberalismo, sirviendo los cafés como centros de reunión de pensadores y activistas liberales.

El consumo del chocolate provocó grandes debates religiosos y morales. Una de las cuestiones más importantes que intentaron dirimirse[22] era la de si el chocolate rompía el ayuno obligatorio que la Iglesia prescribía en determinadas fechas. Como el ayuno religioso solo prohibía el consumo de alimento sólido, los defensores del chocolate argüían que, al ingerirse en forma líquida, el chocolate no hacía romper el ayuno. Sin embargo, sus detractores señalaban que el chocolate era un alimento sustancioso que hacía más que aplacar[23] la sed y lo comparaban a ingerir un espeso caldo de gallina.

---

[16] bueno para el pecho
[17] cold
[18] beater
[19] *batir*: to beat

[20] quakers
[21] conservatism
[22] *dirimir*: to settle, to resolve
[23] *aplacar*: to placate, to calm

En el siglo XIX se descubren nuevos modos de procesar el chocolate que resultan en la extracción de gran parte de su grasa y en la elaboración del cacao en polvo, lo que facilita que se desarrolle toda una industria en torno a la preparación de bombones y otros confites[24] con chocolate que antes era imposible confeccionar. El problema del nuevo método de procesado[25] del cacao es que la utilización de alcaloides[26] hace desaparecer muchos de los beneficiosos antioxidantes. A finales de este mismo siglo se añade leche deshidratada al chocolate dando lugar al "chocolate con leche." En el siglo XX, se inventan nuevos modos de procesar el cacao sin alcaloides y por tanto conservando todos los nutrientes. Hoy el chocolate con churros, bizcochos, pan o picatostes es bebida reconstituyente para desayuno y merienda o tras una noche de fiesta, antes de volver a casa a dormir.

Hablemos sobre las lecturas

1. ¿Por qué te parece que el chocolate era tan valorado por aztecas y mayas?
2. ¿Te parece que hay similitudes entre los usos rituales y religiosos del chocolate con los de otros alimentos en otras culturas?
3. ¿Cuáles son las principales diferencias en las formas de consumir chocolate entre la época precolombina y las posteriores?
4. ¿Por qué te parece que hay una asociación del género sexual con el consumo del chocolate?
5. ¿Puedes explicar algunas de las posibles razones del valor político relacionado con la producción y el consumo del chocolate?
6. ¿Te parece comida o bebida el chocolate líquido? ¿Cuáles son tus razones? ¿Te parece una cuestión importante?

El chocolate mexicano

México conserva muchas de las formas originales de consumir el chocolate, que siempre es bebido, mezclándolo con vainilla y otros saborizantes[27] e incluso con masa[28] de maíz, que lo convierte en una bebida espesa. Francisco Javier Clavijero, en su *Historia Antigua de México* (1780) explica la importancia y los usos del chocolate en el antiguo México:

"Entre los muchos frutos que omito por abreviar esta descripción, no puedo desentenderme del cacao, la vainilla, la chía, el chile, el tomate, el

---

[24] confectionery, sweets
[25] processing
[26] alkaloid: complex organic compounds such

as caffeine, morphine and nicotine
[27] flavorings
[28] dough

xocoxóchitl o pimienta, el algodón y de varios granos y legumbres, por haber sido tan usuales entre los mexicanos. Del cacao (nombre tomado del mexicano cacahuatl) distingue cuatro especies el Dr. Hernández; pero el tlacahuatl, que es el más menudo, era el que más comúnmente empleaban en su chocolate y otras bebidas diarias los mexicanos. Las otras especies más les servían de moneda en sus mercados que de alimento. El cacao era una de las plantas más cultivadas en aquella tierra, y uno de los renglones[29] de que pagaban tributo[30] a la corona[31] de México varias provincias y entre otras la de Xoconochco, cuyo cacao es excelente y superior, no solamente al de Caracas, sino al de la Magdalena. La descripción de esta célebre planta y de su cultivo se halla en muchos autores de todas las naciones cultas[32] de Europa.

Del cacao hacían varias bebidas que les eran muy familiares y, entre otras, la que llamaban, chocolatl. Molían[33] igual porción de cacao y de granos de pochotl, echábanla en un jarrillo[34] con una cantidad proporcionada de agua y la revolvían y agitaban con un molinillo de palo; separaban luego, en otro vaso, la parte más oleosa[35] que sobrenadaba,[36] y a lo restante de la bebida mezclaban un puñado[37] de masa de maíz cocido; la cocían al fuego hasta cierto punto y después le mezclaban la parte oleosa que le habían separado y esperaban a que se entibiase[38] para tomarla. Este es el origen de la célebre bebida del chocolate que, juntamente con su nombre mexicano, han adoptado las naciones cultas de Europa, aunque alterando el nombre y mejorando la misma confección, según el gusto y la lengua de cada pueblo. Solían los mexicanos, así a su chocolate como a otras bebidas que hacían del cacao, mezclarle, o por darle mayor gusto o por hacerlas más saludables, el tlilxóchitl o vainilla, la flor de xochinacaztli y el fruto del axóchitl y a veces también por endulzarla, le añadían miel como nosotros mezclamos el azúcar."

¿Y eso qué es?

Para consumir el chocolate caliente es tradicional la <u>mancerina</u>, que recibe su nombre del Marqués de Mancera, virrey del Perú desde 1639 hasta 1648, que la popularizó. La mancerina tiene la peculiaridad de tener un borde alzado[39] en el centro del plato que impide que la jícara resbale.[40] Muy comunes son las <u>jícaras</u> o <u>pocillos</u>, recipientes

---

[29] goods
[30] tribute
[31] crown
[32] learned
[33] *moler*: to grind, to mash
[34] small pitcher

[35] oily
[36] *sobrenadar*: to float
[37] handful
[38] *entibiarse*: to cool down
[39] raised edge
[40] *resbalar*: to slip, to slide

pequeños de loza (barro barnizado o vidriado[41]) o madera usados para beber el chocolate.

Figura 8: Pastelitos de chocolate

El chocolate a debate

Desde muy pronto, los españoles empiezan a consumir chocolate, usando maneras muy diversas de prepararlo y originando al mismo tiempo todo tipo de actitudes con respecto a su consumo, tal y como explica Juan de Cárdenas en 1591:

> *"Después de bien molido todo, hay diferencia en formarlo, porque los que quieren guardarlo para mucho tiempo le forman en tablillas[42] y en éstas se conserva por lo menos dos años. Los que quieren irlo poco a poco gastando, suelen cocer toda la dicha masa con un poquito de agua en una ollita,[43] y así puede durar no más de ocho días, porque luego con la humedad se enmohece. [44] Otros, finalmente, lo hacen cada día, mayormente si es para beber con atole,[45] porque el formado en tabletas es para beber deshecho[46] en agua muy caliente. Otros lo forman de otras mil maneras, pero lo más común es lo que se ha dicho. Es ya costumbre antigua al tiempo de hacer el chocolate moverlo y batirlo en tanto*

---

[41] glazed clay
[42] small chocolate tablets
[43] small cooking pot or *olla*
[44] it gets moldy (from *moho*, 'mold')
[45] bebida espesada con harina o con masa de maíz que se sirve caliente; puede hacerse con agua o con leche y añadirse azúcar u otros ingredientes
[46] dissolved

61

grado,[47] que venga a levantar una gran espuma y en tanto[48] se tiene por mejor el chocolate en cuanto es más espumoso. Yo confieso ser muy sano el batirlo y quebrantarlo,[49] por cuanto con aquel continuo movimiento se adelgaza la grosedad y crudeza del cacao;[50] pero, por otra parte, juzgo por muy malo el beber aquella espuma, supuesto que[51] no es más que un poco de aire, que avienta el estómago,[52] impide la digestión y aun se suele poner, como dicen, sobre el corazón y causar terribles tristezas; hace,[53] pues, antes de beberlo, deshacer la tal espuma. Acerca de lo tercero que prometí tratar del chocolate digo que aunque es verdad que cada cual dama se precia[54] hacer su nueva invención y modo de chocolate, con todo esto el más usado generalmente en todas las Indias es el formado en tabletas, el qual tomó origen de las damas guatemaltecas.[55] Y este, asimismo, es aquel que se deshace con su agua caliente y su puntica[56] de dulce, que le da mucha gracia.[57] Otro hay que, después de molida la masa, la deshacen y baten en agua fría hasta que levante espuma y después mezclan con esta poleada[58] hecha de maíz llamada atole, y éste es el que de ordinario se gasta[59] y vende por todas estas plazas y calles mexicanas. Otros, finalmente, lo suelen hazer con pinole,[60] que es como decir echar en lugar de atole un polvo que se haze de maíz tostado; y aun algunas personas, para más fresco, lo hacen de cebada tostada, a modo de alejija,[61] y otro día entiendo que lo harán con leche de gallinas, según se usan cada día para madama gula[62] de nuevas invenciones. Lo que de aquí podemos sacar[63] es que el chocolate más fresco de todos y el que más apaga[64] la sed y da más sustento[65] es el que se bebe con atole, y el más cálido es el deshecho[66] en agua, porque no quebranta el agua tan bien el calor de la especia[67] como el atole." "En

---

[47] de tal modo, tanto

[48] "y en tanto": 'porque'

[49] *quebrantar*: to break, to break down

[50] "se adelgaza la grosedad y crudeza del cacao": the richness and crudeness of the raw cacao is thinned out/thins out.

[51] puesto que

[52] llena el estómago de aire

[53] es necesario

[54] prides herself in

[55] de Guatemala

[56] poquito, pequeña cantidad

[57] que lo hace más sabroso

[58] bebida espesa y dulce con ingredientes variables según el lugar y la época

[59] se usa

[60] como explica el autor, la peculiaridad del pinole, que llevaba también sustancias aromáticas como la vainilla, cacao o canela, es que se hace con harina de maíz tostada

[61] puré espeso hecho de harina de cebada al que se añaden semillas de ajonjolí (sesame seeds) que se comía en algunos lugares de España. Tanto *alejija* como *ajonjolí* son palabras de origen árabe

[62] obtener "leche de gallinas" es obviamente un imposible. El autor usa de la exageración para señalar que todas estas "invenciones" están puestas al servicio de la gula o, como él dice irónicamente, de la "señora gula" ("madama gula") (mistress gluttony)

[63] concluir

[64] *apagar*: to quench, to put out, to extinguish

[65] alimento (sustenance)

[66] diluído o disuelto (dissolved)

[67] el chocolate

quanto a los daños y provechos que hace, oigo decir a cada uno su parecer: unos abominan el chocolate, haciéndolo inventor de cuantas enfermedades hay, otros dicen que no hay tal cosa en el mundo y que con él engordan y traen gana de comer[68] y buen color en el rostro, y si es mujer estéril se hace preñada[69] y la parida,[70] bebiéndolo con atole, tiene sobrada leche.[71] Así que no hay quien en esto tome tino[72] al vulgo"[73]

Sin embargo, para el siglo XVIII ya estaban demostradas las virtudes del chocolate. Juan de la Mata, en su *Arte de la Repostería* afirmaba que el chocolate "reconforta el estómago y el pecho, mantiene y restablece el calor natural, destruye los humores malignos y sustenta y fortifica la voz." El autor y periodista Marcos Antonio de Orellana escribió la siguiente oda al chocolate:

Oh, divino chocolate
que arrodillado[74] te muelen,
manos plegadas[75] te baten
y ojos al cielo te beben.

¿Sabías que...?

El champurrado es un atole o bebida espesa hecha con masa de maíz a la que se ha añadido chocolate en la forma clásica descrita en la lectura de Juan de Cárdenas. Se acostumbra a consumir acompañado de tamales. Es una combinación que reconforta a muchas personas que toman el desayuno de camino al trabajo. Es frecuente encontrar vendedores ambulantes[76] en la Ciudad de México que ofrecen champurrado y tamales a los viandantes.[77]

El chocolate en Perú

Antonio de Ulloa, en su *Viaje al Reino del Perú* (1748) describe el diario consumo del chocolate por parte de todas las escalas sociales, aunque con las diferencias en la calidad de la bebida. El chocolate que toman los esclavos está mezclado con mucho maíz, mientras que el que toman las clases altas, "personas de distinción," es puro y elaborado como se hace en España en esta época, es decir, con azúcar y sin mezcla de maíz:

---

[68] se les estimula el apetito
[69] embarazada (pregnant)
[70] la mujer que ha dado a luz (the new mother)
[71] el chocolate estimula la producción de la leche materna
[72] acierte el modo de pensar

[73] el pueblo, la gente común
[74] *arrodillarse*: to kneel
[75] *plegar*: to fold
[76] street vendors
[77] passers-by

"El chocolate, a quien allí conocen solamente por el nombre de cacao, es tan frequente que lo acostumbran a tomar diariamente hasta los negros esclavos después que se han desayunado; para este fin, lo venden por las calles las negras que lo tienen ya dispuesto[78] en toda forma y, con solo calentarlo, lo van despachando[79] por jícaras,[80] cuyo valor es un quartillo de real de plata,[81] pero no es todo puro cacao porque este común es compuesto de maíz la mayor parte y una pequeña de aquel; el que usan las personas de distinción es puro y trabajado como en España. Repiten el tomarlo una hora después de haber comido, costumbre que no ha de dejar de practicarse en día alguno, pero nunca lo usan en ayunas[82] o sin haber comido algo antes."

Hablemos sobre las lecturas

1. La valoración que del chocolate hace cada autor está influida por las ideas médicas de su época ¿Cuáles son las propiedades del chocolate, según los autores citados?
2. ¿Tiene el chocolate efectos negativos?
3. La espuma del chocolate es la parte más apreciada de la bebida. ¿Por qué la mira con desconfianza el autor Juan de Cárdenas?
4. ¿Cuál es el papel de las mujeres con respecto al chocolate? ¿Reciben algún beneficio especial de su consumo?
5. ¿Puedes discernir la perspectiva europea de Juan de Cárdenas al hablar de un producto del Nuevo Mundo que es nuevo para él y para sus lectores?
6. ¿Hay similitudes entre las ideas de Cárdenas y las de Acosta que hemos leído más arriba?
7. ¿Por qué hay diferencias tan marcadas en el consumo del chocolate a nivel social?

El consumo desmedido del chocolate

El gusto por el chocolate se hizo tan grande y su consumo tan frecuente que causó verdaderos problemas de orden público. Todas las capas sociales lo consumían en cualquier lugar, sin dejar de tomarlo ni en la iglesia. Esto dio lugar a todo tipo de prohibiciones para intentar controlar unas prácticas que se veían como inapropiadas en lugares sagrados. Sin embargo, el hecho de que las prohibiciones se repitan a lo largo de los siglos y en diferentes países solo quiere decir que estas prohibiciones no

---

[78] *disponer*: to arrange
[79] *despachar*: to serve
[80] small cups

[81] silver coin
[82] on an empty stomach

se obedecían y que, por lo tanto, había que repetirlas de modo continuado. En México, el obispo Juan de Palafox y Mendoza prohibió a religiosos y seglares comer y beber en las iglesias y sacristías: "El comer y beber en las iglesias, bien se ve que es indecencia, y por San Pablo no solamente prohibida, sino justamente reprendida a los de Corinto, y así se guarde el edicto de que no se coma y se beba en las iglesias, ni sacristías,[83] ni chocolate, ya sean seglares,[84] ya eclesiásticos o regulares, con pena de veinte pesos al que lo contraviniere, o consintiere; pero beber un vaso de agua con necesidad, bien se puede tolerar" (*Cartas pastorales*, 1640-1653). Sin embargo, el problema se había extendido a muchos lugares del mundo hispánico, de tal modo que en 1684 hubo que repetir la prohibición en el Sínodo de Santiago de Cuba:

"Que en las iglesias no se coma ni beba, ni se queden de noche mujeres en ellas, y demás cosas contenidas en esta constitución. La decencia con que se debe estar en las iglesias, es de nuestro oficio pastoral el solicitarla, porque en las casas de Dios y templos suyos, han de estar los fieles[85] con toda reverencia como en lugares destinados para el culto[86] que se hace a la Divina Majestad[87] y a sus santos: y así mandamos,[88] que ninguna persona de cualquier estado, calidad o condición que sea, coma ni beba chocolate en las iglesias de todo este nuestro obispado,[89] así en la de nuestra obediencia, como en las de los religiosos; [...] ni chupen tabacos en dichas iglesias, [...] ni en sus cementerios jueguen a los naipes,[90] ni a los dados,[91] barras, ni pelota, ni otros entretenimientos indecentes al culto divino [...] ni duerman en las iglesias."

Hablemos sobre las lecturas

1. ¿Te parece que es irrespetuoso comer o beber en lugares religiosos? ¿Por qué?
2. ¿Cómo te parece que encaja en las prohibiciones eclesiásticas la costumbre que existe en países centroamericanos y en México de comer en los cementerios con motivo del Día de los muertos? ¿Por qué?
3. ¿Por qué te parece que el consumo del tabaco está relacionado en las prohibiciones con el de bebidas y alimentos?
4. ¿Cuál es la relación de juegos y actividades lúdicas y la comida en estas prohibiciones? ¿Te parece que están vinculadas?

---

[83] sacristy
[84] lay
[85] the faithful
[86] worship
[87] majesty

[88] *mandar*: to command
[89] bishopric
[90] cards
[91] dice

¿Y eso qué es?

El <u>molinillo</u> en un bastoncillo con una cabeza dividida en varios segmentos huecos[92] que permiten insuflar[93] aire en la mezcla líquida de cacao con leche o con agua. La cabeza se sumerge en el vaso o en el puchero[94] y se agita rápidamente entre las palmas de ambas manos.

Refranes y expresiones populares

- *Como agua para chocolate:* Se refiere a una persona que está muy enfadada, en un estado agitado parecido al agua que hierve esperando a que se le agregue el chocolate.
- *Las cosas claras y el chocolate espeso*: Vamos a hablar claramente.
- *Ni amor reanudado[95] ni chocolate recalentado*: Cuando se intentan por segunda vez, las cosas pueden no salir bien.
- *Dar a alguien una sopa de su propio chocolate*: corresponder a una persona con sus mismas acciones.

Aztecas

Los aztecas eran descendientes de los mexicas. Tenían una tecnología avanzada dentro de sus medios. La ciudad de Tenochtitlán—actual México—estaba en una isla pantanosa en el centro del más grande de cinco lagos interconectados. Tenochtitlán fue el centro del Imperio azteca. La aparición en el lago de un águila[96] sobre un cactus sosteniendo una serpiente en el pico[97] se tomó como indicación de que los dioses marcaban el territorio azteca. Los aztecas construyeron la ciudad de Tenochtitlán siguiendo el modelo de Teotihuacán, que era una ciudad cercana importante, aunque ya derruida.[98] En Tenochtitlán, los aztecas construyeron acueductos para asegurar el suministro[99] de agua. También ingeniaron[100] un modo de crear campos de cultivo donde no los había. Estos campos de cultivo o *chinampas* permitieron aumentar la producción de alimentos no solo para la masa de la población, sino también para el ejército. Las chinampas eran huertos flotantes que se hacían sobre el lago tejiendo[101] un entramado de palos sobre el que se apilaban primero hierbas y juncos[102] y sobre estos, fango.[103] La extensión de cada chinampa era aproximadamente de 90 x 10 metros y las chinampas estaban separadas entre sí por un sistema de canales. El sistema de chinampas permitía recoger hasta siete cosechas al año, mucho más que las cosechas que se lograban en tierra firme. Este sistema permitió que los aztecas

---

[92] hollow
[93] *insuflar*: to blow air into something
[94] cooking pot
[95] *reanudar:* to renew, to resume
[96] eagle
[97] beak

[98] in ruins
[99] supply
[100] inventaron
[101] *tejer:* to weave, to knit
[102] reeds
[103] mud

prosperasen. El imperio azteca se extendió con rapidez con la ayuda de una red de carreteras que permitía rápidas comunicaciones, facilitadas por un sistema de postas o corredores que se relevaban a tramos intermitentes de ocho kilómetros. Con la expansión del imperio crecieron también los sacrificios humanos.

La alimentación azteca se componía de maíz, que era alimento básico, así como frijoles, chile, calabaza y sus semillas, tomate, amaranto, aguacate, mamey, zapote y nopal. Se consumían también diferentes tipos de hongos y de cactus, incluyendo algunos que tienen propiedades alucinógenas[104] como el peyote, y otros que son parásitos como el huitlacoche que crece en las mazorcas de maíz. Entre los animales, se consumía el guajolote o pavo,[105] la iguana, un tipo de perro mudo ya extinguido, un tipo de roedor llamado tuza y anfibios como los ajolotes. Además, consumían huevos y diversos tipos de insectos y larvas. Los aztecas consumían también la chía, que ayudaba a los corredores a mantenerse hidratados ya que la semilla, además de nutritiva, libera lentamente el líquido que ha absorbido. Con el zumo fermentado del maguey se hacía el pulque, bebida viscosa de bajo grado alcohólico y que se consideraba propia de las clases populares, como el chocolate lo era de las clases privilegiadas. Cultivaban diferentes tipos de maíz, que se daba en varios colores, desde el amarillo hasta el rojo, el blanco, el azul y el bicolor. La base más sencilla de la dieta eran las tortillas de maíz nixtamalizado, con el acompañamiento de chile. También comían tamales. Las salsas se preparaban en el mortero o molcajete y las tortillas se cocinaban en el comal. Con el nixtamal también se preparaban todo tipo de atoles, que era una mezcla hervida de esta harina con agua. Al espeso líquido resultante se le podía añadir todo tipo de ingredientes como por ejemplo el chile para obtener diferentes sabores. Los viajeros llevaban una harina hecha de maíz tostado con la que preparaban una nutritiva bebida al mezclarla con agua. Francisco Javier Clavijero, en su *Historia Antigua de México* (1780) explica estas prácticas aztecas:

"De la semilla de la chía hacían una bebida muy refrigerante,[106] que hasta hoy es comunísima en aquel reino y de ella y del maíz hacían el chiantzotzolatolli, que era una excelente bebida muy usada en la antigüedad, especialmente en tiempo de guerra. El soldado que llevaba consigo un saquillo [107] de harina de maíz y de chía, se creía abundantemente provisto de víveres;[108] en llegando la ocasión cocía en agua la cantidad que le parecía, añadiéndole un poco de miel de maguey y con esta bebida deliciosa y nutritiva [...] toleraban los ardores del sol y las fatigas de la guerra."

---

[104] hallucinogenic
[105] turkey
[106] cooling

[107] little sack
[108] provisions

Los aztecas practicaban el ayuno ritual. Este ayuno tenía diferentes manifestaciones, desde la disminución considerable de la cantidad de comida consumida hasta la abstinencia de alimentos como el chocolate entre las clases altas o la privación de sal y chile. Los aztecas también practicaban el canibalismo, que tenía un significado religioso, pero también político, pues se cree que se usaba para intimidar a los enemigos al hacerse de los sacrificios humanos un espectáculo público. Como el resto de los pueblos precolombinos, las técnicas culinarias de los aztecas estaban basadas predominantemente en el hervido, sobre todo en un principio mediante la introducción de piedras muy calientes en la vasija en la que se habían introducido los alimentos y el agua para la cocción, y el asado, que podía consistir en colocar simplemente los alimentos en las brasas o en el rescoldo o en técnicas más elaboradas como la de la barbacoa. Los pueblos precolombinos no usaban casi grasa para cocinar y no tenían técnicas desarrolladas para extraer grandes cantidades de aceite de semillas. Las técnicas y el gusto por los alimentos fritos vinieron con los españoles y con otros europeos. En noviembre de 2010 la UNESCO inscribe la cocina mexicana en su lista representativa del Patrimonio Cultural Inmaterial de la Humanidad.

¿Sabías que...?

En su cuento Axolotl, el escritor Julio Cortázar narra en primera persona el intenso interés que los ajolotes del acuario despiertan en el protagonista, quien, fascinado, va a visitarlos todos los días. En el protagonista estas visitas ocasionan un proceso de identificación tan profundo que él acaba transformándose en un ajolote.

Nixtamal

Para preparar el nixtamal, se cuecen los granos de maíz seco en agua con cal,[109] tras lo cual se dejan en remojo[110] en su agua de cocción durante varias horas. Este proceso hace que la membrana exterior del grano de maíz o pericarpio se ablande y que el maíz absorba el calcio y potasio presentes en su líquido de cocción. La nixtamalización también cambia la proteína del maíz de forma que es más fácilmente asimilable por el cuerpo y facilita la biodisponibilidad de aminoácidos y, en particular, de la niacina, que ayuda a evitar la contracción de peligrosas enfermedades como la pelagra. Tras la cocción y el remojo, los granos de maíz se frotan para desprenderlos de su pericarpio. El maíz así preparado puede usarse para preparar guisados como el pozole o puede molerse para hacer una masa con la que se elaboran las tortillas. El maíz nixtamalizado tradicionalmente se muele en un metate o piedra de superficie ancha y ligeramente inclinada sobre la que se hace rodar un *metlapil* o rodillo de piedra. Hoy en día se suelen utilizar molinos de metal activados por una manivela[111] o molinos industriales movidos por motor.

---

[109] lime

[110] soaking

[111] crank

Hablemos sobre las lecturas
1. ¿Cuáles son los componentes más importantes de la dieta azteca?
2. ¿Cómo consiguieron los aztecas establecer cultivos en medio de un lago?
3. ¿Qué animales comían los aztecas?
4. ¿Cuál es el alimento básico en la dieta azteca?
5. ¿Qué papel desempeña el maíz en la dieta azteca?
6. ¿Qué es el nixtamal? ¿Por qué es importante?

Banquetes aztecas

Conocemos muchos detalles de los modos de cocinar y de comer de los aztecas a través de las crónicas de los siglos XVI y siguientes. En el capítulo 38 de su *Historia verdadera de la conquista de la Nueva España* (c. 1568-1575) Bernal Díaz del Castillo relata gran número de detalles sobre los modos de vida de Montezuma, el gran rey azteca:

"En el comer, le tenían sus cocineros sobre treinta manera de guisados, hechos a su manera y usanza, y teníanlos puestos en braseros de barro chicos debajo, porque no se enfriasen, y de aquello que el gran Montezuma había de comer guisaban más de trescientos platos, sin más[112] de mil para la gente de guarda;[113] y cuando habían de comer salía Montezuma algunas veces con sus principales y mayordomos y le señalaban cuál guisado era mejor, y de qué aves y cosas estaba guisado, y de lo que le decían de aquello había de comer, y cuando salía a verlo eran pocas veces como por pasatiempo. Oí decir que le solían guisar carnes de muchachos de poca edad, y, como tenía tantas diversidades de guisados y de tantas cosas, no lo echábamos de ver[114] si era carne humana o de otras cosas, porque cotidianamente [115] le guisaban gallinas, gallos de papada, [116] faisanes, [117] perdices [118] de la tierra, codornices,[119] patos mansos y bravos,[120] venado,[121] puerco de la tierra, pajaritos de caña, y palomas[122] y liebres[123] y conejos, y muchas maneras de aves y cosas que se crían[124] en esta tierra que son tantas que no las acabaré de nombrar tan presto.[125]

---

[112] not counting
[113] guards
[114] no podíamos ver
[115] diariamente
[116] turkeys
[117] pheasants
[118] partridges
[119] quails
[120] domestic and wild ducks
[121] venison
[122] pigeons
[123] hares
[124] *criar*: to rear, to raise
[125] rápido

Y así no miramos de ello; mas sé que ciertamente desde que nuestro capitán le reprendía[126] el sacrificio y comer de carne humana, que desde entonces mandó que no le guisasen tal manjar.

Dejemos de hablar de esto y volvamos a la manera que tenía en su servicio al tiempo del comer. Y es de esta manera: que si hace frío, le tenían hecha mucha lumbre[127] de ascuas de una leña de cortezas[128] de árboles, que no hacía humo; el olor de las cortezas de que hacían aquellas ascuas era muy oloroso, y porque no le diesen más calor de lo que él quería, ponían delante una como tabla labrada con oro y otras figuras de ídolos, y él sentado en un asentadero[129] bajo, rico y blando y la mesa también baja, hecha de la misma manera de los sentadores;[130] y allí le ponían sus manteles[131] de mantas blancas y unos pañizuelos[132] algo largos de lo mismo, y cuatro mujeres muy hermosas y limpias le daban agua a manos en unos como a manera de aguamaniles[133] hondos, que llaman xicales; le ponían debajo, para recoger el agua, otros a manera de platos, y le daban sus toallas, y otras dos mujeres le traían el pan de tortillas. Y ya que[134] comenzaba a comer echábanle delante una como puerta de madera muy pintada de oro, porque no le viesen comer, y estaban apartadas las cuatro mujeres aparte; y allí se le ponían a sus lados cuatro grandes señores viejos y de edad, con quien Montezuma de cuando en cuando platicaba y preguntaba cosas; y por mucho favor daba a cada uno de estos viejos un plato de lo que él más le sabía, y decían que aquellos viejos eran sus deudos[135] muy cercanos y consejeros[136] y jueces de pleitos,[137] y el plato y manjar que les daba Montezuma, comían en pie y con mucho acato,[138] y todo sin mirarle a la cara. Servíase con barro[139] de Cholula, uno colorado y otro prieto.

Mientras que comía, ni por pensamiento habían de hacer alboroto[140] ni hablar alto los de su guarda, que estaban en sus salas, cerca de la de Montezuma. Traíanle fruta de todas cuantas había en la tierra, mas no

---

[126] reprimand
[127] fuego
[128] bark
[129] seat
[130] seats
[131] tablecloths
[132] servilletas (napkins)

[133] wash-bowls
[134] cuando
[135] parientes
[136] advisers, ministers
[137] disputes, lawsuits
[138] respeto, obediencia
[139] clay pots
[140] racket, loud noises

comía sino muy poca de cuando en cuando. Traían en unas como a manera de copas de oro fino con cierta bebida hecha del mismo cacao; decían que era para tener acceso con mujeres, y entonces no mirábamos en ello;[141] mas lo que yo vi que traían sobre cincuenta jarros grandes, hechos de buen cacao, con su espuma, y de aquello bebía, y las mujeres le servían con gran acato, y algunas veces al tiempo de comer estaban unos indios corcovados,[142] muy feos, porque eran chicos de cuerpo y quebrados por medio los cuerpos, que entre ellos eran chocarreros,[143] y otros indios que debieran ser truhanes,[144] que le decían gracias[145] y otros que le cantaban y bailaban, porque Montezuma era aficionado[146] a placeres y cantares, y (a) aquéllos mandaba dar los relieves[147] y jarros del cacao, y las mismas cuatro mujeres alzaban los manteles y le tornaban a dar aguamanos,[148] y con mucho acato que le hacían; y hablaba Montezuma (a) aquellos cuatro principales viejos en cosas que le convenían; y se despedían de él con gran reverencia que le tenían; y él se quedaba reposando.

Y después que el gran Montezuma había comido, luego comían todos los de su guarda y otros muchos de sus serviciales de casa, y me parece que sacaban sobre mil platos de aquellos manjares que dicho tengo; pues jarros de cacao en su espuma, como entre mexicanos se hace, más de dos mil, y fruta infinita. Pues para sus mujeres, y criadas,[149] y panaderas,[150] y cacahuateras[151] ¡qué gran costo tendría! Dejemos de hablar de la costa y comida de su casa, y digamos de los mayordomos y tesoreros[152] y despensas[153] y botellería,[154] y de los que tenían cargo de las casas adonde tenían el maíz. Digo que había tanto, que escribir cada cosa por sí, que no sé por dónde comenzar, sino que estábamos admirados del gran concierto[155] y abasto[156] que en todo tenía, y más digo, que se me había olvidado, que es bien tornarlo a recitar, y es que le servían a Montezuma, estando a la mesa cuando comía, como dicho tengo, otras dos mujeres muy agraciadas[157] de traer tortillas

---

[141] we did not pay attention to it, we did not realize it
[142] hunchbacked
[143] someone with coarse humor
[144] buffoons
[145] cosas graciosas, chistes
[146] fond of
[147] leftovers
[148] handwashing service

[149] women of the household
[150] bakers
[151] peanut artisans
[152] treasurers
[153] pantries
[154] drink and liquor storage
[155] organización
[156] provisiones
[157] graceful, good-looking

amasadas[158] con huevos y otras cosas substanciosas, y eran muy blancas las tortillas, y traíanselas en unos platos cobijados[159] con sus paños[160] limpios y también le traían otra manera de pan, que son como bollos[161] largos hechos y amasados con otra manera de cosas substanciales, y pan pachol, que en esta tierra así se dice, que es a manera de unas obleas;[162] también le ponían en la mesa tres cañutos[163] muy pintados y dorados, y dentro tenían liquidámbar[164] revuelto con unas yerbas que se dice tabaco, y cuando acababa de comer, después que le habían bailado y cantado y alzado la mesa, tomaba el humo de uno de aquellos cañutos, y muy poco, y con ello se adormía."

Mercados aztecas

Los textos de la época no solo describen la comida de reyes y de otra gente importante, sino también de lugares populares donde se vendían y compraban alimentos y donde personas de diferentes clases sociales podían también comer. Este es el caso del importante mercado Tlatelolco en la ciudad de Tenochtitlán. Este mercado era gigantesco y su descripción nos da una idea muy detallada de los alimentos y otros productos del México del momento. En su segunda *carta de relación*, Hernán Cortés se dirige al emperador Carlos V de España en 1520 para dar una detallada descripción del mercado:

"Tiene esta ciudad muchas plazas donde hay continuo mercado y trato de comprar y vender. Tiene otra plaza tan grande como dos veces la ciudad de Salamanca, toda cercada de portales[165] alrededor, donde hay cotidianamente arriba de[166] sesenta mil ánimas comprando y vendiendo; donde hay todos los géneros[167] de mercadurías[168] que en todas las tierras se hallan, así de mantenimientos como de vituallas,[169] joyas de oro y de plata, de plomo,[170] de latón,[171] de cobre, de estaño,[172] de piedras, de huesos, de conchas,[173] de caracoles y de plumas. Véndese cal, piedra labrada y por labrar, adobes, ladrillos,[174] madera labrada y por labrar de diversas maneras. Hay calle de caza, donde venden todos los linajes[175] de aves que hay en la tierra, así como gallinas, perdices,[176] codornices,

---

[158] *amasar*: to knead
[159] cubiertos
[160] cloths
[161] rolls, buns
[162] wafers
[163] small tubes
[164] sweetgum
[165] arcades
[166] más de
[167] clases

[168] goods
[169] victuals
[170] lead
[171] brass
[172] tin
[173] shells
[174] bricks
[175] clases
[176] partridge

lavancos,[177] dorales,[178] zarcetas,[179] tórtolas,[180] palomas,[181] pajaritos en cañuela,[182] papagayos,[183] búharros,[184] águilas,[185] halcones, gavilanes[186] y cernícalos;[187] y de algunas aves destas de rapiña[188] venden los cueros con su pluma y cabezas y pico y uñas. Venden conejos, liebres,[189] venados[190] y perros pequeños, que crían para comer, castrados. Hay calle de herbolarios,[191] donde hay todas las raíces y hierbas medicinales que en la tierra se hallan. Hay casas como de boticarios,[192] donde se venden las medicinas hechas, así potables como ungüentos y emplastos.[193] Hay casas como de barberos, donde lavan y rapan[194] las cabezas. Hay casas donde dan de beber y comer por precio. Hay hombres como los que llaman en Castilla ganapanes,[195] para traer cargas.[196] Hay mucha leña, carbón, braseros de barro[197] y esteras[198] de muchas maneras para camas y otras más delgadas para asientos y para esterar salas y cámaras. Hay todas las maneras de verduras que se hallan, especialmente cebollas, puerros, ajos, mastuerzo,[199] berros,[200] borrajas,[201] acederas[202] y cardos[203] y tagarninas.[204] Hay frutas de muchas maneras, en que hay cerezas y ciruelas que son semejantes a las de España. Venden miel de abejas y cera y miel de cañas de maíz, que son tan melosas y dulces como las de azúcar, y miel de unas plantas que llaman en las otras islas maguey, que es muy mejor que arrope[205] y de estas plantas hacen azúcar y vino, que asimismo venden. Hay a vender muchas maneras de hilados[206] de algodón de todos los colores, en sus madejicas,[207] que parece propiamente alcaicería de Granada en las sedas, aunque esto otro es en mucha más cantidad. Venden colores para pintores cuantos se pueden hallar en España y de tan excelentes matices[208] cuanto pueden ser. Venden cueros de venado con pelo y sin él, teñidos[209] blancos y de

---

[177] pato salvaje
[178] type of flycatcher
[179] teal
[180] turtledove
[181] pigeon
[182] reed
[183] parrot
[184] crow
[185] eagle
[186] sparrow hawk
[187] kestrel
[188] birds of prey
[189] hare
[190] deer
[191] tiendas donde se venden hierbas medicinales
[192] apothecary
[193] poultice

[194] *rapar*: to crop, to cut very short, to shave
[195] hombres sin trabajo fijo que pueden contratarse para tareas concretas
[196] carry loads
[197] clay braziers
[198] mat
[199] cress
[200] watercress
[201] borage
[202] sorrel
[203] cardoon
[204] tipo de cardo de tallo comestible
[205] jarabe de mosto cocido
[206] tejidos
[207] diminutivo de madeja (skein)
[208] shades
[209] dyed

diversos colores. Venden mucha loza[210] en gran manera muy buena; venden muchas vasijas[211] de tinajas[212] grandes y pequeñas, jarros,[213] ollas, ladrillos y otras infinitas maneras de vasijas, todas de singular barro, todas o las más vidriadas[214] y pintadas. Venden mucho maíz en grano y en pan, lo cual hace mucha ventaja, así en el grano como en el sabor, a todo lo de las otras islas y tierra firme. Venden pasteles de aves y empanadas de pescado. Venden mucho pescado fresco y salado, crudo y guisado. Venden huevos de gallina y de ánsares[215] y de todas las otras aves que he dicho, en gran cantidad; venden tortillas de huevos hechas. Finalmente, que en los dichos mercados se venden todas cuantas cosas se hallan en toda la tierra, que demás de las que he dicho son tantas y de tantas calidades, que por la prolijidad y por no me ocurrir tantas a la memoria, y aun por no saber poner los nombres, no las expreso. Cada género de mercaduría se vende en su calle, sin que entremetan otra mercaduría ninguna, y en esto tienen mucha orden. Todo lo venden por cuenta y medida,[216] excepto que hasta ahora no se ha visto vender cosa alguna por peso. Hay en esta gran plaza una gran casa como de audiencia, donde están siempre sentadas diez o doce personas que son jueces y libran todos los casos y cosas que en el dicho mercado acaecen y mandan castigar los delincuentes. Hay en la dicha plaza otras personas que andan continuo entre la gente mirando lo que se vende y las medidas con que se miden lo que venden y se ha visto quebrar alguna que estaba falsa."

Hablemos sobre las lecturas

1. ¿Cuáles eran los alimentos principales que se servían en los banquetes de Montezuma?
2. ¿Eran estos alimentos diferentes de los que constituían la dieta básica del resto de la población?
3. ¿Cómo es el ritual del servicio de mesa en los banquetes de Montezuma?
4. ¿Cómo describe Hernán Cortés el mercado de Tlatelolco?
5. ¿Qué se vende en el mercado?
6. ¿Cuáles son los referentes de Hernán Cortés para describir este mercado? ¿A qué lo compara?
7. ¿Qué es lo que más sorprende a Hernán Cortés de su visita al mercado?

---

[210] objetos de cocina hechos de barro cocido
[211] pots
[212] clay jar
[213] pitcher

[214] glazed
[215] gansos
[216] measure

Receta
Sal de chile y cacao

Ingredientes
- 1 ½ cucharadita de cacao en polvo sin procesar
- ⅛ cucharadita de sal
- 2-3 pimientos de cayena o piquines o de otra clase, secos

1. Mezclar todos los ingredientes en un mortero o en un molinillo eléctrico y pulverizar.
2. Poner el polvo resultante en una sartén de hierro a fuego fuerte y tostar brevemente, unos 30-45 segundos. La mezcla debe resultar aromática, pero no quemarse porque tomaría un sabor amargo.
3. Las cantidades de los ingredientes pueden modificarse según el gusto personal. La sal de cacao y chile puede añadirse a cualquier tipo de guisado.

Actividades
1. Mira la película *Como agua para chocolate* y comenta las asociaciones entre la comida y las relaciones interpersonales.
2. Considera los usos del chocolate en la cultura que te rodea, incluyendo costumbres como el regalo de chocolate el día de San Valentín. Comenta la relación cultural entre chocolate y afectividad.
3. Compara las etiquetas de diferentes tipos de chocolate con un grupo de tus compañeras y compañeros de clase. ¿Qué tipo de imagen del chocolate se está intentando comunicar al consumidor? Compara las observaciones de tu grupo con las del resto de la clase.
4. Construye o dibuja el mercado de Tlatelolco en la ciudad de Tenochtitlán.
5. Compara los mercados al aire libre con los modernos supermercados. Comenta las diferencias en los alimentos a la venta, su presentación y las relaciones humanas que tienen lugar en cada tipo de mercado.

Capítulo 5: Tradiciones nativas americanas: incas, aimaras y mapuches

Este capítulo trata sobre los incas, quienes formaron uno de los grandes imperios en el Sur de lo que hoy llamamos América. Sus formas de cultivo y de producción de alimentos presentan un sistema innovador e inclusivo. Celebraban ritos que agradecían a la Pachamama o diosa de la tierra sus regalos. Los ritos incaicos podían incluir la coca, hoja sagrada, y el cuy, un animal que era también apreciado por su carne. Países latinoamericanos como Bolivia continúan hoy las tradiciones incas y de otros grupos nativos como los aimara. En Chile son de notar los mapuche, que han dejado sentir su influencia en la cocina. El amaranto es alimento muy apreciado en la zona andina, además de en zonas de Norte y Centroamérica habitadas por aztecas y mayas. Su importancia se demuestra en su uso en fiestas y ceremoniales.

Los Incas

Se originaron en Perú, pero se extendieron por toda la costa oeste de Sudamérica, en lo que era en gran parte zona andina.[1] Por esta razón, los incas desarrollaron formas específicas de agricultura destinada a hacer uso del terreno montañoso que habitaban. Cultivaban la tierra en forma de terrazas de cultivo o andenes. Las condiciones de gran altitud y de temperaturas frías como las andinas son ideales para el cultivo de tubérculos como la papa o patata, de las que cultivaron más de 200 especies. La papa se conservaba sometiéndola a un proceso de liofilización[2] y fermentación que daba como resultado el chuño, una papa deshidratada que podía molerse para hacer harina. El maíz se cultivaba[3] también y se apreciaba por conservarse mucho tiempo después de ser recolectado.[4] El maíz se consideraba de origen divino y en algunos casos su consumo podía reservarse a la nobleza. Se cultivaban muchos tipos diferentes de maíz, de diferentes tamaños y colores. También formaban parte de la dieta inca alimentos que aparecen en la alimentación base de otros lugares del continente americano, tales como el tomate, el frijol o poroto, el zapallo (de la familia de las calabazas) y el ají, en variedades diferentes del chile de otras partes del continente americano. A estos se añaden tubérculos como la oca y el olluco, y leguminosas como el maní, pseudocereales y semillas como la quinua y el amaranto, así como varios tipos de frutas. La quinua es uno de los alimentos más completos que existen por constar de todos los aminoácidos esenciales para la alimentación humana. Los incas establecieron un sistema de cultivo, producción y distribución de los alimentos bajo un estricto control del

---

[1] de los Andes
[2] freeze dry

[3] *cultivar*: grow
[4] harvested

Figura 9: Ajíes a la venta en manojos decorativos

gobierno destinado a una repartición igualitaria del trabajo y los alimentos por todo el imperio incaico. Construyeron caminos para facilitar el transporte de tropas militares y las vías de comunicación y de distribución de alimentos. Se impuso el trabajo obligatorio y el uso del quechua. Se afianzó el sentido comunitario y el principio de reciprocidad en las relaciones del mundo andino, incluyendo las del estado con el individuo. La compra y la venta de alimentos se hacía en forma de trueque.[5] La riqueza del Imperio se apoyaba en el trabajo que cada individuo debía al estado. Aunque cada individuo tenía derecho a conservar los frutos de su trabajo en lo que se refiere al cultivo de pequeñas parcelas[6] o *tupus* que le daban el sustento[7] diario, todos los varones adultos del Imperio incaico tenían que cumplir con su deber para con el estado por medio del trabajo obligatorio llamado *mita*. Como la obligación de la mita se hacía efectiva cuando el hombre se casaba, había mucho interés y presión estatal para que los hombres se casaran cuando todavía eran adolescentes. La *mita* podía cumplirse de varios modos: en forma de servicio militar, desempeñando actividades artísticas o lúdicas, o realizando trabajo agrícola. Los trabajadores se agrupaban en *ayllus* o comunidades según su especialidad, como artesanos, tejedores[8] o agricultores. El trabajo obligatorio se llevaba a cabo en tierras comunales y su fruto estaba destinado a los depósitos estatales o *tambos*, que se situaban a dos o tres mil metros de distancia entre sí y funcionaban como lugares de enlace[9] entre poblaciones y podían también cumplir funciones administrativas y ser lugares de descanso. En cada tambo había siempre al menos dos mensajeros que mediante un sistema de postas o relevos[10] transportaban mensajes o paquetes de un lugar a otro. Estos mensajeros podían llegar de un extremo al otro del Imperio en poco más de veinte días utilizando el extenso sistema de infraestructura de caminos y puentes colgantes construido por los incas. Los *chasquis* o mensajeros consumían hojas de coca para tener más energía en sus recorridos. Estas hojas podían usarse para combatir el dolor o la fatiga, pero tenían también usos religiosos y terapéuticos y se usaban como anestesia en operaciones quirúrgicas.[11] Los artículos de consumo que se almacenaban en los tambos constituían un superávit[12] que pertenecía al Inca y por lo tanto al estado y formaba su riqueza. Estos depósitos de alimentos se reservaban para nutrir a la población en períodos de carestía. La política de dominación guerrera y expansionista del Inca hacía que fuera aumentando la extensión de los territorios destinados a la agricultura. El interés por aumentar el rendimiento agrícola llevó al establecimiento de centros de investigación y experimentación para diversificar los cultivos. Se conserva uno de estos centros en Moray, Perú. Las innovaciones tecnológicas resultantes de la investigación realizada en estos centros se llevaban a los diferentes territorios del Imperio. Los incas también

---

[5] barter
[6] plots of land
[7] alimento
[8] weavers

[9] link
[10] relay
[11] surgical
[12] surplus

practicaban la ganadería,[13] sobre todo de camélidos como las llamas y las alpacas, que se usaban como animales de carga indispensables para poder transitar los estrechos pasajes de los caminos andinos. Los encargados de estos animales respondían de cada uno de ellos con su vida. No podían matar ninguno para su propio consumo y si uno moría de causas naturales, el encargado tenía que descuartizarlo o despedazarlo, secar la carne y guardar todos sus componentes para poder demostrar que se había conservado intacto y que no se había consumido ninguna de sus partes. La carne seca de las llamas, alpacas y otros animales se conocía como *charqui* (hoy también denominado 'tasajo'), que dio origen al inglés *jerky*. La lana de los camélidos era muy apreciada para elaborar textiles con los que defenderse de las bajas temperaturas. Además, con el cuero de llamas y alpacas se elaboraban bolsas, correas y otros objetos útiles. Su estiércol[14] se usaba como combustible. Otros camélidos como las vicuñas se cazaban en grupo y, una vez capturado el animal, se le esquilaba[15] para aprovechar su lana y después se le dejaba en libertad, asegurando así las fuentes de aprovisionamiento[16] de lana. Al habitar una larga extensión costera,[17] la dieta inca se nutría también de varios tipos de pescado. Para beber era común el consumo de chicha, una bebida fermentada a base de maíz, que es la clase más común y que se conoce como 'chicha de jora,' o también a base de yuca o de varios tipos de frutas. Se han señalado varios posibles orígenes de la palabra 'chicha,' que podría derivar de palabras maya, del náhuatl o del cuna. La bebida fermentada elaborada de maíz también recibe los nombres *aqha* o *aswa* en quechua, *kusa* en lengua aimara y *cutzhio*, *cochi* o *kocho* en lengua moche. En muchos lugares la chicha se prepara mediante la masticación del maíz, ayudando los enzimas presentes en la saliva al proceso de fermentación. Este proceso de elaboración suele estar al cargo de las mujeres. El contenido alcohólico suele ser bajo, oscilando entre el 3 y el 5 por ciento. La chicha también puede elaborarse mediante la fermentación de otros productos, tales como fruta, papas o quinua. En Honduras se elabora a base de piña fermentada. En Chile, donde los mapuches llamaban *chichi* a este tipo de bebida fermentada, hoy también se hace con manzanas y uvas fermentadas y se bebe sobre todo en zonas rurales. La chicha se estropea muy rápidamente, ya que a los pocos días de hacerse su sabor se vuelve agrio y desagradable, por lo que su producción y consumo son locales y hace difícil la comercialización de la chicha. En el Perú hoy, la chicha se expende en los establecimientos conocidos como chicherías, que en algunas épocas se han combinado con las picanterías, las cuales deben su nombre a las comidas aderezadas con ají que allí se sirven. Las picanterías podían señalarse con una banderola pintada con un ají o con una ristra[18] de ajos colgada de la puerta. Las chicherías se marcan con una bandera roja que hace que estos establecimientos sean fácilmente identificables. Tradicionalmente la chicha se sirve en grandes vasos

---

[13] stockbreeding
[14] manure
[15] *esquilar*: to shear

[16] supply
[17] coastal
[18] string

llamados <u>caporales</u> que podrían derivar de los usados antiguamente en ritos religiosos. En algunos lugares del Perú es costumbre derramar parte del contenido del vaso y ofrecer ese primer trago a la Pachamama o madre tierra, diosa inca. En otros lugares la chicha se sirve en <u>potos</u> o pequeñas calabazas huecas y decoradas.

Sobre las famosas picanterías de Arequipa, Perú, escribe el autor Leónidas Castro Bastos en su *Paisajes Natural y Cultural del Perú:*

"Los picantes a la arequipeña son bravos, por la abundancia del ají. Cuando uno se acostumbra a la comida de esta región, resulta exquisita, pero hay que saborearla con vasos de <u>chicha rosada y sin dulce</u>. El plato favorito es el cuy chactado,[19] el rocoto relleno,[20] el lechoncito asado, el picante de gallina,[21] la papa con ocopa,[22] los camarones a la piedra y la sopa de machas.[23] Cuando viajamos por los alrededores de Arequipa, como Tingo, Tiabaya, Yura, Yanahuara, Sabandía, nos deleitaremos en la campiña[24] y con la campiña. Al mediodía, podemos almorzar, debajo de una enramada, en una picantería inigualable en el Perú. En cualquiera de ellas escuchamos de entrada la música de Melgar, el yaraví. El yaraví es el reflejo de una mixtura espiritual, del resplandor binomio[25] sanguíneo: blanco e indio."

Refranes y expresiones populares:
- *Ni chicha ni limonada* (o *limoná*): La expresión se usa para referirse a algo que no es claramente ni una cosa ni otra y por lo tanto algo o alguien sin substancia y sin importancia.
- *El que se pica es porque ají come*: Si te ofendes, es porque has hecho algo malo.
- *¡Y un pimiento!*: No estoy de acuerdo.
- *Me importa un pimiento*: No me importa nada.

¿Sabías que...?
La Pachamama, diosa inca de la tierra, es también la diosa de la fertilidad y de las cosechas. Ella tiene el poder de dar y sostener la vida sobre la tierra. Con ella están relacionados muchos rituales indígenas sobre las cosechas y el concepto de compartir.

[19] Incan fried guinea pig
[20] stuffed Peruvian pepper
[21] made with Peruvian *ají*
[22] Peruvian sauce made with ají, cheese, black

mint and other ingredients
[23] clams
[24] countryside
[25] binomial, pairing

Muchos de los rituales están centrados en la comida y en la idea de que la Madre Tierra compartirá con nosotros si nosotros compartimos con ella.

Hablemos sobre las lecturas

1. ¿Cuáles son los principales alimentos incas?
2. ¿Qué tipo de cultivos se practicaban en el Imperio inca? ¿Por qué? ¿Cómo influye la geografía en el tipo de cultivos predominantes?
3. ¿Cómo eran las comunicaciones dentro del Imperio inca?
4. ¿Por qué te parece que eran tan importantes las llamas y las alpacas en los territorios del Imperio incaico?
5. ¿Qué razones se te ocurren para explicar que la producción de chicha estuviera sobre todo al cargo de las mujeres?
6. ¿Cuál es la diferencia entre una picantería y una chichería? ¿Cuáles son los distintivos que las caracterizan? ¿Qué se sirve en una y otra?
7. ¿Quién es la Pachamama?

¿Conejillo de Indias…o "cerdito" de Indias?

El cuy es un animal doméstico consumido desde tiempos muy antiguos en la zona andina. Su nombre viene del quechua *quwi*. Aunque este animal pertenece a la especie de roedores,[26] los europeos le dieron nombres que lo asociaban con animales domésticos comestibles[27] que les eran familiares. Sin embargo, no todos los europeos estaban de acuerdo en el animal con el que asociaban el cuy. Los españoles relacionaban el cuy (también llamado 'cobaya') con el conejo y por eso lo llamaron "conejillo de Indias." Sin embargo, para otros europeos estaba clara la relación del cuy con el cerdo, por eso en inglés se le conoce como "guinea pig", en holandés 'Guinees biggetje,' en alemán 'Meerschweinchen' ("cerdito de mar"), en francés como "cochon d'Inde", en italiano "porcellino d'India," mientras que en portugués es "porquinho-da-índia." Como puede observarse, tampoco hay consenso en el origen del cuy entre los europeos. Mientras que para algunos viene de Guinea, para otros viene de las Indias, nombre con el que se conocía durante el tiempo de la conquista lo que después llamarían América. El caso del cuy sirve como ejemplo de las transformaciones y procesos de transculturación de la cultura culinaria, los descubrimientos biológicos y los trasvases lingüísticos.

En su *Historia natural y moral de las Indias* (1590), José de Acosta describe los animales que se comen en zonas que pertenecieron al Imperio inca. También hace referencia al intercambio biológico que ya había comenzado, al hablar de los conejos

---

[26] rodents [27] edible

que se habían traído de España y que le parecen de mejor calidad que los "conejos" nativos. Acosta habla de las características propias y el valor culinario de los armadillos, las iguanas, las chinchillas, el cuy, las vizcachas y el perico ligero (perezoso)[28]:

"Defiende a los que llaman armadillos la multitud de conchas que abren y cierran como quieren a modo de corazas.[29] Son unos animalejos pequeños que andan en montes, y por la defensa que tienen, metiéndose entre sus conchas y desplegándolas[30] como quieren, los llaman armadillos. Yo he comido de ellos; no me pareció cosa de precio.[31] Harto[32] mejor comida es la de iguanas, aunque su vista es bien asquerosa[33] pues parecen puros lagartos de España, aunque éstos son de género ambiguo, porque andan en agua y se salen a tierra, y se suben en árboles que están a la orilla[34] del agua, y lanzándose de allí al agua, las cogen, poniéndoles debajo los barcos. Chinchillas es otro género de animalejos pequeños como ardillas;[35] tienen un pelo a maravilla blanco, y sus pieles se traen por cosa regalada[36] y saludable para abrigar[37] el estómago y partes que tienen necesidad de calor moderado; también se hacen cubiertas o frazadas[38] del pelo de estas chinchillas. Hállanse en la sierra del Perú, donde también hay otro animalejo muy común que llaman cuy, que los indios tienen por comida muy buena, y en sus sacrificios usaban frecuentísimamente ofrecer estos cuyes. Son como conejuelos[39] y tienen sus madrigueras[40] debajo de tierra, y en partes hay donde la tienen toda minada.[41] Son algunos de ellos pardos;[42] otros blancos, y diferentes. Otros animalejos llaman vizcachas, que son a manera de liebres, aunque mayores, y también las cazan y comen. De liebres verdaderas también hay caza en partes, bien abundante. Conejos también se hallan en el reino de Quito, pero los buenos, han ido de España. Otro animal donoso[43] y el que por su excesiva tardanza[44] en moverse le llaman pericoligero, que tiene tres uñas en cada mano; menea[45] los pies y manos como por compás,[46] con grandísima flema; es a la manera de mona y en la cara se le parece; da grandes gritos; anda en árboles y come hormigas."

---

[28] sloth
[29] cuirass
[30] *desplegar*: to open, to spread out
[31] of worth
[32] mucho
[33] disgusting
[34] edge
[35] squirrels
[36] soft, pleasant
[37] *abrigar*: to keep warm

[38] blankets
[39] conejos pequeños, conejitos
[40] dens, lairs
[41] *minar*: to mine
[42] brown, brownish-grey
[43] amusing
[44] delay
[45] *menear*: to shake, to sway, to swing
[46] with rhythm

El cuy, como la coca, es un elemento importante en rituales de los nativos americanos desde época muy antigua. El escritor peruano Ciro Alegría describe en *El mundo es ancho y ajeno* (1941) el uso que del cuy hace Nasha, una curandera.[47] En sus prácticas mágico-medicinales, la curandera Nasha primero frotaba[48] a sus pacientes con un cuy por todo el cuerpo y lo hacía de modo tan fuerte que el cuy acababa muriendo. Entonces Nasha cogía al cuy y lo abría para poder "leer" sus entrañas y encontrar las señales que la ayudaran a identificar la enfermedad del paciente. Con esta información, preparaba un brebaje curativo que devolvería la salud a la persona enferma. Aunque la curandera no era bruja, se decía que sabía provocar la locura preparando un brebaje hecho de chicha, hierbas y pelos y tierra de muerto. También sabía adivinar el destino mediante las hojas de coca.

¿Sabías que...?
En el cuadro de La última cena de Marcos cena de Marcos Zapata (ca. 1750), pintor nacido en Cusco, Jesús y sus Apóstoles[49] aparecen bebiendo chicha morada (hecha de maíz del mismo color) y comiendo un asado de vizcacha o de cuy.

Hablemos sobre las lecturas
1. ¿Cómo describe Acosta el gusto y el valor gastronómico de los animales de zonas andinas hasta entonces desconocidos para él?
2. ¿Te parece que sus preferencias están relacionadas con un gusto personal o con un gusto informado por la dieta europea a la que Acosta estaba acostumbrado?
3. ¿Quién es Nasha? ¿Cuáles son sus principales poderes?
4. ¿Qué función tiene el cuy en las curas que practica Nasha?
5. ¿Cuál es la función de la coca en los rituales de Nasha?

Territorios del Imperio inca en la actualidad
Bolivia
Bolivia es uno de los países actuales que pertenecieron al Imperio inca. En su población hay presencia aimara, quechua y guaraní, además de la perteneciente a unos 30 grupos étnicos.

---

[47] healer, witch doctor
[48] *frotar*: to rub

[49] apostles

En Bolivia se comen diversos tubérculos[50] y cereales andinos,[51] así como otros de origen europeo. Algunos de los alimentos básicos incluyen oca, quinua, cebada, maíz y arroz, así como algunas legumbres tales como el haba. Típico alimento andino es el chuño, tanto blanco como negro, y el charqui de ganado vacuno o de camélidos andinos tales como la llama, alpaca o vicuña. Hay cosechas que se cultivan en el Oriente del país y que incluyen cacahuetes,[52] cítricos, plátanos, plátano macho y arroz. Los departamentos de Beni y Pando tienen grandes extensiones de terreno aptas para el ganado vacuno que allí se cría. En el este de Santa Cruz hay grandes extensiones dedicadas a monocultivos como arroz, azúcar y girasol,[53] este último cultivado por el aceite que se extrae de sus semillas. La hoja de coca tiene un papel fundamental tanto en la medicina tradicional, cuanto en rituales y organización social, por lo que su cultivo se considera muy importante. En las zonas rurales más tradicionales de Bolivia, la hoja de coca se masca[54] a menudo después de cenar. Las comidas bolivianas acostumbran a acompañarse de una llajua, que es una salsa compuesta de tomates y pimientos picantes (locotos) aderezados con hierbas aromáticas y molidos en una piedra de moler llamada batán. Algunos de los platos típicos bolivianos son las salteñas, una masa de pan que envuelve un relleno[55] variable que puede incluir pollo, papas, verduras, uvas pasas[56] y salsa picante, y que está rematada[57] por la característica trenza,[58] que toma un color muy tostado al hornearla.[59] Otros platos son ají de lengua[60] (lengua de vaca con salsa picante), lechón[61] al horno, fritanga (un guisado picante de cerdo y huevos), majao (plato compuesto por arroz y carne acompañado de huevo frito, plátano macho frito y yuca frita), cuñapes (pan hecho de queso y almidón de yuca), chuño phuti, escabeche (verduras en vinagre), cicadas (dulces de coco) y leche asada (postre dulce de crema de leche). Otros platos tradicionales son el silpancho (filete delgado de ternera con arroz y papas coronado[62] por tomate y cebolla fritos y un huevo frito), pique macho (pedazos de carne, papas fritas y una mezcla de tomate, cebolla y pimientos), lawa (sopa espesa de varios ingredientes), pacumutu (arroz con carne de vaca a la parrilla,[63] yuca frita y queso), locro (sopa de legumbres, verduras y carne o pollo) y chicharrón de pacu (hecho con pacu, un pescado local, arroz y yuca). Del maíz se hace chicha, de bajo contenido alcohólico. La chicha, considerada sagrada por los incas, se bebe tradicionalmente en calabazas huecas, derramando unas gotas antes y después de beber como ofrenda a Pachamama, la diosa inca de la tierra, para asegurar una buena cosecha.

---

[50] tubers
[51] Andean
[52] peanuts
[53] sunflower
[54] *mascar*: to chew
[55] stuffing
[56] raisins

[57] *rematar*: to finish off, to top
[58] braid
[59] *hornear*: to bake, to roast
[60] tongue
[61] cerdo, puerco
[62] *coronar*: to crown
[63] grilled

Bolivia y los aimara

Los aimara son un pueblo andino nativo de la región del lago Titicaca que fue sometido por los incas. Viven en Bolivia, Chile, Argentina y Perú. Tienen su propia lengua, también denominada aimara. Usan las hojas de coca en rituales relacionados con la Pachamama y también el dios sol, el Tata-Inti. Un guiso tradicional de los aimara es el chairo, hecho con chuño, cebolla, zanahoria, papas, maíz blanco, carne de res o de cordero y granos de trigo, además de cilantro y otras hierbas aromáticas. Los aimara practican el ayni, concepto que enfatiza la conexión existente entre todas las cosas y que invita a una ayuda mútua y a la cooperación en tareas agrícolas, de cocina y en la construcción de viviendas.

Figura 10: Mercado en La Paz, Bolivia

¿Y eso qué es?

El batán es una forma de mortero usado en la cocina de países andinos como Bolivia y Perú. Está compuesto de una gran piedra plana sobre la que se ponen los alimentos que quieren triturarse y una piedra redonda o alargada llamada mano o uña, que se mueve rítmicamente sobre los alimentos. En el batán se puede triturar maíz o papas, limpiar la quinua, descascarillar [64] cereales, prepararse pequeñas cantidades de

---

[64] *descascarillar*: to husk

harina o triturarse los ingredientes de la llajua.

Coca, "hoja milenaria de los grandes incas"

Las hojas de coca se usan en rituales religiosos precolombinos y son comúnmente mascadas por trabajadores, mineros y campesinos[65] por su efecto estimulante, así como paliativo en caso de enfermedad. Las hojas de coca se mascan o se usan para hacer té. De ambos modos se consideran medicinales y se recomiendan para combatir el soroche.[66] El trío Trilogía Andina de Ayacucho tiene una canción (huaino) titulada "Coca sagrada" que describe las propiedades de la coca para las poblaciones andinas, llamándola: "hoja milenaria de los grandes incas", "fiel compañera del hombre andino," "consuelo eterno de nuestra pobreza," "consuelo eterno de los sufrimientos,"[67] "hojita verde de la bondad," "hoja sagrada de mi Perú," "regada[68] con lágrimas y hambres por nuestros hermanos andinos" que "perdurará por siempre." En otro huaino, "Hojitas verdes", se pide a las hojas de la coca que revelen la suerte y se lamenta la mala suerte. Las hojas de la coca guardan la clave[69] de un destino que se pide revelen.

El Inca Garcilaso de la Vega, en sus *Comentarios reales de los Incas* (1609) describe las propiedades y los usos de "la preciada hoja llamada cuca," destacando sus propiedades medicinales y su valor económico. Menciona el peligro que los moralistas veían en la relación entre la coca y los rituales de curanderos y curanderas, que se veían como posibles prácticas paganas. Sin embargo, la opinión es que se continúe cultivando y consumiendo la coca a la vez que se enseñe a los nativos americanos a usarla dentro de los límites aceptados por la moral:

> *"No será razón dejar en olvido la yerba que los indios llaman cuca y los españoles coca, qué ha sido y es la principal riqueza del Perú para los que la han manejado en tratos y contratos; antes será justo se haga larga mención de ella, según lo mucho que los indios la estiman, por las muchas y grandes virtudes que de ella conocían antes y muchas más que después acá los españoles han experimentado en cosas medicinales."*

Después, citando al Padre Blas Valera, continúa diciendo:

> *"La cuca es un cierto arbolillo de altura y grosor de la vid;[70] tiene pocos ramos,[71] y en ellos muchas hojas delicadas, del ancho del dedo pulgar[72] y el largo como la mitad del mismo dedo, y de buen olor, pero poco suave;*

---

[65] peasants

[66] altitude sickness

[67] suffering

[68] *regar*: to water

[69] key

[70] grapevine

[71] branches

[72] thumb

las cuales hojas llaman cuca indios y españoles. Es tan agradable la cuca a los indios, que por ella posponen el oro y la plata y las piedras preciosas; la plantan con gran cuidado y diligencia y la cogen con mayor; porque cogen las hojas de por sí, con la mano, y las secan al sol, y así seca la comen los indios, pero no la tragan; solamente gustan del olor y pasan el jugo. De cuánta utilidad y fuerza sea la cuca para los trabajadores, se colige[73] de que los indios que la comen se muestran más fuertes y más dispuestos para el trabajo; y muchas veces, contentos con ella, trabajan todo el día sin comer. La cuca preserva el cuerpo de muchas enfermedades, y nuestros médicos usan de ella hecha polvos, para atajar[74] y aplacar[75] la hinchazón[76] de las llagas;[77] para fortalecer los huesos quebrados; para sacar el frío del cuerpo o para impedirle que no entre; para sanar[78] las llagas podridas,[79] llenas de gusanos.[80] Pues si a las enfermedades de afuera hace tantos beneficios, con virtud tan singular, en las entrañas de los que la comen ¿no tendrá más virtud y fuerza? Tiene también otro gran provecho, y es que la mayor parte de la renta del Obispo[81] y de los canónigos[82] y de los demás ministros de la Iglesia Catedral del Cuzco es de los diezmos[83] de las hojas de la cuca; y muchos españoles han enriquecido y enriquecen con el trato[84] y contrato[85] de esta yerba; empero algunos, ignorando todas estas cosas, han dicho y escrito mucho contra este arbolillo, movidos solamente de que en tiempos antiguos los gentiles,[86] y ahora algunos hechiceros[87] y adivinos,[88] ofrecen y ofrecieron la cuca a los ídolos; por lo cual, dicen, se debía quitar y prohibir del todo." "Deben doctrinarles que, aborreciendo[89] las supersticiones, sirvan de veras a un solo Dios y usen cristianamente de todas aquellas cosas."

Hablemos sobre las lecturas

1. ¿Cuáles son los principales alimentos que se consumen actualmente en Bolivia?
2. ¿Cuáles son algunos de los platos bolivianos que te parece mejor reflejan la historia y la geografía del país?

---

[73] *colegir*: to infer
[74] *atajar*: to stop
[75] *aplacar*: to calm, to placate
[76] swelling
[77] ulcers, open sores
[78] *sanar*: to heal
[79] rotten
[80] worms
[81] bishop

[82] canons (priests)
[83] tithes
[84] negotiation, deal
[85] contract
[86] gentiles
[87] sorcerers
[88] fortune-tellers
[89] *aborrecer*: to abhor

3. ¿Qué valor tiene la coca en los países andinos?
4. ¿Qué valores medicinales están asociados con la hoja de coca?
5. ¿Cuáles son las supersticiones y ritos asociados con la coca según el Inca Garcilaso?

Incas y mapuches

En Chile, las formas culinarias más tradicionales vienen de los incas, que a su vez recibieron importantes influencias de los mapuche. Las papas, el maíz y los porotos son alimentos básicos en la cocina mapuche. El charquicán, a veces considerado el plato nacional chileno, se conoce como plato mapuche y consiste en carne, cebolla, zapallo, aceite y ají. En las zonas costeras,[90] se sustituye la carne por el cochayuyo, alga marina que puede encontrarse en abundancia a lo largo de todo el litoral[91] chileno. El merkén es un aliño también de origen mapuche que contiene un ají picante llamado cacho de cabra (parecido al chile de árbol mexicano) ya seco y ahumado y después molido y mezclado con sal, junto con especias traídas por los españoles como el comino y las semillas de cilantro tostadas. Se sirve acompañando quesos o frutos secos como almendras y nueces. El catuto y otros platos elaborados con harina de trigo tostada y desleída en agua, leche o vino son típicos de la alimentación mapuche, aunque comúnmente contiene harina de trigo, un ingrediente europeo que frecuentemente pasó a sustituir otras harinas de productos nativos del país.

En Chile, la salsa pebre sirve como acompañamiento a multitud de platos. Esta salsa contiene varios de los siguientes ingredientes: ajo picado, cebolla, diferentes tipos de ajíes según la región, tomate, perejil, cilantro, orégano, sal y vinagre o zumo de limón. Un tipo de pebre preparado en el sur de Chile tiene también merkén. Desde el 2011 todos los años ha venido celebrándose el Campeonato Mundial del Pebre en Chile. El pebre es salsa frecuente de bocados como el choripán (chorizo metido en pan). El pebre, la salsa criolla argentina, la llajua boliviana, el chilmol hondureño, los chirmoles guatemalteco y salvadoreño y el pico de gallo mexicano tienen todos puntos en común.

Amaranto

El amaranto pertenece a la familia de las amarantáceas y se cultivaba en lo que es hoy México, Guatemala y Perú. Se consumen sus tiernas hojas y sus semillas, que se cocinan como cereal. Sus inflorescencias son de tonalidades rojas, púrpuras, verdes o amarillas. El amaranto es altamente nutritivo, rico en proteína, vitaminas y minerales y constituía una parte importante de la dieta precolombina. Como alimento importante que era, existían ritos relacionados con el amaranto en la época

---

[90] coastal

[91] coast, coastline

precolombina. Uno de ellos era el que se celebraba en las fiestas del dios Huitzilopochtli, cuando se hacía una imagen de este dios con semillas de amaranto y miel que más tarde se comía, repartiendo[92] pequeños trozos entre la gente de modo que a cada persona le tocara un trocito del dios. En estas fiestas se celebraban también sacrificios humanos. Por esta razón y por ver en el consumo de la "carne" de amaranto del dios una posible relación blasfema[93] con la Comunión, los españoles casi erradicaron el cultivo del amaranto en estos territorios. Todavía hoy en México se consume un dulce llamado alegría que consiste en barritas de semillas de amaranto tostado y reventado,[94] tal y como era tradicional prepararlo en la época precolombina, mezclado con miel o azúcar, preferentemente piloncillo. Fray Bernardino de Sahagún, en su *Historia general de las cosas de Nueva España* (1576-1577) describe con detalle las fiestas en honor de *Huitzilopochtli*:

"Llegando arriba, a lo más alto del cu,[95] estavan aparejados[96] los sátrapas[97] que habían de matar [a la víctima], y tomábanle, echábanle sobre el tajón de piedra,[98] y teniéndole por los pies y por las manos y por la cabeza, echado de espaldas sobre el tajón, el que tenía el cuchillo de piedra metíaselo por los pechos con un gran golpe, y tornándole[99] a sacar, metía la mano por la cortadura que había hecho el cuchillo y arrancábale[100] el corazón y ofrecíale luego al sol. De esta manera mataban a todos los que sacrificaban; a éste no le echaban por las gradas[101] abajo como a los otros, sino tomábanle cuatro y bajábanle abajo al patio: allí le cortaban la cabeza y la espetaban[102] en un palo que llamava[n] tzompantli. De esta manera acababa su vida éste que havía sido regalado y honrado[103] por espacio de un año. Decían que esto significaba que los que tienen riquezas y deleites en su vida, al cabo de ella han de venir a pobreza y dolor.

En esta mesma fiesta hacían de masa, que se llama tzoalli, la imagen de Uitzilopuchtli, tan alta como un hombre hasta la cinta.[104] En el cu que llamaban Uitznáoac hacían para ponerla un tablado;[105] los maderos[106] de él eran labrados[107] como culebras[108] y tenían las cabezas a todas cuatro partes del tablado contrapuestas las unas a las otras, de manera

---

[92] *repartir*: to distribute
[93] blasphemous
[94] *reventar*: to burst, to pop
[95] templo
[96] preparados
[97] officiants
[98] stone surface
[99] tornar: volver
[100] *arrancar*: to pull out

[101] steps, stands
[102] *espetar*: to skewer
[103] *honrar*: to honor
[104] cintura
[105] platform, stage
[106] pieces of timber
[107] *labrar* (madera): to carve
[108] snakes

que a todas cuatro partes había colas[109] y cabezas. A la imagen que hacían le ponían por huesos unos palos de mízquitl, [110] y luego lo henchían[111] todo de aquella masa, hasta hacer un bulto[112] de un hombre; hacían esto en la casa donde siempre [se] guardaba la imagen de Uitzilopuchtli. Acabada de hacer, la componían luego con todos los atavíos[113] de Uitzilopuchtli; le ponían una jaqueta[114] de tela labrada de huesos de hombres; le cubrían con una manta de nequén de tela muy rala;[115] le ponían en la cabeza una corona a manera de escriño[116] que venía justa a la cabeza, y en lo alto se íba ensanchando,[117] labrada de pluma[118] sobre papel; del medio de ella salía un mástil también labrado de pluma, y en lo alto del mástil[119] estava ingerido[120] un cuchillo de pedernal,[121] a manera de hierro de lanzón,[122] ensangrentado[123] hasta el medio; le cubrían con otra manta, ricamente labrada de pluma rica; tenía esta manta en el medio una plancha[124] de oro redonda, hecha de martillo.[125] Abajo ponían unos huesos, hechos de tzoalli,[126] cerca de los pies de la imagen, y los cubría la misma manta que tenía cubierta en la cual estaban labrados los huesos y miembros de una persona despedazada; a esta manta, labrada de esta manera, llamaban tlacuacuallo."

Hablemos sobre las lecturas

1. ¿Cuáles te parece que son los alimentos principales de la dieta chilena? ¿Cuáles son sus platos principales?
2. ¿Por qué crees que el charquicán se considera el plato emblemático de Chile?
3. ¿Cómo explicas las similitudes entre el pebre chileno y las salsas de otras cocinas latinoamericanas?
4. ¿Qué es el amaranto? ¿Cuáles son sus usos rituales?
5. ¿Quién es Uitzilopuchtli? ¿Por qué está unido su culto al consumo de amaranto?

---

[109] tails
[110] mesquite
[111] llenaban
[112] shape
[113] attire
[114] jacket
[115] thin
[116] basket
[117] *ensancharse*: to widen
[118] feather
[119] mast
[120] stuck
[121] flint
[122] iron-tipped short lance
[123] *ensangrentar*: to stain with blood
[124] sheet, plate
[125] hammered
[126] mezcla de harina de *huautli* o alegría (un tipo de amaranto) con miel de maguey

Receta
Porotos granados (Chile)

Ingredientes
- aceite o mantequilla
- 1 cebolla cortada en trocitos pequeños
- 4 dientes de ajo pelados y aplastados con el mango[127] de un cuchillo
- 1 pimiento o ají rojo cortado en trocitos pequeños
- 1 zanahoria grande cortada en dados
- 1 tomate picado en trozos pequeños (u 8 onzas de tomates pelados en lata desmenuzados con las manos)
- 1 libra de porotos blancos (preferiblemente puestos a remojar en agua fría la noche anterior)
- 3/4 libra de zapallo cortado en trozos grandes
- albahaca[128] fresca
- 1 o 2 vasos de choclo (maíz) fresco
- ají en polvo
- sal

1. Poner el aceite o la mantequilla a calentar a fuego mediano en una olla.
2. Cuando el aceite esté caliente, añadir la cebolla y el ajo; cuando la cebolla empiece a estar translúcida, añadir el pimiento y la zanahoria; a los dos minutos añadir el tomate para hacer un sofrito.
3. Cuando las verduras estén blandas, añadir los porotos, el zapallo, dos ramitas de albahaca y agua abundante (unos dos litros o 4 vasos).
4. Sacar el zapallo de la olla una vez que esté blando y aplastarlo en un plato con un tenedor. Añadir el zapallo triturado a la olla.
5. Después de unos 45 minutos se agrega el maíz, el ají en polvo y la sal. Durante este tiempo de cocción, agregar más agua si es necesario. La consistencia debe ser caldosa.
6. Tras 10 minutos de cocción, probar el caldo y rectificar de sal y añadir más albahaca si es necesario. Continuar la cocción hasta que los porotos estén tiernos.

Variante: Porotos granados con mazamorra

Sustituir el maíz fresco por dos mazorcas de maíz tierno. Cortar los granos de maíz de las mazorcas y triturarlos con un diente de ajo y dos ramas de albahaca fresca o al

---

[127] handle   [128] basil

gusto para hacer la mazamorra. Añadir a los porotos una vez que estén tiernos. Cocer todo durante 15 minutos.

Actividades

1. Cocina los porotos granados chilenos y compártelos con la clase. ¿Cómo se diferencian de otros preparados con judías o frijoles que conoces? ¿Cómo piensas que este plato refleja la geografía y la cocina de Chile?

2. Investiga la cocina de los nativos americanos que viven/vivían en tu zona. ¿Cuáles eran sus hábitos culinarios y sus prácticas agrícolas? ¿Cómo se parecen a las de los grupos descritos en este capítulo y el anterior?

3. Investiga las costumbres asociadas con el consumo del cuy en una de las culturas hispánicas y elabora una interpretación de tus observaciones.

4. Haz una pasta con amaranto y miel y haz figuras de Uitzilopuchtli para regalar a la clase.

Capítulo 6: Intercambio colombino

Este capítulo habla sobre el intercambio colombino y el importante impacto biológico que supone a nivel global. Los contactos biológicos, sociales, culturales y económicos no solo tienen lugar en el período de la colonización europea de América, sino en siglos subsiguientes como resultado de contactos comerciales por medio de rutas como la del galeón de Manila. Más tarde, las crisis agrícolas y las hambrunas[1] generalizadas van a resultar en un incremento de la inmigración europea a América. Los puntos más sobresalientes de estos contactos pueden ilustrarse con la consideración de los modos de implantación de cultivos americanos como la papa o patata en Europa.

Intercambio colombino

Es el término utilizado para referirse al intercambio biológico a gran escala entre el hemisferio[2] americano y el euroasiáticoafricano, es decir, el Nuevo Mundo (América) y el Viejo Mundo (África, Europa y Asia). En este intercambio se incluyen plantas, animales y microorganismos causantes de enfermedades. El intercambio empieza a finales del siglo XV con los viajes de Colón y otros exploradores y continúa a lo largo de los siglos siguientes.

Antes de leer

Antes de pasar a ver la lista que aparece más abajo de algunos de los animales y plantas más relevantes en el intercambio colombino, habla en pequeños grupos sobre tu comida española o latina favorita (por ejemplo, tacos, enchiladas, sancocho, gazpacho, paella, tortilla de patatas, etc.). Elabora una lista de ingredientes y preséntala a la clase.

Algunas plantas y animales principales en el intercambio colombino son:

Plantas nativas americanas:
- Tomate
- Papa o Patata
- Maíz
- Chile (o ají, o pimiento)
- Frijoles (o porotos, o caraotas)
- Vainilla
- Cacahuetes (o maní)
- Cacao

---

[1] famines   [2] hemisphere

- Tabaco
- Piña (o ananás)

Animales:

- pavo (o guajolote)

Plantas que llegan al Nuevo Mundo con los europeos (algunas nativas de Europa, otras aclimatadas o adoptadas de otras regiones):

- Trigo
- Cítricos
- Manzanas
- Ajo
- Cebolla
- Arroz
- Azúcar
- Café
- Plátano

Animales que llegan al Nuevo Mundo con los europeos:

- Cerdo
- Vaca
- Cabra
- Caballo
- Oveja
- Pollo
- Gato
- Perro grande

Actividad

Después de revisar esta lista, repasa la de los ingredientes de tu plato preferido que has enumerado en esta actividad: ¿cuáles son del Nuevo Mundo y cuáles del Viejo Mundo?

Acapulco y Manila: El Galeón de Manila o la Nao de China

Los contactos entre Asia y América no se produjeron solo como resultado de la ruta de las especias sobre la que hemos leído en el capítulo 2. Desde el siglo XVI se estableció una activa ruta comercial entre el puerto de Acapulco y Manila, capital de Filipinas. Esta ruta comercial estaba facilitada por el hecho de que las Filipinas, así nombradas en honor al rey Felipe II de España, eran parte del Imperio español. Las mercancías que llegaban desde Manila hasta Acapulco eran a su vez transportadas

Figura 11: ¿El Galeón de Manila?

hasta Veracruz, de donde iban a España a través de la ruta comercial de las Flotas[3] de Indias entre España y América que pasaba también por Cartagena de Indias (Colombia), Portobelo (Panamá) y La Habana (Cuba), para terminar en Sevilla o en Cádiz (España). Desde Asia salían especias como la canela, el clavo y la nuez moscada, así como porcelana,[4] marfil[5] y ricas telas[6] como las de seda bordada,[7] además de muchos objetos decorativos. Desde Manila llegó a México el mango, que se cultivó también con gran éxito en otros países hispanos como Cuba. Desde México salió mucha plata hacia Manila, como también se llevaron ingredientes cultivados en tierras americanas tales como el cacahuete, la caña de azúcar y el chile que son hoy parte integral de las cocinas de la India, Tailandia y China. La cocina filipina tiene aún hoy muchos puntos de contacto con las cocinas hispánicas, por ejemplo en su gusto por el lechón, la preparación de arroces similares a la paella y de embutidos[8] como la longanisa (longaniza), así como su gusto por el escabeche[9] y por el ajo en sus guisados.

---

[3] fleet
[4] porcelain
[5] ivory
[6] fabrics

[7] embroidered silk
[8] cured meats, cold cuts
[9] Spanish pickle or brine

Pedro de Répide, en su artículo "Manjar vernáculo" en el número *Buen comer y buen beber*, suplemento de la revista *Blanco y Negro* da un brevísimo resumen de los contactos culinarios de la cocina española con otros pueblos. Esta visión panorámica sirve como ejemplo de los dinámicos contactos entre países y grupos étnicos y de la importancia de los contactos culturales y gastronómicos entre los dos hemisferios, así como el valor del intercambio colombino en la cocina, enfatizando el papel del galeón de Manila o "nave de Acapulco:" "España, que llevó a América el cocido, tan pronta y variamente aclimatado en casi todos sus países, con el cultivo del garbanzo, de tan exquisita aclimatación en Méjico, trasladó también al nuevo mundo el arroz y aun más allá, pues que de la costa mejicana del Pacífico le condujo a Filipinas la nave de Acapulco."

Debido al alto valor de las mercancías que cruzaban el océano, creció el número de piratas[10] de muchas nacionalidades, sobre todo ingleses, holandeses, franceses y españoles. Los gobiernos permitían que salieran barcos piratas de sus puertos para obstaculizar la competencia comercial de otros países y como forma rápida de enriquecimiento[11] para los marinos[12] que se encontraban sin trabajo. Para poder atacar barcos de países enemigos los marinos recibían un documento oficial llamado patente de corso.[13]

¿Sabías que...?
La piel del mango puede ser de diferentes colores, desde el verde hasta el rojo pasando por el amarillo y el naranja. La diversidad de colores, sabores y texturas de los mangos están reflejadas en los nombres que recibe cada variedad, entre las que se encuentran el mango "ataulfo," "manila," "filipino," "toledo," "papelina," "señora," "bizcochuelo," "hilacha," "mango mamey," "mango huevo de toro" y "mango macho."

---

[10] pirates
[11] enrichment, prosperity

[12] seamen, sailors
[13] letter of marque

Figura 12: Vasos de mango y mamey a la venta en las calles de México para comer a cualquier hora

Chifas

Otros ejemplos de los contactos entre Asia y América son los relacionados con la emigración china de la segunda mitad del siglo XIX, que se extiende a diferentes países latinoamericanos, incluyendo Perú. Los ciudadanos chinos llegaban a Perú tras haber firmado un contrato en Macao que los comprometía[14] a trabajar como mano de obra[15] en Perú en unas condiciones que en muchos casos los convertían en semi-esclavos. En Perú muchos chinos (conocidos como 'culíes') trabajaban como sirvientes y cocineros y estuvieron de este modo vinculados desde un principio a la cocina. Además de cultivar verduras y frutas necesarias para su propio consumo, como el jengibre y la cebolleta china, los inmigrantes chinos introdujeron el uso de la salsa de soja (o *sillao*) y abrieron establecimientos propios conocidos como chifas, donde poder servir y comer cocina china. Algunas de las especialidades de los chifas son el arroz chaufa (arroz frito con carne o mariscos), el wantán frito, tallarín saltado, pollo con verduras y chancho con tamarindo, que todavía pueden disfrutarse hoy.

---

[14] *comprometer*: to oblige, to force   [15] workforce

Hablemos sobre las lecturas
1. ¿Qué es el intercambio colombino? ¿Cuál te parece que es su mayor importancia?
2. ¿Qué plantas y animales importantes pasaron del Viejo al Nuevo Mundo?
3. ¿Qué plantas y animales importantes pasaron del Nuevo al Viejo Mundo?
4. ¿Qué es el galeón de Manila? ¿Cuál es su importancia?
5. ¿Qué son los chifas? ¿Qué tipo de comida sirven?
6. ¿Cómo se producen los contactos culinarios según la narración de Pedro de Répide?
7. ¿Cuáles son los principales intercambios culinarios que describe Répide?

¿Sabías que...?

En un principio hubo resistencia a la adopción del tomate, y la papa (o patata) a la dieta europea porque son plantas solanáceas[16] y, por lo tanto, con propiedades ligeramente tóxicas, sobre todo en sus hojas. Las papas que sobresalen por encima del suelo y están expuestas al sol toman un color verde que contiene también sustancias tóxicas, aunque en una cantidad muy pequeña, por lo que se necesitaría consumir una gran cantidad de estas papas para sentir algún efecto nocivo. El chile es también una solanácea traída desde América, pero en España se aceptó muy pronto al equipararse[17] a la preciada[18] pimienta negra por su sabor picante. Los tomates también se aceptaron, al considerarse que eran un nuevo tipo de berenjena, hortaliza cuyo consumo estaba ya extendido en países europeos como España e Italia. La papa o patata tardó mucho más tiempo en aceptarse.

¿Papa o patata?

La palabra papa se usa en América Latina y en partes de España (en el sur y en las Islas Canarias) y proviene del quechua *papa*. Al llegar a Europa la papa, se cruzaron los nombres de la papa y la batata, dando lugar al español 'patata' y luego al inglés *potato*, el francés familiar *patate* y el italiano *patata*. En América Central, Filipinas, México y Perú se usa la palabra camote, que viene del náhuatl *camotli*, para referirse a la batata. La palabra boniato,[19] de lengua caribe, también se usa para referirse a la batata, sobre todo la de carne blanca.

Papa o patata: transculturación y biología. Hambre y crisis agrícolas

Un alimento fundamental en la dieta mediterránea es el trigo. Con su harina se hace

---

[16] nightshade family
[17] compare, liken
[18] valuable, precious
[19] sweet potato (white)

98

el pan que, junto con la de otros cereales, formó un componente importantísimo de la alimentación de Europa durante muchos siglos, constituyéndose, junto con el aceite de oliva y el vino, en la base de la dieta mediterránea. Sin embargo, el trigo no se cultiva bien en zonas húmedas y montañosas. Por esta razón, las regiones de Europa que no podían cultivar trigo, o bien lo importaban, o bien consumían en mayor grado otros cereales tales como el centeno. Sin embargo, al ser el centeno bajo en gluten y alto en fibra soluble, no produce el pan crujiente[20] y esponjoso que se consideraba ideal.

En zonas en las que no podía cultivarse bien el trigo, también se consumían otros alimentos base, como la castaña[21] en el caso del norte de España. La castaña crece en el noroeste de España de forma silvestre, pero los romanos repoblaron los bosques de la zona plantando más castaños.[22] Las castañas se añadían a sopas y a otros guisos y con su harina se hacía el pan diario. Las castañas se comían en todo tipo de platos, como por ejemplo con leche, en almíbar[23] o en caldo con alubias, así como en tartas y bizcochos. Hoy en día se hace incluso cerveza de castañas. Una celebración unida a los ciclos agrícolas es la del Magosto, que hasta aún hoy se celebra en el noroeste de España entre el 1 y el 11 de noviembre y señala el fin de la cosecha y del trabajo en el campo y por lo tanto el principio del invierno. El Magosto se celebra con hogueras[24] en las que se asan castañas con ayuda del *tambor* o *tixolo*, que tiene forma cilíndrica y agujeros en su base para facilitar el tostado. Los participantes comen castañas, cantan canciones, cuentan historias y participan en juegos; también saltan la hoguera, no sin tiznarse[25] la cara de negro con el carbón de las ascuas.

La necesidad de otras fuentes de hidratos de carbono se acentuaba con cada crisis agrícola que afectaba a los cereales y a otros cultivos base, como la que ocurrió en la segunda mitad del siglo XVIII en España. Tras la plaga de la castaña, que atacó los castaños y acabó con la mayoría de ellos, se plantaron patatas, que desde el siglo XVIII pasaron a constituir una importante fuente de hidratos de carbono en partes de España, como más tarde lo serían en Irlanda. Hasta entonces, las patatas se habían cultivado casi exclusivamente como forraje[26] para los animales. El gran error que cometen los europeos al adoptar la patata es que no prestan atención a la necesidad de respetar la biodiversidad y cultivan solo unos pocos tipos de este tubérculo, mientras que en las Américas existían más de cuatro mil variedades. Cuando apareció la enfermedad de la patata en el siglo XIX, la falta de biodiversidad de los tubérculos cultivados hizo que esta enfermedad pudiera extenderse rápidamente y que se

---

[20] crispy, crusty
[21] chestnut
[22] chestnut trees
[23] syrup

[24] bonfires
[25] blacken, smudge
[26] fodder

perdieran muchas cosechas, lo que causó grandes hambrunas en las partes de Europa en las que la patata era alimento básico. Estas hambrunas tuvieron como resultado muertes y grandes movimientos migratorios, sobre todo hacia las Américas. En Galicia, la crisis agrícola se unió a la crisis de la industria rural (sobre todo en producción de tejidos de lino y algodón) como factor de una inmigración hacia América que continuaría a lo largo de las primeras décadas del siglo XX. Con la guerra civil española (1936-1939), la emigración tuvo lugar también por causas políticas, al exiliarse muchos españoles en tierras americanas, yendo en su mayoría a países de habla hispana. El número de gallegos que llegó a Latinoamérica fue tan grande que hasta el día de hoy en países como Argentina o Uruguay el término *gallego* se usa como sinónimo de 'español,' independientemente de la región de origen. De este modo puede verse que los contactos de los españoles con América no terminan con la colonización, sino que continúan produciéndose a lo largo de los siglos en circunstancias muy diferentes.

La mejor hora para aplacar el hambre

El autor español Juan de Timoneda escribe un breve cuento jocoso sobre el hambre en *El sobremesa o alivio de caminantes* (1562 – 1569). Este cuento, aunque hace sonreír, contiene un comentario social:

"Preguntó un gran señor a ciertos médicos que a qué hora del día era bien comer. El uno dijo:

-Señor, a las diez.

El otro, a las once; el otro, que a las doce. Dijo el más anciano:

-Señor, la perfecta hora del comer es, para el rico, cuando tiene gana; y, para el pobre, cuando tiene de qué."

Refranes y expresiones populares

- *Come y bebe, que la vida es breve*: Hay que disfrutar de la vida con los alimentos.
- *A comer, beber, bailar y gozar, que el mundo se va a acabar*: Hay que disfrutar de la vida con actividades alegres.
- *Con la barriga[27] vacía, ninguno muestra alegría*: Cuando alguien tiene hambre no puede estar feliz.
- *De grandes cenas están las sepulturas[28] llenas*: Comer en exceso es malo

---

[27] belly

[28] graves, tombs, sepultures

para la salud.
* *Tripa[29] vacía, corazón sin alegría*: Tener hambre pone triste a la persona.

Comida e inmigración

Las sucesivas oleadas[30] de inmigración de españoles no respondían solo a conflictos bélicos o políticos como los relacionados con la guerra civil española (1936-1939), a consecuencia de la cual muchos españoles se expatriaron, sino también por razones económicas muchas veces relacionadas con la carestía de alimentos básicos y las consiguientes[31] hambrunas. Un estereotipo que aparece repetidamente en el cine mexicano y argentino de las décadas de los años 1940 y 1950 es el de los hombres españoles ocupando trabajos de tenderos o dueños de cantinas y el de las mujeres españolas como cocineras y sirvientas. La gran artista argentina Nini Marshall dio vida en muchas de sus películas al personaje Cándida, una gallega de un pequeño pueblo de Galicia que inmigró a Argentina. Las diferentes películas que cuentan a Cándida como protagonista muestran las peripecias de la inmigrante en el gran orbe que es Buenos Aires, dando lugar a situaciones tanto cómicas como tristes y siempre entrañables.[32] En *Cándida millonaria*, la protagonista acaba casándose con el dueño de la casa donde ha entrado de sirvienta. El dueño, Marcial, es también gallego, aunque afincado[33] en Buenos Aires desde hace años y con buena posición social gracias a su éxito en el trabajo. Es Nochebuena[34] y la película empieza con Cándida comprando castañas asadas para celebrar la Nochebuena, ya que es lo único que puede permitirse comprar. Dice que se las comerá sola, con sus recuerdos, que sin duda serán de las castañas que hacían sus delicias en Galicia durante su niñez y juventud. Marcial va a cenar solo y triste, ya que su hija se ha marchado a cenar con su marido y amigos en el club. La película refleja las dificultades a las que tiene que enfrentarse Cándida para ser admitida entre la clase acomodada argentina y, sobre todo, las dificultades que le supone el fuerte rechazo de la hija de su prometido, que se presenta como una joven argentina de la alta sociedad preocupada por el decoro social. Aparece claramente marcado el contraste entre argentinos e inmigrantes gallegos, así como el que existe entre las dos generaciones. En la película mexicana *Una gallega en México* (1951) la misma famosa actriz argentina Nini Marshall da vida a Cándida, una gallega que emigra a México para "ganar cuarenta pesos, casa y comida, con salida[35] los domingos." La película presenta los ideales de una emigrante de clase trabajadora y de origen rústico de una forma estereotipada, pero a la vez humana y divertida.

---

[29] belly, tripe
[30] wave
[31] resulting
[32] moving, touching

[33] *afincarse*: to settle
[34] Christmas Eve
[35] day off

Otras películas exploran las diferencias generacionales que se originan una vez que los emigrantes se integran en la nueva sociedad y tienen hijos que se identifican principalmente con el país de su nacimiento, siendo ya plenamente americanos. Las dos películas protagonizadas por el actor mexicano Joaquín Pardavé tituladas *Los hijos de don Venancio* y *Los nietos de don Venancio* tratan este tema enmarcándolo en las relaciones entre tres generaciones, que incluyen el patriarca español, don Venancio, y sus hijos y nietos mexicanos. En estas películas se retrata la vida algo estereotipada de los españoles que inmigraban a las Américas. Don Venancio es un emigrante español dueño de una tienda de abarrotes,[36] negocio con el que se ha enriquecido. Las películas tratan de las diferencias nacionales y generacionales, así como del tema de la identidad personal de don Venancio, español neto, pero con fuertes raíces en México, lugar al que ama y está agradecido.

La comida sirve también para marcar los movimientos migratorios y las diferencias entre las identidades nacionales y étnicas dentro de un mismo país. En la película *Ocho apellidos vascos*, Rafa, muchacho netamente andaluz, se hace pasar por vasco[37] para conquistar a Amaia, la mujer vasca de la que se ha enamorado. Sin embargo, cuando tiene que comer como un vasco en un restaurante, su cuerpo rechaza una dieta a la que no está acostumbrado. La escena empieza en un bar donde Koldo, el padre de Amaia, ha invitado a cenar a Rafa y Amaia. Tras cuestionar a Rafa por sus "ocho apellidos vascos," que indicarían que Rafa es vasco "por los cuatro costados," es decir de padres y abuelos vascos, Koldo le invita a pasar al salón comentando con humor que quizá Rafa va a querer pedir paella para cenar, ya que uno de los apellidos de Rafa no es vasco. La paella viene aquí representada como un típico plato español, pero no perteneciente a la cocina vasca. Una vez sentados a la mesa, el camarero les pregunta si quieren vino o sidra, a lo que Rafa contesta que quiere vino, mientras que Koldo pide que traiga las dos bebidas. La connotación es que el vino se bebe en toda España, mientras que la sidra se consume fundamentalmente en zonas del norte de España. Seguidamente el camarero lee la lista de platos del menú de ese día: alubias, ensalada mixta, pimientos rellenos de changurro,[38] croquetas de bacalao, revuelto de hongos, chipirones en su tinta,[39] cogote de merluza[40] y chuletón de buey.[41] Cuando Rafa pide los chipirones, le contestan que no hay que elegir, sino que todos esos platos son los que se sirven para comer. Rafa se da cuenta de su error y reacciona diciendo que solo quería asegurarse de que hubiera suficientes chipirones, ya que no le gustaría quedarse con hambre. La cena, por supuesto, acaba mal para Rafa, ya que su estómago no soporta tanta comida y al salir del restaurante vomita, aunque intenta disimularlo. Esto aumenta la desconfianza de Koldo, que piensa que Rafa es un chico raro.

---

[36] groceries
[37] Basque
[38] spider crab

[39] squid in their own ink
[40] hake
[41] large, bone-in rib steak

Hablemos sobre las lecturas

1. ¿Cuál es el papel de la castaña en los usos culinarios del norte de España?
2. ¿Por qué te parece que el trigo es la fuente de hidratos de carbono más apreciada en Europa durante siglos? ¿Por qué lo es también en zonas donde su cultivo es difícil o imposible?
3. ¿Cuáles son las razones por las que acaba aceptándose el cultivo de la patata para el consumo humano?
4. ¿Qué error cometen los europeos al adaptar el cultivo de la patata?
5. Comenta la relación entre crisis agrícolas y movimientos migratorios.
6. ¿Cómo retrata el cine las experiencias de los emigrantes? ¿Puedes comentar los ejemplos de las lecturas, junto con los de otras películas que tú conozcas?
7. Si tienes familia o amistades que han emigrado a otro país, comenta cuáles han sido sus motivos para tomar esa decisión.

¿Papa o maíz?

El rechazo a la papa o patata no se da solamente cuando pasa a cultivarse en Europa. En gran parte de Latinoamérica el maíz se considera alimento fundamental y el consumo de la papa se ha encontrado con resistencia cuando se ha intentado que sustituyera al maíz. Muy a grandes rasgos, puede decirse que el maíz como alimento base domina en grandes extensiones de Norteamérica, América Central y América del Sur. Sin embargo, el cultivo del maíz no prospera en climas fríos y en situaciones de gran altitud, donde sí se cultiva con más facilidad la papa o patata. En su *Memoria sobre el cultivo del maíz* (1866), el colombiano Gregorio Gutiérrez González explica las razones de su preferencia por el maíz, al que elogia,[42] y de su desagrado[43] por la papa, que se niega a comer:

> *"¡Salve[44], segunda trinidad bendita,*
> *salve, frisoles[45], mazamorra,[46] arepa!*
> *Con nombraros no más se siente hambre.*
> *¡No muera yo sin que otra vez os vea!*
>
> *Pero hay ¡gran Dios! algunos petulantes,*
> *que sólo porque han ido a tierra ajena,*
> *y han comido jamón y carnes crudas,*

---

[42] *elogiar*: to praise
[43] dislike
[44] hail

[45] frijoles
[46] corn porridge

de su comida y su niñez[47] reniegan.

Y escritores parciales y vendidos
de las papas pregonan la excelencia,
pretendiendo amenguar[48] la mazamorra,
con la calumnia[49] vil, sin conocerla."

Y sigue:
"¡Oh, comparar con el maíz las papas,
es una atrocidad, una blasfemia!
¡Comparar con el rey que se levanta
la ridícula chiza[50] que se entierra!"

Y termina:
"Y tú también, la fermentada en tarros[51],
remedio del calor, chicha antioqueña[52]!
Y el mote, los tamales, los masatos,
el guarrús, los buñuelos, la conserva...

¡Y mil y mil manjares deliciosos
que da el maíz en variedad inmensa...!
Empero,[53] con la papa, la vil papa,
¿Qué otra cosa puede hacerse...? No comerla."

Hablemos sobre las lecturas

1. ¿Qué razones argumenta el autor colombiano Gregorio Gutiérrez González en defensa del maíz y en contra de la papa?
2. ¿Qué diferencia establece el poema entre los que "han ido a tierra ajena" y los que no han salido de su país? ¿Cómo difieren sus gustos y por qué?
3. Identifica las imágenes religiosas que usa el autor y su significado.
4. ¿Cuál es la "segunda trinidad bendita" a la que se refiere el texto?
5. ¿Cuál es la "blasfemia" a la que se refiere el autor?
6. ¿Puedes identificar algunos de los "mil y mil manjares deliciosos" que según el autor da el maíz?

---

[47] childhood
[48] belittle
[49] slander
[50] larva

[51] jars
[52] from Antioquía (Colombia)
[53] however

Receta
Tacos de camarón y mango

Ingredientes
- ½ vaso de crema o de yogur griego
- ¼ vaso de cilantro fresco picado
- 1 chile jalapeño, sin semillas y cortado en cubitos
- ¼ de vaso de cebolla roja picada
- 1 vaso de mango fresco picado
- 2 cucharadas de jugo de lima fresco
- 1 cucharada de jugo de limón
- 1 cucharada de jugo de naranja o mandarina
- 1 cucharadita de comino en polvo
- 1 cucharadita de chile en polvo, o al gusto
- 2 cucharaditas de azúcar morena
- sal al gusto
- 1 ½ libra de camarones grandes, pelados y limpios (alternativamente pueden cocinarse con la cáscara, lo que les dará más sabor). A ser posible, los camarones deben ser de pesca marina y no de piscifactoría,[54] ya que son más sabrosos y ecológicos
- 1 cucharada de aceite
- 8 tortillas de maíz
- 1 aguacate hecho puré
- 1 vaso de repollo cortado en tiras finas
- 1 lima cortada en trozos

1. Mezcla todos los ingredientes, excepto los camarones, aceite, tortillas, aguacate, repollo y lima.
2. En una sartén, calienta el aceite y, cuando esté muy caliente, espolvorea una pizca [55] de sal en la sartén caliente, añade los camarones y saltéalos rápidamente hasta que hayan adquirido un color opaco y una consistencia firme.
3. Calienta las tortillas, cubiertas, en el microondas o individualmente en una sartén.
4. Sirve las tortillas, cubiertas, los camarones, la salsa de mango, el aguacate, repollo y lima en fuentes individuales para que cada persona pueda hacerse un taco a su gusto.

---

[54] fish farm (farm raised)   [55] pinch

Actividades

1. Visita un mercado de productos latinos y contesta las siguientes preguntas:

   a. ¿En cuántos lugares del supermercado puedes encontrar pescado?

   b. ¿Cuáles son los diferentes tipos de aceite que se venden? ¿Cómo están identificados?

   c. ¿Qué tipos de verduras se venden en conserva, tanto en lata como en frasco?

   d. ¿Cómo aparecen presentados y clasificados el vino y los licores?

   e. ¿Cuántos tipos diferentes de queso encuentras?

   f. ¿Cuántos tipos diferentes de embutidos encuentras?

   g. Elige uno de los productos lácteos refrigerados: ¿cuál es su contenido nutricional?

   h. ¿Cuántos alimentos puedes encontrar que contengan maíz?

   i. ¿Cuántos alimentos puedes encontrar que contengan trigo?

   j. ¿Qué tipo de especias y hierbas secas se venden?

   k. ¿Puedes encontrar medicinas o remedios naturales para problemas de salud?

   l. Observaciones personales:

2. Piensa en las cocinas de los diferentes países y en los ingredientes que se consideran más emblemáticos de esas cocinas. ¿Cómo piensas que el intercambio colombino afectó a diferentes cocinas nacionales? Por ejemplo: el pimiento o chile en la India, el tomate en la cocina italiana, etc.

3. Considera la siguiente cita de Alonso González de Nájera, soldado español del siglo XVII que vivió mucho tiempo en el Nuevo Mundo: "aunque estas cosas [de comer] son tan nuevas, con todo no hay hombre a quien haga daño comida tan nueva y ordinaria en tan repetida mudanza.[56]" Debate con el resto de la clase las actitudes con respecto a la comida de culturas distintas de la propia, bien cuando se come en un restaurante, bien cuando se viaja a otro país.

---

[56] change

Capítulo 7: Comida de película: Identidades culturales

Este capítulo presenta el cine como medio donde se ofrecen retratos interesantísimos sobre la vida social y prácticas culturales en el campo y la ciudad de un determinado país. En el cine la comida aparece con frecuencia contextualizada dentro de un marco cultural que refleja la sociedad y la cultura del momento. Algunos de los temas que aparecen en las películas incluyen el de la relación entre comida e identidad personal y nacional, comida y movimientos migratorios y bebida y género, entre muchos otros. Las identidades personales, familiares y nacionales también se manifiestan en platos típicos que simbolizan las banderas nacionales y en fiestas y celebraciones en las que la comida tiene un papel fundamental en la constitución y expresión de la identidad. Como en el caso de la comida Tex-Mex, la cocina refleja las cambiantes identidades nacionales y regionales.

Comida, memoria e identidad

En la película mexicana *Primero soy mexicano* (1950) se cuentan las vicisitudes en torno a la reaclimatación de Rafael, quien vuelve de regreso a México tras diez años de estancia en Estados Unidos. Rafael ha estudiado medicina y vuelve hecho un "señor doctor" con nociones sobre la alimentación y la sociedad mexicana muy diferentes de las que tiene su familia. Al principio de la película, Ambrosio, el padre de Rafael, le recibe con un gran banquete al que ha invitado a todas las personas importantes del pueblo. Son las dos de la tarde y Ambrosio está seguro de que Rafael debe tener hambre. Sin embargo, Rafael contesta que a las once tomó "un pequeño lunch," palabra que el padre no entiende ni puede pronunciar y que además le parece que deber ser "una porquería"[1] que "no sirve para nada." Cuando se sientan a comer y le ofrecen arroz, Rafael se queja de que le están sirviendo demasiada comida. Chona, la criada, aparece para decir que a Rafael le gusta el arroz acompañado de mole. Sin embargo, Rafael ha perdido el gusto por el mole, lo que provoca una gran desilusión en Chona y en los otros. Rafael hace ascos al mole porque "es un guiso de chile." Rafael explica que "en el extranjero se comen cosas más sencillas, mucho más sanas y con mayor número de calorías." Su padre está en franco desacuerdo y le contesta que "más sanas, no" porque "el mole fue inventado por inspiración divina y está confeccionado con treinta y seis especies de chile," lo que a Rafael le parece una "sarta de vulgaridades." Rafael sigue explicando a Chona que "antes de conocer otros países [le] gustaban muchas cosas," pero ahora prefiere "ham and eggs," que se comen con pan porque "las tortillas son pesadas y burdas."[2] Cuando le explica a Chona que "ham and eggs" son huevos fritos con jamón, Chona le contesta que "lo

---

[1] garbage   [2] coarse, crude

encargaremos al pueblo, porque aquí no se usa." Rafael se disculpa y le ofrece a Chona enseñarle a hacer "hotcakes y algunas otras cosas más." Más adelante, en la misma comida, Chona le manda taquitos, pero Rafael se niega a probarlos, diciendo que espera los huevos con jamón. Rafael explica a todos los presentes que en Estados Unidos las comidas son sencillas y que el amor a México no debe empecer[3] para reconocer los defectos de la alimentación mexicana. A Ambrosio le ofenden mucho los aires de superioridad de Rafael y le recuerda que la patria[4] es como una madre y que a ninguna de las dos se le deben sacar defectos. A lo largo de la película Rafael sufre un proceso de transformación por el que se reaclimata a su tierra y recupera su perdida identidad mexicana, volviendo a las buenas costumbres y a las prácticas culturales de su tierra. El momento crítico en el que se efectúa[5] el cambio por completo es el del encuentro de Rafael con Chona en la cocina por la noche cuando Rafael vuelve borracho[6] y vencido[7] de la fiesta popular donde había probado ser el más hábil[8] pero sin lograr el reconocimiento[9] de la gente del pueblo que, cansada de su altanería[10] y sus malos modos,[11] le llaman "poco hombre." Rafael pide a Chona que le dé de cenar en la cocina el "chicharrón con chile verde" que han comido los otros, negándose[12] a probar la comida especial que ha hecho Chona solo para él y que

Figura 13: Deliciosas opciones para tacos en el mercado de Coyoacán

---

[3] ser un obstáculo, impedir
[4] homeland, mother country
[5] *efectuarse*: to take place, to be completed
[6] drunk
[7] defeated

[8] skilled
[9] recognition
[10] arrogance
[11] bad manners
[12] *negarse*: to refuse

intenta enunciar en inglés, provocando la hilaridad[13] de Rafael. Rafael pide con entusiasmo a Chona un taco de chicharrón con chile verde porque quiere ensuciarse los dedos y la boca, hartarse de comer y enchilarse.[14] Junto con el taco, Chona le ofrece "frijolitos negros." Probar la comida mexicana después de tantos años precipita el cambio de Rafael, que evoca "no sé qué lejanos recuerdos" que "vienen a mi mente: mi madre, mi padre joven y fuerte." Junto con su infancia, Rafael recupera en este momento su memoria gustativa[15] y enfatiza lo mucho que pica el taco, que le hace llorar. Al final, Rafael y Chona atribuyen este llanto tanto al picor del chile como a los recuerdos de un origen compartido.

Bebidas y género[16]

La película mexicana *Bendito entre las mujeres* presenta un contraste entre los dos protagonistas masculinos, dos primos[17] que no se conocen y que reciben la noticia de la muerte de su madrina[18] llamada doña Paloma Águila que les ha dejado en herencia un rancho, aunque poniendo unas condiciones muy peculiares. Uno de los primos, Conrado Garza y Cuervo, vive en Jalisco y es simpático, algo tímido y de muy buenas maneras. Tiene tierras y ganado y por lo tanto se encuentra en una situación económica desahogada.[19] La película comienza con una escena dentro de una cantina en la que Conrado canta una canción en la que expresa su optimismo por la vida haciendo uso de sus dotes musicales y de una preciosa voz. La cantina es un espacio eminentemente masculino donde se beben sobre todo bebidas alcohólicas, desde la cerveza hasta los tequilas dobles. Sin embargo, Conrado aparece bebiendo un vaso de leche acompañado de pan dulce y al lado de una gran botella de leche de la que continuamente se sirve. Cuando Conrado les pide a los músicos de la cantina que toquen algo triste en honor de su difunta madrina, la orquesta se arranca[20] con un pasodoble taurino.[21] La música sirve de transición para llevarnos a otra cantina, esta vez en el norte de México, en Gatos Güeros, Nuevo León, donde vive el otro protagonista, Longino Garza y de la Garza, primo de Conrado. Longino apaga la radio, donde la melodía anuncia el comienzo de una radionovela que Longino no quiere escuchar porque "¡es un lloriqueo de viejas a moco tendido que quién las aguanta, hombre!" Cuando uno de los presentes le dice que a él de hecho le gusta ese programa, Longino se queja de todos los productos "de lata" y de que hoy hay "puro frijol de lata", "carne de lata" y, por último, refiriéndose a la radio, "pura música y lágrimas en lata." Longino prefiere las canciones "de carne y hueso", lo que prueba invitando a los músicos de la cantina a tocar una melodía al grito de "arránquense raza", tras el cual él empieza a cantar. La canción empieza con el "ajúa" característico

---

[13] hilarity
[14] sufrir una reacción física al picor del chile. Esta reacción puede incluir estornudar (sneeze), llorar y toser.
[15] gustatory
[16] gender

[17] cousins
[18] godmother
[19] comfortably off
[20] empieza a tocar
[21] bull-fighting

Figura 14: Café Tortoni, un referente emblemático de Buenos Aires

de los norteños y trata de forma cómica el problema de la borrachera y la cruda o resaca,[22] asegurando repetidamente "ya no quiero ser borracho." La canción trata con ironía de los aspectos de la vida del bebedor, asegurando que "la vida de los borrachos es una vida muy sana, empieza con el domingo, termina con la semana". La carta llega cuando Longino está comiendo y, no teniendo dinero, debe pedir fiado[23] al cantinero para que le prepare una canasta[24] con comida y con "más chorizo que huevo" para el camino a Zacatecas, que es el lugar donde los ha citado el notario para informarles del contenido del testamento de su "finada[25] madrina". Cuando llega el día de la cita, los dos primos se presentan cada uno por su cuenta en la cantina "El sapo", como había requerido el notario. Longino ya está en la cantina cuando entra Conrado, quien se aproxima al mostrador[26] y le pide al cantinero "un vasito de leche bien fría". El cantinero no puede contener la risa y le dice con sorna:[27] "no tenemos de eso, señor, aquí no más lo que da la tierra." Seguidamente, le sirve un trago de tequila "de ochenta grados", que Conrado escupe[28] tras probarlo y que incendia[29] el cubo donde lo arroja. Con sus hábitos de bebida y con su ropa charra, Conrado llama

---

[22] hangover
[23] borrow
[24] cesta
[25] deceased

[26] counter
[27] sarcasmo, ironía
[28] *escupir*: to spit
[29] *incendiar*: to set on fire

la atención de los clientes de la cantina, algunos de los cuales empiezan a reírse de él y a molestarlo. En la pelea que resulta, los dos primos acaban ayudándose y, cuando llega la calma, conociéndose. Celebran su victoria pidiéndole al cantinero "la botella más empolvada[30] que tengas" y que sea "de lo más fino." Tras esto, se van a conocer a sus tres "dulces" primitas, Cándida, Modesta y Plácida.

Como se ha visto en *Bendito entre las mujeres*, en el cine mexicano el tequila muchas veces se asocia con la masculinidad y lo auténtico mexicano, mientras que otras bebidas, sobre todo el coñac,[31] se relacionan con lo sofisticado y cosmopolita, característica a la que se dan connotaciones positivas o negativas según el contexto. En la película *México de mis recuerdos*, enmarcada en la época del porfiriato (llamada así por el Presidente de México Porfirio Díaz), se presenta una nostálgica visión del México de principios del siglo XX desde el punto de vista de la clase alta favorecida por Don Porfirio. Hacia el principio de la película, dos de sus simpáticos personajes hablan sobre las bondades del coñac, que don Chucho Flores, músico de clase alta pero arruinado, ofrece a Don Susanito, secretario personal, según él mismo se caracteriza, del Presidente Porfirio Díaz. Es por la mañana y Don Chucho, bebedor empedernido[32] y de gustos refinados, ofrece a Don Susanito, hombre de costumbres y gustos más sencillos y a quien acaba de conocer, una copa de coñac, que Don Susanito rechaza por ser hora demasiado temprana. Don Chucho dice ofenderse y pone como condición de amistad el que Don Susanito acepte la bebida. Como dice Don Chucho, "el que tiene buen gusto no le pone horas al coñac." En la película Don Susanito se presenta como un personaje cómico que no aguanta el alcohol.

Hablemos sobre las lecturas
1. ¿Cuál es la relación entre comida e identidad nacional y personal? ¿Puedes dar algunos ejemplos que conozcas y te parezcan relevantes?
2. ¿Cómo se relacionan las bebidas y el género? ¿Qué características debe tener una bebida para que adquiera una asociación con el género?
3. Comenta ejemplos de películas en los que la comida o la bebida se usan para establecer la identidad personal o colectiva. ¿Por qué te parece que pueden establecerse esas asociaciones?
4. ¿Qué comida y qué bebida están más unidas a tu identidad personal? ¿y a tu identidad nacional? ¿Por qué?

La comida como referente urbano
Los establecimientos de comida y bebida funcionan como puntos de referencia en el

---

[30] dusty
[31] Spanish brandy
[32] inveterate

espacio urbano, sobre todo en lugares donde no existen nombres de calles. Este valor referencial muestra la importancia de los espacios comunes para la comida y bebida para la organización social y del espacio urbano. En la película *Los chiflados del rock and roll,* cinco artistas en apuros[33] económicos viajan de la ciudad al rancho del tío de uno de ellos para pedirle que los ayude. El tío, Apolonio Aguilar, vive en un pueblo llamado San Miguel el Alto. Al acercarse al pueblo no ven letreros ni señales y no saben cómo encontrar el rancho, por lo que preguntan a un campesino que se encuentran en el camino. El campesino les explica cómo llegar al rancho diciendo que deben seguir derecho hasta la pulquería;[34] desde allí deben torcer hacia la izquierda hasta donde está "la carnicería[35] del 'boca alegre,'" donde, sigue explicando, verán un perro sin dientes; desde allí deben continuar derecho hasta llegar a la tortería y la taquería de doña Leandra, donde les indica que deben entrar y pedir unos tacos. Tras estas explicaciones, el campesino se excusa y les dice que en realidad deben preguntar en otro lado porque él no es de allí. Este encuentro entre el campesino y los cinco personajes urbanitas que vienen de la capital intenta establecer un fuerte contraste entre la vida del campo y la de la ciudad. Este es un contraste que marcará toda la película, sobre todo cuando, tras una breve estancia en el campo, los cinco artistas vuelven a la capital para continuar trabajando en un cabaret, que se presenta como sofisticado lugar de comida, bebida y diversión.

Además de su valor como demarcadores del espacio urbano, los lugares donde se sirven comidas y bebidas son importantes puntos de referencia y lugares de encuentro en los caminos. En la película *Yo no me caso compadre*, dos de los personajes principales, el protagonista y el padre de su prometida, se encuentran sin identificarse en una taberna que marca el punto intermedio entre dos pueblos rivales, San Odorico de Arriba y San Odorico de Abajo, de donde son, respectivamente, los dos personajes. La taberna proporciona el espacio de sociabilidad masculina donde estos dos personajes, sin reconocerse, intercambian quejas sobre su penosa situación personal, comprendiéndose y expresando su mutuo apoyo. Lo cómico de esta situación es que los dos personajes, aun sin conocerse, están enfrentados. En la película *Acá las tortas* se narra la historia de un matrimonio que trabaja muy duramente en una tortería[36] para ayudar a que sus hijos triunfen en la vida. Gracias al esfuerzo del padre y la madre dos de los hijos pueden marchar a estudiar a Estados Unidos. Sin embargo, cuando vuelven tras haber terminado sus estudios, expresan un rechazo por todo lo mexicano y en concreto por las tortas. Al final de la película los hijos acaban por mostrar su agradecimiento y aprecio a su familia. La tortería es aquí un símbolo de lo mexicano y del papel central de la familia en la formación de la identidad del individuo. En otra película, *La tienda de la esquina,*

---

[33] hardship, difficult situation
[34] lugar donde se vende pulque
[35] butcher's shop

[36] establecimiento donde se venden tortas (Mexican sandwiches)

se refleja el lugar central en el entramado socioeconómico que tiene la tienda de abarrotes del vecindario de una ciudad, donde se exponen las necesidades de subsistencia de la gente que no tiene suficiente dinero para comprar comida y los diversos conflictos entre las gentes del barrio. La tienda es también el lugar de un asesinato que desencadena una investigación policial.

Los problemas de la subsistencia son el tema de muchas películas, como *Tarahumara, cada vez más lejos*, donde se plasman[37] los problemas de supervivencia[38] y de propiedad[39] de la tierra de los tarahumara, que en la película aparecen dominados por políticos y caciques. La lucha por la subsistencia se libra tanto en el campo como en la ciudad, como puede verse en *El hambre nuestra de cada día*. En esta película se desarrolla la triste historia de Macario, un acaparador[40] de alimentos (frijoles y maíz), que los adultera y los vende a precios exorbitantes, enriqueciéndose a costa de[41] los más necesitados.[42]

Ceviche y ADN[43]

La importancia de la comida y su relación con temas identitarios no viene explorada en el medio cinematográfico solo por medio de películas, sino también a través de documentales. En el documental del director Orlando Arriagada *El ADN del ceviche* se enfatiza el valor de la gastronomía en la formación de la identidad personal, familiar y nacional. En particular, se presenta el ceviche como plato emblemático de la cocina y la identidad peruana. En el documental se observa que la exploración de los restos[44] arqueológicos y de documentos lleva a la consideración de que la cocina peruana es el resultado de siglos de mestizaje.[45] La riqueza biológica da gran variedad de cultivos y el largo litoral, sumado a la corriente de Humboldt que atempera[46] las aguas, proporciona, como es también el caso de Chile, una gran variedad de pescados y mariscos a la gastronomía peruana. Los ingredientes básicos del ceviche en la zona costera de Perú son el pescado, la cebolla, la sal, el ají y un tipo de limón (lima) peruano. Cuando el pescado es muy fresco es preferible usar pocos ingredientes para dejar que destaque su exquisito y delicado sabor. Por ese motivo, en el documental se llama al ceviche "la perfección de la simpleza." En el interior de Perú se le puede añadir también culantro y en Ecuador se sirve con palomitas de maíz o canguil[47]. En países como México, se puede añadir jalapeños, serranos u otro tipo de chile, tomate, cilantro, jícama y aceite.

En el ceviche, el zumo de lima, en el que se sumerje el pescado fresco cortado en

---

[37] *plasmar*: to express
[38] survival
[39] ownership
[40] hoarder
[41] at the expense of
[42] needy

[43] DNA
[44] remains
[45] miscegenation
[46] *atemperar*: to temper
[47] popcorn

dados junto con sal y cebolla troceada, es el que "cocina" el pescado. El ácido zumo de la lima cambia la proteína del pescado de modo similar al que resulta del efecto del calor al cocinar, por lo que el pescado cambia de textura, volviéndose opaco y de textura firme. Cuanto más tiempo pase el pescado en el zumo de lima, más se "cocinará." Tras una hora el pescado todavía está parcialmente crudo, pero a las tres o cuatro horas, dependiendo del tipo pescado y de su cantidad, estará "bien hecho." Una vez sacado el pescado del zumo de lima, se añade el resto de los ingredientes. Algunas personas prefieren añadir ají, ajo picado y culantro o cilantro picado con el zumo de lima al macerar[48] el pescado. El jugo que resulta de la maceración inicial del pescado en el zumo de lima, sal, cebolla y otros ingredientes se conoce tradicionalmente como "leche de tigre." Esta leche se ha ido transformando en un plato más elaborado cuando se sirve en restaurantes, ya que se le añaden otros ingredientes. En el Perú y en otros países el ceviche es plato que se vende en puestos callejeros. Tradicionalmente eran mujeres las que mayoritariamente regentaban[49] estos puestos y quienes obsequiaban[50] a sus clientes con la leche de tigre, que se considera tiene, entre otras propiedades, la de quitar la resaca. El gran cocinero peruano Gastón Acurio sirve la leche de tigre en sus restaurantes, asegurando que es "el perfecto levantamuertos."

Tex-Mex—¿US-Mex?: cocina y frontera

Las zonas fronterizas producen nuevas cocinas que siguen las fluctuaciones de las demarcaciones nacionales y que reflejan la formación de identidades propias. Las fronteras entre México y los Estados Unidos han cambiado a lo largo del tiempo con la incorporación a Estados Unidos de territorios como Texas que originalmente habían pertenecido al Imperio español y después al México independiente. La comida texana comenzó a popularizarse gracias a las reinas del chili (o del chile) que lo servían en las plazas de San Antonio a finales del siglo XIX. El chili con carne, a menudo con acompañamiento de arroz y frijoles, se convertiría en uno de los platos más emblemáticos de la cocina tex-mex. Más tarde siguieron otros productos que eran peculiares de Texas, tal como el chile en polvo, una mezcla de chiles anchos secos, comino, orégano y pimienta negra, todo pulverizado. Esta mezcla se vendía a las personas que querían añadir un toque mexicano a su comida, aunque no supieran cocinar platos mexicanos. En San Antonio comenzó también el plato combinado, en el que se servía un entrante[51] junto con arroz y frijoles. Muchos restaurantes mexicanos de Texas copiaron este modelo, añadiendo crema agria[52] y queso fundido. Este plato hubiera sido irreconocible en México, donde el queso y la crema se usan en moderación y como aderezo ocasional. Hay varias historias que explican la creación de otro plato tex-mex, los nachos, que parecen deber su nombre a Ignacio

---

[48] *macerar*: to macerate, to marinade
[49] *regentar*: to manage, to run
[50] *obsequiar*: to present

[51] entree
[52] sour cream

(Nacho) Anaya, encargado de un hotel al que llegaron varias señoras estadounidenses a comer. Como la comida no estaba preparada, Nacho improvisó un plato con tiras de tortillas fritas cubiertas de queso fundido y tiras de jalapeño que pensaba les entretendría hasta la hora de comer. A las mujeres les encantó y el plato empezó a servirse en otros lugares a partir de ese momento. Poco a poco y por medio de este tipo de transformaciones, muchas de ellas en manos de dueños de restaurantes, fueron popularizándose los platos que hoy se consideran emblemáticos de la cocina tex-mex, como son las enchiladas y las fajitas, además del chili con carne y los nachos. Aunque estos platos no se consideran parte de la cocina tradicional mexicana, cada vez es más fácil encontrarlos en diferentes partes de México. Al mismo tiempo, el más profundo conocimiento de la cocina mexicana que hoy existe en Estados Unidos, gracias en parte a personalidades tan importantes como Rick Bayless y Diana Kennedy y al mayor interés actual por las cocinas regionales del país vecino, hace más fácil encontrar restaurantes que sirvan comida mexicana regional en diferentes zonas de los Estados Unidos. Los contactos entre ambos países, sobre todo los que son directos en zonas fronterizas, han facilitado asimismo la adopción de creaciones como la de los burritos, que se cree fueron inventados en el estado mexicano de Sonora, donde se comen las tortillas de trigo con las que se hacen los burritos.

¿Sabías que...?
Rick Bayless creció en Oklahoma comiendo comida tex-mex. Hoy es un reconocido chef que ha ayudado a situar la cocina mexicana entre las más prestigiosas cocinas internacionales. Según Rick Bayless, la cocina mexicana tiene el mismo nivel de sofisticación, complejidad y riqueza de sabores que la francesa.

Hablemos sobre las lecturas

1. ¿Cómo expresa el cine la importancia de la comida en las relaciones de identidad personal y nacional y local?
2. ¿De qué modo sirven la comida y los establecimientos en los que se vende como puntos de referencia en la vida del campo y la ciudad?
3. ¿Puedes pensar en ejemplos de mercados y restaurantes que funcionen como lugares de referencia en el lugar donde vives?
4. ¿Cómo sirven los restaurantes de comida internacional para formar la identidad de un grupo nacional o étnico? ¿Pueden esos restaurantes funcionar también como vehículos de contacto de culturas?
5. ¿Por qué se dice que el ceviche contiene el ADN del Perú? ¿Se puede usar vocabulario de la genética para hablar de cocina?

6. ¿Cómo se hace el ceviche? ¿Cuáles son sus ingredientes principales?
7. ¿Cómo te parece que recibió su peculiar nombre la "leche de tigre"? ¿Cuáles son sus usos?
8. ¿Qué es la cocina tex-mex? ¿Cómo refleja las relaciones entre países vecinos?

La nación en el plato

En algunos países, el plato que combina alimentos básicos servidos para la comida o almuerzo se conoce por un término que denomina la bandera[53] del país. La idea es que el plato, como la bandera, son representativos del país, quizá compartiendo de alguna forma los colores de la bandera u otra característica. En la República Dominicana, cuya bandera es roja, blanca y azul, se come la bandera dominicana, un plato combinado que contiene arroz, habichuelas[54] (rojas) y algún tipo de carne, con el acompañamiento de una ensalada y posiblemente tostones (finas rodajas fritas de plátano). En Ecuador, cuya bandera es amarilla, azul y roja, la bandera es el término con el que se denomina al típico plato combinado. Este plato contiene varios guisos típicos, como, por ejemplo, arroz amarillo, ceviche, encebollado (caldo de pescado con yuca y cebolla roja en vinagre) o guatita (mondongo[55] de vaca estofado con pimientos, cebolla, tomate y una salsa de maní, entre otros ingredientes). En Venezuela, la bandera tiene los colores amarillo, rojo y azul. El pabellón[56] criollo venezolano se compone de arroz, caraotas (frijoles) negras, carne mechada de res[57] y tajadas de plátano maduro frito. Hay otros platos que, aunque no reciben el nombre de la bandera, se consideran platos nacionales porque contienen los colores de la misma.

En México, los chiles en nogada (chile poblano relleno, cubierto por salsa blanca de nuez y adornado con semillas de granada) se sirve en las fiestas patrias que celebran la Independencia mexicana y se considera el plato que expresa la mexicanidad por llevar los colores de la bandera mexicana: blanco, verde y rojo. Por otro lado, hay platos que típicamente se consumen durante determinadas fiestas religiosas y que conllevan un simbolismo relacionado con alguna de las características del plato o de sus ingredientes. En la fanesca que se come en Ecuador en Semana Santa, los doce tipos de grano que típicamente componen el plato representan a los doce apóstoles, así como las doce tribus de Israel, mientras que el bacalao[58] que también es parte integrante del plato representa a Jesucristo. Como en la fanesca, que puede estar en su origen relacionada con la celebración del Equinoccio en el mes de marzo, la Fiesta

[53] flag
[54] beans
[55] tripe
[56] bandera
[57] pulled or shredded beef
[58] dried cod

del Fuego del calendario prehispánico, otros platos típicos de señaladas[59] fiestas religiosas en realidad encierran[60] un simbolismo precristiano. La mona o rosca de Pascua, que se come típicamente durante la Semana Santa[61] y sobre todo el Domingo de Pascua o Resurrección,[62] es un bollo que puede tener forma redonda o de animales como la serpiente, el caracol o el pez y que lleva uno o más huevos, a veces decorados con colores. La mona de Pascua marca el fin de la abstinencia que la Iglesia ordena durante la Cuaresma.[63] Al mismo tiempo, el huevo es símbolo de primavera, renovación y vida desde épocas precristianas. No es coincidencia que haya platos en los que se combinan la expresión de la esencia nacional con un significado religioso. El mole se considera una de las más brillantes expresiones de la mexicanidad y del mestizaje que da a México características propias.

El mole se compone de muchos ingredientes, a veces más de veinte, que varían dependiendo del tipo de mole que vaya a prepararse: amarillo, negro, verde, coloradito, poblano, ranchero y muchos más. El mole poblano puede contener los siguientes ingredientes: varios tipos de chiles, tales como anchos, pasillas, chipotles y mulatos, ajo, cebolla, tortillas del día anterior, pan frito, uvas pasas, almendras, nueces, pepitas,[64] ajonjolí,[65] plátano macho,[66] cacahuete, anís, clavo, pimienta negra, pimienta gorda,[67] canela, chocolate, tomate, azúcar y sal. La palabra mole viene del náhuatl *molli*, que significa 'salsa' y 'mezcla.' La importancia del mole es tal que se dice que su origen es divino. Hay varias versiones de la historia que explica este origen. El virrey (o el arzobispo en otras versiones) anunció inesperadamente su visita a un convento de monjas (o de monjes) y éstas, confundidas y agitadas, juntaron todo lo que encontraron en su cocina para hacer una salsa que sirvieron con guajolote. Una de las versiones más conocidas identifica a una monja en particular, Sor Andrea de la Asunción, del Convento de Santa Rosa en Puebla en el siglo XVII. En Puebla se originó el famoso mole poblano y, junto a la ingeniosidad de las monjas, hay versiones que explican la elección de ingredientes por la intervención divina mediante un ángel o también de una paloma (símbolo del Espíritu Santo[68] en la iconografía cristiana), que entra por la ventana y roza[69] con sus alas los ingredientes que pasaron a formar parte de la deliciosa salsa.

También de inspiración nacionalista es el origen de la popular bebida Cuba libre (o cubalibre), que recibe su nombre del grito independentista de los cubanos a lo largo del siglo XIX en su lucha por ganar la independencia de España. Se dice que la bebida, que mezcla el ron cubano con el refresco de cola estadounidense, se inventó a

---

[59] *señalar*: to note, to mark
[60] *encerrar*: to enclose, to contain
[61] Holy Week
[62] Easter Sunday
[63] Lent
[64] pumpkin seeds

[65] sesame seeds
[66] plantain
[67] allspice
[68] Holy Spirit
[69] *rozar*: to brush against, to rub

principios del siglo XX como símbolo de la entonces prometedora alianza entre Cuba y Estados Unidos. La canción "Ron con Coca-Cola" apareció después, compuesta al ritmo del calipso de Trinidad. Sin embargo, después de la Revolución, en Cuba no se vende ni se bebe Coca-Cola, sino una bebida similar que se llama TuKola, que se produce y comercializa en Cuba.

Comida y familia

En Costa Rica pueden comerse ricos <u>casados</u>[70] en los establecimientos de comida conocidos como <u>sodas</u>. Los casados son platos compuestos de varios ingredientes y guisos y pueden incluir el popular <u>gallo pinto</u> (arroz con frijoles cocidos, todo sofrito con ajo, cebolla, chile dulce o picante, y cilantro), <u>picadillo</u> (verduras y carnes guisadas y picadas muy menudas), ensalada y carne de vacuno, cerdo, pollo o pescado. El casado a menudo se acompaña de uno de los deliciosos jugos de fruta que son también muy populares en Costa Rica. En El Salvador y Honduras se disfruta el plato conocido como <u>casamiento</u>,[71] que combina arroz con frijoles negros hervidos y después cocinados con cebolla, chile verde y ajo sofritos, y que puede servirse con otros acompañamientos, tal y como plátanos maduros fritos.

Sofrito: la base del matrimonio

El sofrito forma la base de muchos guisos en muchos países hispánicos. Combina cebolla, ajo y chile, con la posible adición de otros ingredientes como el cilantro, el culantro, o el tomate, fritos todos en aceite a temperatura media o "sofritos." Esta base recibe el nombre de 'sofrito' en países como Puerto Rico y de <u>recado</u> en otros, como por ejemplo en Honduras. En Colombia se conoce como <u>hogao</u>. En países como Puerto Rico el aceite con el que se hace el sofrito puede tener la adición de achiote, que da al aceite un color y un sabor especiales.

Hablemos sobre las lecturas
1. ¿Cuáles son los platos identificados con la bandera nacional? ¿Hay algún plato típico en tu cultura que esté asociado con la bandera?
2. ¿Qué comidas están relacionadas con la identidad nacional?
3. ¿Cuáles son los platos típicos que se comen en fiestas asociadas con la nación en tu cultura?
4. ¿Qué diferencias regionales existen en la comida de tu país? ¿Se puede decir que funcionan como marcadores de identidades étnicas o nacionales?

---

[70] married   [71] marriage

Ritos y celebraciones

En países como Argentina, Bolivia, México y España, entre otros, el 6 de enero, día de la Epifanía o de los Reyes Magos, los niños sacan sus zapatos para que los Reyes les dejen los regalos cuando lleguen por la noche. Además de dejarles juguetes, los Reyes llenan los zapatos de dulces, que en Bolivia incluyen tawa-tawas, una masa frita y espolvoreada con azúcar. En España los Reyes pueden dejar carbón dulce (dulce de azúcar imitando el aspecto del carbón) cuando los niños no han sido del todo buenos durante el año, ya que recibir carbón en esa fecha se considera un castigo al mal comportamiento. En la temporada navideña se come turrón en muchos países hispánicos. El turrón es un dulce elaborado con una mezcla de almendras, enteras o trituradas, y miel o azúcar. En algunos países el cacahuete o maní sustituye a la almendra en la elaboración de los turrones. Hay también otras recetas de turrón que incorporan huevo, chocolate, azúcar quemada, coco o frutas confitadas.[72] En España los niños dejan polvorones,[73] turrón y vino dulce para los Reyes y agua, zanahorias y paja para los camellos. En Chile trae los regalos el Viejito Pascuero, que reparte dulces y el tradicional pan de Pascua, además de regalos, viajando en un trineo[74] tirado por renos[75] y entrando en las casas por las ventanas. En Noche Vieja, como se conoce la noche del 31 de diciembre, último día del año, se comen doce uvas al dar el reloj las doce campanadas[76] de medianoche. En Colombia, Cuba, Ecuador, El Salvador, España, México, Perú, Venezuela y otros países se come una uva por cada campanada con la esperanza de que el Año Nuevo sea próspero y traiga suerte. En Cuba, durante la Navidad de 1960, un año después del triunfo de la revolución en Cuba, apareció un gran mural en un edificio de La Habana pintando a los tres Reyes Magos con las figuras de Fidel Castro, Ché Guevara y Juan Almeida, entonces jefe del estado mayor de Cuba y uno de los pocos oficiales afrocubanos de los altos mandos[77] del gobierno. En lugar de dulces y regalos, estos tres originales reyes traían al pueblo cubano la reforma agraria, la reforma urbana y la alfabetización.[78] Más tarde circularon por La Habana camiones del ejército repartiendo entre los niños regalos y alimentos propios de las fechas navideñas. Fidel Castro intentó sustituir a Santa Claus por un guajiro[79] llamado Feliciano, pero este cambio no contó con mucha aceptación.

Las tradiciones ancestrales precolombinas se combinan con las cristianas en fiestas importantes como el Día de los Muertos, en que se honra a los familiares difuntos con visitas al cementerio, altares o mesas y comida en países como Bolivia y México. En Bolivia, las mesas del Día de los Muertos se llenan con figuritas conocidas como t'antawawas, así como con caña de azúcar, chicha, dulces y pasteles decorados. En Guatemala se prepara el complicadísimo y laborioso plato conocido como fiambre,

---

[72] candied
[73] Christmas crumbly cakes
[74] sleigh
[75] reindeer

[76] stroke
[77] command
[78] literacy
[79] Cuban peasant

compuesto de gran variedad de verduras, quesos, carnes y embutidos servidos en un adobo o "caldillo." El fiambre se come el Día de Todos los Santos (1 de noviembre), muchas veces en el cementerio, para conmemorar a los familiares difuntos. La Semana Santa es muy dulce en Nicaragua, ya que se comen los famosos <u>almíbares</u> (frutas cocinadas con azúcar y especias), en especial el llamado <u>curbasá</u>, que consiste en la combinación de almíbares de diferentes frutas para formar un suntuoso y variado plato. El almíbar se prepara cociendo cada fruta individualmente con azúcar o panela[80] y aromatizándola con canela y clavo. El Día de los Muertos en México se preparan las comidas y bebidas favoritas de los familiares muertos y en las casas se ponen elaborados altares con comida, flores (cempasúchil), velas blancas y fotografías de la persona muerta y del santo o santa de su devoción. A todo esto se añaden platitos de sal y vasos de agua e incienso.[81] Las calaveras[82] de azúcar que también se colocan en los altares llevan escrito el nombre de la persona difunta en la frente.[83] Ese día se come pan de muerto, un pan dulce al que se da la forma de esqueleto o también de fantasma.[84] En México el 1 de noviembre las familias recuerdan a los niños que han muerto ese año, poniéndose en los altares juguetes y dulces. El 2 de noviembre es la celebración más importante, cuando se celebra a los adultos difuntos. Se cree que los muertos, aunque no comen la comida dispuesta en los altares, sí absorben la esencia de los alimentos. Los vivos consumen las comidas de los altares una vez que los muertos han terminado con ellas. Este día se visitan los cementerios acompañándose con impresionantes procesiones de velas.[85] Al cementerio se lleva también comida para poder consumirla en compañía de los muertos, que siempre se consideran parte integrante de la familia. En Paraguay durante la Semana Santa se elabora el típico <u>chipá</u>, un denso pan redondo de origen guaraní hecho de harina de yuca y maíz, además de queso y otros ingredientes. Este pan se comparte con la familia durante la Semana Santa tanto en Paraguay como en el noreste de Argentina, constituyendo el alimento fundamental del Viernes Santo.[86]

Canción para el día de los muertos: "Calaverita de dulce" (Para cantar con la música de "Calaverita de azúcar")

Ay, ay, qué bien me sabe,
calaverita de dulce
ay, ay, mira qué suave,
calaverita de dulce.

Vienen juntitos los muertitos,

---

[80] raw cane sugar
[81] incense
[82] skulls
[83] forehead

[84] ghost
[85] candles
[86] Good Friday

sin pisar el suelo una vez;
todos beben vasos de agua
para calmar su enorme sed.
Ay, ay, qué bien me sabe...

Comen tortillas y tamales,
frijolitos, mole y gorditas;
su atolito y su pipián[87]
y al final sus enchiladitas.
Ay, ay, qué bien me sabe...

Quieren echarse[88] un pulquito
y enseguida van a bailar;
disfrutaron del pan de muerto
y ahora empiezan a vacilar.[89]
Ay, ay, qué bien me sabe...

Después de comer, los muertos regresan al panteón...

El rey de la faba

El 6 de enero, fiesta de los Reyes Magos, es tradición muy antigua la de comer un pastel, hoy llamado roscón o rosca de reyes, en el que se esconde un haba. En tiempos más recientes el haba ha sido sustituida por una figurita de plástico o cerámica, que algunas veces toma la forma del Niño Jesús en atención a la temporada navideña. El origen de esta costumbre parece ser tan antiguo como los romanos, aunque estos quizá la adoptaron a su vez de otros pueblos. El pastel se parte en pedazos que se reparten[90] entre las personas presentes. Aquella persona que reciba el pedazo en el que se encuentra el haba o la figurita es la reina de la fiesta (rey o reina de la faba o haba). Este reinado da poderes especiales al rey de la faba durante uno o más días. Según era tradición, en la corte[91] el rey daba grandes regalos y una pensión vitalicia[92] al rey de la faba. Esta costumbre sigue manteniéndose en Navarra (España), donde el rey de la faba se elegía tradicionalmente entre los niños más pobres. En su obra *Un año en Madrid*, Mesonero Romanos describe esta costumbre tal y como se celebra en Madrid:

> *"Otra costumbre antigua, también muy autorizada en el extranjero, especialmente entre nuestros vecinos los franceses, es la ceremonia,*

---

[87] sauce made with chilies and nuts or seeds
[88] consumir, tomar
[89] *vacilar*: to have fun, to joke around

[90] *repartir*: to divide, to distribute
[91] court
[92] lifelong

> *igualmente halagüeña[93] y filosófica, que celebran en los banquetes privados el día de la Epifanía con el nombre de La torta de los Reyes. – Reúnense, pues, en tal día las familias y sus amigos en alegre festín,[94] a cuyo final es de rigor el que haya de servirse un gran pastel o empanada, dentro del cual se encierra un grano de haba; dividido el tal pastel en tantas partes iguales como son los convidados,[95] y después de cubrirle con una servilleta y darle muchas vueltas para evitar preferencias o trampas,[96] se reparte a cada cual uno de los trozos al son[97] de una canción alusiva a la fiesta, que todos entonan;[98] y aquel en cuyo trozo se encuentra el haba, es declarado con grandes ceremonias rey de la fiesta, tiene que elegir entre los concurrentes[99] sus consejeros y ministros, ordenar los compadrazgos,[100] las reconciliaciones, los agasajos[101] mutuos, y al domingo siguiente convidar[102] a toda la sociedad a otro banquete para dar fin y abdicar[103] en sus manos aquel reinado feliz."*

En Navarra se introduce un haba y también una figurita. A la hora de partir el roscón se canta:

> *"He aquí el Roscón de Reyes
> tradición de un gran banquete,
> en el cual hay dos sorpresas
> para los que tengan suerte."*

Hablemos sobre las lecturas
1. ¿Cuáles son algunas de las celebraciones importantes en torno a la temporada navideña? ¿Qué alimentos están relacionados con estas fiestas?
2. ¿Por qué te parece que es importante la comida en las celebraciones que honran a los familiares difuntos? ¿Por qué piensas que se incluye a los muertos en los banquetes?
3. ¿Quiénes son los Reyes Magos? ¿Por qué te parece que es tan importante dejarles alimentos la noche del 5 de enero?
4. ¿Qué tradiciones existen en torno al 6 de enero? ¿Por qué te parece que es importante nombrar a un rey o reina en esa fecha? ¿Por qué piensas

---

[93] favorable, promising
[94] feast
[95] guests
[96] tricks, cheating
[97] sound
[98] *entonar*: to sing
[99] those present
[100] alliances
[101] reception, fete
[102] *convidar*: to invite
[103] *abdicar*: to abdicate

que la suerte (el haba) está dentro de un bollo en lugar de otro alimento o de otro objeto?

5. ¿Por qué te parece que hay un trasvase del vocabulario referente a la familia y al matrimonio en el mundo culinario?

6. ¿Qué platos se comen en determinadas fiestas religiosas en tu cultura? ¿Por qué?

Receta
Roscón de reyes

Ingredientes
- 2 libras de harina común
- ½ vaso de mantequilla blanda o derretida
- ½ vaso de yogur de vainilla o de crema
- 1 vaso de azúcar
- 40 grs. de levadura prensada (fresca) o 2 sobres de levadura activa granulada (1 cucharada)
- 4 huevos
- 1 cucharadita de sal
- 2 cucharadas de agua de azahar o de rosas (puede sustituirse por 1 cucharada de semillas de anís)
- 1 cucharada de ron o aguardiente (opcional)
- ralladura de una naranja (opcional)
- frutas confitadas

1. Precalentar el horno a 350° Fahrenheit.
2. Combinar un vaso de la harina, la levadura y medio vaso de agua o lo suficiente para formar una masa blanda.
3. Dejar reposar la masa resultante durante una hora o una hora y media en lugar templado.
4. Combinar el resto de los ingredientes, excepto las frutas confitadas, en un cuenco grande, amasando [104] hasta que se obtenga una consistencia correosa[105] y fina.
5. Mezclar las dos masas una vez que la primera haya fermentado y trabajar en una superficie lisa hasta que la masa se despegue[106] fácilmente de las manos,

---

[104] *amasar*: to knead   [106] *despegar*: to detach
[105] flexible, elastic

añadiendo más harina o más agua según sea necesario.
6. Cubrir y dejar descansar la masa en un lugar templado hasta que haya doblado en volumen.
7. Hacer una bola con la masa y darle la forma de un anillo.
8. Pintar con huevo batido, espolvorear con azúcar gruesa mezclada con un poco de aceite para evitar que se derrita y adornar con la fruta confitada.
9. Introducir el haba o la sorpresa que se prefiera (hecha de un material resistente al calor).
10. Poner sobre papel encerado[107] sobre el que se haya extendido una ligera capa de mantequilla. Cubrir y dejar descansar hasta que haya doblado en volumen.
11. Introducir en el horno hasta que esté dorado y una aguja que se pinche en el roscón salga limpia.

El pan de muerto puede hacerse con esta misma receta siguiendo los pasos 1-6 y dándole forma redonda, haciendo "huesos" con trozos de masa y adornando el pan con ellos antes de meterlo en el horno.

Actividades
1. Mira alguna de las películas que tratan de temas de comida y analízalas desde el punto de vista de las cuestiones identitarias y nacionales tratadas en este capítulo.
2. Busca canciones que tengan temas culinarios y analiza su contenido.
3. Cocina la receta del roscón de reyes y compártela con la clase. Antes de repartirlo, decide cuáles serán las responsabilidades de la persona a la que le toque el haba o figurita durante la clase. ¿Habrá un premio? ¿A quién le ha tocado la faba o figurita?
4. Habla con un grupo de tu clase sobre las fiestas más señaladas de tu familia y de las tradiciones nacionales de tus antepasados y de tu cultura. ¿Cómo las celebras? ¿Cuáles son los alimentos típicamente asociados con cada una de ellas? ¿Qué función cumplen esos alimentos?
5. Mira alguno de los episodios de la serie de Rick Bayless para PBS, "Mexico, One Plate at a Time" y comparte con la clase lo que has aprendido.

---

[107] waxed

Capítulo 8: Los gauchos y el fuego

En este capítulo aprendemos sobre los gauchos, expertos vaqueros[1] y caballeros que habitan en la Pampa. Su forma de vida está identificada con el campo, la naturaleza y la vida libre y por lo mismo se les ha presentado como la expresión de la esencia argentina. Argentina cuenta también entre su población un gran número de poblaciones inmigrantes que dejaron su huella en una cocina rica y variada, de la que pueden destacarse los asados. El mate es bebida autóctona[2] que se disfruta en grupo siguiendo un ceremonial muy determinado. La relación con el campo y la naturaleza influye en gran medida en las formas de cocinado y en el empleo del fuego en la preparación de los alimentos. La parrilla, la plancha, el horno, el rescoldo, el asador y la barbacoa son formas de cocinado que combinan técnicas prehispánicas con otras posteriores.

Gauchos

Los gauchos son expertos vaqueros y jinetes[3] de la Pampa y de zonas adyacentes que tienen a su cuidado las labores del campo relacionadas con el ganado y los caballos. Las formas de vida de los gauchos, durante largo tiempo semi-nomádas,[4] han existido desde hace tres siglos. El gaucho y su forma de vida aparecen representados frecuentemente en forma encomiástica[5] como la esencia de la tierra argentina. *El gaucho Martín Fierro* (1872), famosa obra en verso del autor argentino José Hernández, está escrita en primera persona, imitando la peculiar forma de hablar de los gauchos. En el poema el gaucho explica quién es y cómo vive, libre y en comunión con la naturaleza:

"Soy gaucho, y entiendaló
Como mi lengua lo esplica:[6]
Para mi la tierra es chica
Y pudiera ser mayor;
Ni la víbora[7] me pica
Ni quema mi frente el sol.

Nací como nace el peje[8]
En el fondo[9] de la mar;

---

[1] cowboys
[2] indigenous, native
[3] horsemen
[4] semi-nomadic
[5] eulogistic, with praise

[6] explica
[7] viper
[8] pez
[9] bottom

Naides[10] me puede quitar[11]
Aquello que Dios me dió
Lo que al mundo truje[12] yo
Del mundo lo he de llevar.

Mi gloria es vivir tan libre
Como el pájaro del cielo:
No hago nido[13] en este suelo
Ande[14] hay tanto que sufrir,
Y naides me ha de seguir
Cuando yo remuento el vuelo. [15]

Yo no tengo en el amor
Quien me venga con querellas;[16]
Como esas aves tan bellas
Que saltan de rama en rama,
Yo hago en el trébol[17] mi cama,
Y me cubren las estrellas."

Hay crónicas que describen los modos de vida de los gauchos desde época muy temprana. Estas crónicas mencionan los modos de cocinar gauchos y su peculiar dieta, rica en carne de res. Una de las crónicas más famosas es la del autor Concolorcorvo (Alonso Carrió de la Vandera), *El Lazarillo de ciegos caminantes* (1775), donde habla de los 'gauderios,' antecesores[18] de los gauchos:

"Muchas veces se juntan de éstos, cuatro o cinco y a veces más, con pretexto de ir al campo a divertirse, no llevando más prevención para su mantenimiento[19] que el lazo, bolas y un cuchillo. Se convienen[20] un día para comer la picaña[21] de una vaca o un novillo:[22] le lazan,[23] derriban,[24] y, bien trincado[25] de pies y manos, le sacan casi vivo toda la rabadilla[26] con su cuero,[27] y, haciéndole unas picaduras[28] por el lado de la carne, la asan mal, y medio cruda se la comen, sin más aderezo que un poco de

---

[10] nadie	[20] *convenir*: to convene, to get together
[11] *quitar*: to take away, to remove	[21] rump cover (part of the rump)
[12] traje (verbo *traer*)	[22] calf
[13] nest	[23] *lazar*: to lasso
[14] donde	[24] *derribar*: to knock down, to topple
[15] *remontar el vuelo*: to fly up, to soar	[25] *trincar*: to hold, to tie up
[16] quarrels	[26] rump
[17] clover	[27] skin
[18] forerunner	[28] incisions
[19] maintenance	

sal, si la llevan por contingencia. Otras veces matan solo una vaca o novillo por comer el matambre,[29] que es la carne que tiene la res entre las costillas y el pellejo.[30] Otras veces matan solamente por comer una lengua, que asan en el rescoldo. Otras se les antojan[31] caracúes, que son los huesos que tienen tuétano, los descarnan[32] bien, y los ponen punta arriba en el fuego, hasta que den un hervorcillo[33] y se liquide[34] bien el tuétano que revuelven con un palito, y se alimentan de aquella admirable sustancia; pero lo más prodigioso es verlos matar una vaca, sacarle el mondongo y todo el sebo,[35] que juntan en el vientre,[36] y con una sola brasa de fuego o un trozo de estiércol seco de las vacas prenden fuego[37] a aquel sebo y, luego que empieza a arder y comunicarse a la carne gorda y huesos, forma una extraordinaria iluminación, y así vuelven a unir el vientre de la vaca, dejando que respire el fuego por la boca y orificio, dejándola toda una noche o una considerable parte del día, para que se ase bien, y a la mañana o tarde se rodean los gauderios y con sus cuchillos va sacando cada uno el trozo que le conviene, sin pan ni otro aderezo alguno, y luego que satisfacen su apetito abandonan el resto, a excepción de uno u otro que lleva un trozo a su campestre[38] cortejo.[39]"

Al mismo tiempo que aparecen encomios[40] del gaucho, sus expertos conocimientos y su vida libre, se hacen oír otras voces que buscan contrastar lo negativo de la vida en el campo, que se presenta como algo incivilizado, salvaje y bárbaro, con la vida refinada, moderna y civilizada de las ciudades. Por medio de este contraste, autores como Domingo Faustino Sarmiento intentan explicar lo que ven como elementos retrógrados[41] que impiden el avance del país. En *Facundo. Civilización y barbarie* (1845-1874), Sarmiento presenta a los gauchos como parte integral de la vida del campo, que es a su vez[42] un obstáculo para el desarrollo de la inteligencia y de las ambiciones de superación socioeconómica:

"La vida del campo, pues, ha desenvuelto en el gaucho las facultades físicas, sin ninguna de las de la inteligencia. Su carácter moral se resiente[43] de su hábito de triunfar de los obstáculos y del poder de la naturaleza: es fuerte, altivo,[44] enérgico. Sin ninguna instrucción, sin

---

[29] flank steak
[30] skin
[31] *antojarse*: to feel like
[32] *descarnar*: to remove the flesh
[33] *hervor*: boil, boiling
[34] se haga líquido
[35] tallow
[36] belly, abdomen
[37] *prender fuego*: to set fire

[38] rural
[39] love interest (person the gauderio is courting)
[40] praise
[41] backward
[42] in its turn
[43] *resentirse de*: to suffer from
[44] arrogant

necesitarla tampoco, sin medios[45] de subsistencia como sin necesidades, es feliz en medio de su pobreza y de sus privaciones, que no son tales para el que nunca conoció mayores goces,[46] ni extendió más alto sus deseos. [...] El gaucho no trabaja; el alimento y el vestido lo encuentra preparado en su casa; uno y otro se lo proporcionan sus ganados, si es propietario; la casa del patrón o pariente, si nada posee. Las atenciones que el ganado exige[47] se reducen a correrías[48] y partidas[49] de placer; la hierra,[50] que es como la vendimia[51] de los agricultores, es una fiesta cuya llegada se recibe con transportes de júbilo:[52] allí es el punto de reunión de todos los hombres de veinte leguas[53] a la redonda,[54] allí la ostentación de la increíble destreza[55] en el lazo. El gaucho llega a la hierra al paso lento y mesurado de su mejor parejero,[56] que detiene a distancia apartada; y para gozar mejor del espectáculo, cruza la pierna sobre el pescuezo[57] del caballo. Si el entusiasmo lo anima, desciende lentamente del caballo, desarrolla[58] su lazo y lo arroja sobre un toro que pasa con la velocidad del rayo[59] a cuarenta pasos de distancia: lo ha cogido de una uña, que era lo que se proponía, y vuelve tranquilo a enrollar su cuerda."

Desde este punto de vista tan negativo, el gaucho aparece representado como una persona muy diestra[60] físicamente, pero estancada[61] en una vida rural que no contribuye a la mejora social ni económica del país. El argumento principal de Sarmiento es que el campo y el gaucho son la barbarie, mientras que la ciudad y el mundo urbano son la civilización.

Otros gauchos

Existen figuras similares a los gauchos en otras partes de las Américas, incluyendo el llanero de la región de los Llanos en la cuenca del río Orinoco en Colombia y Venezuela. También debe mencionarse el huaso o guaso de Chile, el charro mexicano, el cowboy estadounidense, el vaquero texano y el gorilazo y el chalán peruanos.

La película *Gauchos judíos* presenta las experiencias de las familias judías que emigraron a Argentina huyendo de los pogromos de Rusia. Tras muchos conflictos con la población argentina, estos gauchos judíos fueron finalmente aceptados e

---

[45] means
[46] enjoyments
[47] *exigir*: to demand
[48] escapades
[49] group outings
[50] branding of the cattle
[51] grape harvest
[52] jubilation
[53] league

[54] around
[55] dexterity
[56] race horse
[57] neck
[58] desenrolla; *desenrollar*: to unroll
[59] lightning
[60] dexterous, skilled
[61] at a standstill, halted

incorporados a la sociedad. La película está basada en el libro de Alberto Gerchunoff, *Los gauchos judíos*.

Un Martín Fierro exquisito

Un bocado típico para el desayuno, postre o tentempié en Uruguay es el <u>Martín Fierro</u>, que consiste en una loncha de queso acompañada de otra de dulce de membrillo o de otra fruta. Se toma como postre en Argentina, Brasil y Colombia, donde también recibe el romántico nombre de *Romeo y Julieta*, por tratarse de la pareja perfecta.

Hablemos sobre las lecturas

1. ¿Quiénes son los gauchos? ¿Cuáles te parece que son sus características más notables?
2. ¿Por qué te parece que puede considerarse el gaucho la esencia de la tierra argentina?
3. ¿Por qué otras opiniones han identificado en el pasado al gaucho con la barbarie?
4. ¿Cuáles son los estereotipos entre la vida del campo y la de la ciudad, de los pueblos pequeños y las grandes ciudades, en tu cultura? ¿Te parecen acertados estos estereotipos? ¿Qué consecuencias tienen en la apreciación de sus respectivas contribuciones al bienestar del país en su conjunto?
5. ¿Cómo demuestra el gaucho su unión a la tierra y su especial relación con los animales?
6. ¿Qué dificultades piensas que pudieron tener los gauchos judíos?

Tierra de gauchos: Argentina

Las fértiles llanuras[62] de la Pampa argentina son lugar ideal para el ganado vacuno, así como para la cría de caballos. En ellas crece un pasto excelente gracias a la humedad y a la calidad del suelo. En Argentina se consume mucha carne de vaca, frecuentemente en asado o en barbacoa, comida típica del fin de semana, cuando se reúne la familia o grupos de amigos para disfrutar de un asado que puede consistir en carne de vaca, cordero o cabrito,[63] estos dos últimos muy consumidos en la Patagonia. El asado va precedido por una <u>picada</u> o aperitivo de embutidos, queso y aceitunas y una bebida. Las empanadas consisten en una masa de pan que envuelve un relleno de carnes, pescado, verduras o incluso frutas. Se cuecen en el horno y pueden disfrutarse en cualquier momento del día. Además de un buen número de animales, los españoles llevaron a Argentina algunos de sus alimentos básicos, como el trigo con el que hacer pan y la uva con la que elaborar el vino, del que hoy Argentina

---

[62] plains   [63] kid (young goat)

es una importante productora. Por otro lado, el gran número de inmigrantes italianos dejó su clara influencia en el gusto por la polenta y la pasta, mientras que los inmigrantes de Escocia y Europa Central han dejado sentir su influencia fundamentalmente en la cocina de Tierra del Fuego. Gracias a la gran cantidad de ganado vacuno, Argentina produce muchos productos lácteos, entre ellos quesos como los populares reggianito y provolone. Con leche azucarada caramelizada se hace el popular *dulce de leche*, que se usa como relleno de pasteles y tartas. Al mismo tiempo, en Argentina se consumen alimentos prehispánicos como el maíz, las papas o patatas y los chiles, sobre todo en las provincias del noroeste. Al igual que en Uruguay, en Argentina se usa la calabaza como vasija para cocinar la <u>carbonada criolla</u>, que es un guiso de carne de ternera y verduras y frutas cocinado y servido dentro de una gran calabaza o zapallo. El maíz es ingrediente principal del *locro*, guiso prehispánico que lleva también verduras y carne. Seguramente la bebida más emblemática de Argentina es el <u>mate</u>, planta originaria de las cuencas[64] de los ríos Paraná, Paraguay y la zona superior del Uruguay.

Figura 15: Calabaza, bombilla y mate

Con ella se prepara una infusión con propiedades estimulantes que tomaban los pueblos guaraníes desde época precolombina. El mate es rico en vitamina C y en

---

[64] banks

antioxidantes. Es una bebida que se disfruta en compañía y siguiendo unas reglas muy concretas. Tras mezclar la yerba mate con el agua caliente en una calabaza hueca, mate o porongo, el anfitrión[65] o anfitriona bebe primero ayudándose de la <u>bombilla</u> o caña de metal que tiene el extremo cerrado y perforado de modo que la hierba no puede penetrar y solo se absorbe el líquido. El anfitrión o anfitriona entonces vuelve a llenar el mate con agua caliente y lo pasa, junto con la bombilla, a la persona que tiene a su lado, que a su vez hace lo mismo y continúa pasando la bebida en dirección de las agujas del reloj. [66] El mate se consume también en otras partes de Latinoamérica como Bolivia, Brasil, Chile, Paraguay y Uruguay.

Antonio de Ulloa, en su *Viaje al Reino del Perú* (1748) explica las peculiares características del mate, así como las de su consumo, desde el punto de vista de un viajero que las observa como algo nuevo. Una de las cosas que más le llama la atención, y que critica, es el hecho inusitado[67] de que esta bebida se consuma sorbiendo[68] todos los participantes de una misma bombilla:

> *"Es muy común en aquel país el mate, que obtiene el mismo lugar que el té en la India oriental, aunque el método de tomarlo sea distinto; se compone de la yerva que en toda aquella America está conocida por el nombre de yerba del Paraguay, por ser este el país que la produce. Para disponerlo,[69] echan una porción de ella dentro de un mate, totumo o calabacito, que tienen a propósito,[70] el azúcar proporcionado[71] y un poco de agua fría, la suficiente para que se empape;[72] después lo llenan de agua hirviendo y, porque la yerba está desmenuzada, lo beben con una bombilla o cañuto, que, dejando libre el paso al agua, estorba[73] el de la yerba, y, a proporción que disminuye[74] aquella, van echándole otra de nuevo y añadiendo azúcar hasta que se hunde[75] la yerba, que es señal de necesitar otra. Suelen echarle unas gotas de zumo de naranja agria o de limón, olor y flores fragrantes. Usan de esta bebida, por lo regular, de mañana en ayunas, y muchos la repiten por la tarde. Ella puede muy bien ser saludable y provechosa pero el modo de beberla es demasiadamente desaliñado[76] porque con una bombilla sola sorben todas las personas que hay en la compañía,[77] tomándola uno luego[78] que otro la acaba de quitar de la boca, y así van dando la vuelta hasta finalizar. Los*

---

[65] host
[66] clockwise
[67] unusual, rare
[68] *sorber*: to slurp
[69] *disponer*: to set up, to get ready
[70] the gourd they have for that purpose
[71] proportionate amount

[72] *empaparse*: to soak up, to absorb
[73] *estorbar*: to hinder
[74] *disminuir*: to diminish
[75] *hundirse*: to sink
[76] dirty, untidy
[77] en el grupo
[78] después

chapetones [79] entran poco en el uso de ella pero los criollos le son apasionados y, así, cuando caminan, procuran no les falte al concluir la jornada, ocasión en que por el pronto la prefieren a cualquier alimento y, hasta que ha pasado rato de haberla tomado, no comen."

Hablemos sobre las lecturas
1. ¿Cuáles son algunas de las principales características de la cocina argentina?
2. ¿Qué influencias y adaptaciones culinarias pueden observarse en la cocina argentina?
3. ¿Cómo se prepara el mate?
4. ¿Te parece que el rechazo a la forma de compartir el mate por parte de Ulloa está justificado? ¿Por qué?

Cocinar en el campo: el fuego

Las formas de cocinado en las culturas hispánicas son ricas y variadas. En su modalidad más básica, los alimentos se colocan directamente en el fuego, en las brasas, o en un implemento que ofrezca algo de protección del poder del fuego y permita asar con facilidad. Para el chef y autor argentino Francis Mallmann, el fuego es el elemento común a todas las culturas hispánicas, que las une y vivifica. La antropología nos dice que el fuego facilitó el paso de lo crudo a lo cocinado, por lo que es también elemento que permitió el desarrollo de los humanos, al facilitar la masticación y ayudar a hacer más accesibles al organismo los alimentos y sus nutrientes.

Formas de asar

Es importante saber que para asar los alimentos usualmente no se ponen en contacto directo con la llama, sino que, después de hacer el fuego, se deja que se formen ascuas. Después, cuando las ascuas se han enfriado un poco y se han recubierto de una capa de ceniza blanca, se forma el rescoldo.[80] El rescoldo es muy importante para la técnica del asado, así como también para hacer platos que necesitan un largo tiempo de cocinado a baja o mediana temperatura. Estas técnicas sirven para cocinar no solo carnes y pescados, sino también todo tipo de hortalizas.

Estas son algunas de las técnicas de asado más usadas en el mundo hispánico:

---

[79] European newcomers   [80] embers

Figura 16: Parrilla callejera en Buenos Aires

Parrilla[81]: consta de una serie de barras paralelas de hierro forjado[82] sostenidas por un marco normalmente cuadrado del mismo material. La parrilla deja suficiente espacio entre las barras para que la comida entre en contacto directo con el fuego o con las ascuas. Por esta razón da un delicioso sabor chamuscado[83] y a humo a los alimentos que es difícil de conseguir de otro modo. Una variante de la parrilla es la parrilla doble que consiste en dos parrillas no muy grandes unidas por un gozne[84] que permite abrirlas y cerrarlas. Los alimentos que se quieran asar se introducen entre las dos parrillas. Este tipo de parrilla permite cocinar cómodamente piezas pequeñas como por ejemplo chuletillas de cordero[85] y darles la vuelta en el fuego con facilidad y de forma eficiente, ya que pueden cocinarse de este modo muchas al mismo tiempo.

Plancha[86] o chapa: es una superficie lisa de hierro forjado, acero[87] u otro metal que se pone sobre el fuego u otra fuente de calor. Para saber si está lo suficientemente caliente a la hora de cocinar, hay que poner unas gotas de agua en la superficie. Si el agua se evapora inmediatamente, la plancha está lista. La ventaja que tiene la plancha o chapa sobre la parrilla es que no deja escapar el jugo o la grasa de los

---

[81] grate
[82] forged
[83] charred
[84] hinge

[85] lamb chops
[86] large griddle
[87] steel

alimentos que se están asando. También es más difícil que se reaviven las llamas al no entrar en contacto con la grasa de los alimentos.

Horno de barro u horno panadero: es un horno con forma semiesférica con suelo liso y una portezuela de metal por donde se introducen y se sacan los alimentos. Es ideal cuando se quiere cocinar un plato que necesita estar rodeado de una fuente de calor regulable.[88] Es el tipo de horno en el que tradicionalmente se cocía el pan, aunque también se usa típicamente para asar carnes como el cochinillo[89] o el cordero.

Otro tipo de horno u hornillo usado en la cocina es el *tatakua* guaraní hecho de barro y ladrillos, usado extensamente hoy en zonas rurales del Paraguay y en zonas urbanas en ocasiones especiales. El anafre es un pequeño horno portátil hecho de barro o de metal con un espacio inferior donde se ponen las ascuas y en cuya parte superior se coloca la olla o vasija en la que se cocinan los alimentos.

Rescoldo: cuando las ascuas se han enfriado un poco, es común meter diferentes alimentos, con frecuencia hortalizas gruesas tales como patatas, cebollas, batatas o calabazas con su piel, en el rescoldo resultante. De este modo, se consigue que la hortaliza adquiera un delicioso sabor ahumado y con una textura cremosa que es difícil obtener de otra manera.

Asador: en países latinoamericanos como Argentina y Uruguay es tradicional atar un cordero, cabrito o cerdo entero abierto en canal en una estructura hecha de hierro forjado y con forma de cruz. Este método permite mover la pieza más cerca o más lejos del fuego y darle vueltas, aunque sea de gran tamaño. Es un método también comúnmente usado en países árabes. Técnicas relacionadas son las del cocinado "al pastor" o al estilo Pátzcuaro de México, el asado al palo de Chile y el *zikiro jate* del País Vasco.

Barbacoa: la barbacoa es una forma de asar típicamente americana, ya que la usaban los nativos americanos desde época precolombina. No está claro el origen de la palabra, pero se piensa que puede proceder del taíno, donde se refiere a un entramado[90] de palos dispuestos en forma de parrilla sobre un hoyo[91] para cocinar carne. El escritor Gonzalo Fernández de Oviedo explicó esta similitud en su *Historia general y natural de las Indias* (1535-1557) refiriéndose a unos animales que fueron "asados en barbacoa, que es como en parrillas." La palabra barbacoa se refería también a un andamio[92] construido como entramado de cañas[93] y madera y que

---

[88] adjustable
[89] suckling pig
[90] framework
[91] hole, pit
[92] scaffolding
[93] canes, reeds

podía ser destinado a diferentes usos, entre ellos como refugio y como atalaya[94] desde la que vigilar los sembrados.[95] Asimismo, el término se refiere a un entramado similar que formaba la base del lecho que se usaba para dormir dentro de la casa. Hoy sigue utilizándose en países como México, además de otros, con diferentes variantes. Para hacer una barbacoa hay que empezar realizando un agujero o pozo grande en el suelo y revistiendo su fondo de piedras lisas previamente calentadas. Sobre estas piedras se ponen pencas de maguey,[96] hojas de plátano o un recubrimiento vegetal similar. Sobre las pencas va un recipiente que recogerá el jugo que se desprenda de los alimentos que van a situarse encima. Los alimentos se sazonan y se envuelven en las pencas de maguey, hojas de plátano o similar. Este envoltorio vegetal protege y da gusto a los alimentos que se vayan a cocinar. Así preparados, los alimentos se colocan sobre el recipiente y se tapan con más pencas de maguey y más piedras calientes. Todo esto se cubre con tierra sobre la que se enciende un fuego de leña al que también se pueden echar diferentes tipos de plantas o de cactos secos. Al cabo de doce horas la comida está lista.

En el sur de Chile y la Patagonia Argentina es popular el curanto o curanto de hoyo, plato típico de Chiloé, cuya técnica es muy similar a la de la barbacoa. Una de las diferencias principales es el uso de hojas de pangue o nalca,[97] higuera o incluso repollo para envolver los alimentos. El curanto también se caracteriza por el tipo de ingredientes utilizados, que incluyen pescado, mariscos, milcaos y chapaleles (tortas gruesas de papa, o de papa y harina, respectivamente) y legumbres, además de carne. La pachamanca del Perú y la huatia o guatia del altiplano andino[98] son preparaciones a su vez relacionadas con el curanto.

¿Sabías que...?
Entre los incas, los métodos tradicionales de cocinado consistían en colocar los alimentos en contacto directo con el fuego, directamente en el rescoldo, o envueltos en hojas y colocados en piedras previamente calentadas. Otras veces los alimentos podían ensartarse en palos de madera para ahumarlos arrimándolos a la lumbre, o bien cocinarse en cerámica de barro de superficie plana puesta sobre el fuego. Estas técnicas de cocinado son muy similares a las que siguen usándose hoy en muchos países hispánicos y que se describen en la sección anterior.

---

[94] watchtower
[95] sown fields
[96] maguey ribs

[97] Chilean rhubarb
[98] high Andean plateau

Refranes y expresiones populares:

- *Poner toda la carne en el asador*: darlo todo, poner todo el esfuerzo en conseguir algo.
- *Estar en ascuas*: estar esperando algo con gran impaciencia, sin poder estar quieto, como si se estuviera pisando ascuas.
- *Asarse*: tener mucho calor.
- *Hacer* o *tirarse una plancha*: tener un desacierto, hacer el ridículo.

¿El asado *zikiro jate* … cosa de brujas?

El 18 de agosto se celebra una gran comida en la Cueva Grande del pueblo de Navarra llamado Zugarramurdi. En esta celebración, el *zikiro jate*, se come piperrada (hecha con pimientos, cebolla y tomates refritos), sopa y el *zikiro* (cordero o carnero condimentado con tomillo, pimienta y sal) asado atravesado en grandes palos o espetones. Se dice que esta cueva era donde tenían sus reuniones (aquelarres) las brujas, quienes consumían hongos y otras sustancias alucinógenas. Estas brujas fueron objeto de una dura persecución por parte de la Inquisición en el siglo XVII.

Chimichurri

Un delicioso acompañamiento a cualquier asado es el chimichurri, muy consumido en Argentina y Uruguay. Esta salsa es de muy fácil elaboración, ya que consiste en una mezcla de perejil picado, ajo triturado y orégano, aderezada con aceite, vinagre y sal. A esta salsa pueden añadírsele otros ingredientes adicionales. Una de las explicaciones del origen de esta salsa dice que es posible que llegara a Argentina con inmigrantes vascos, ya que su nombre parece derivar de la palabra *tximitxurri* de la lengua vasca (o euskera), que significaría un revuelto de cosas. Sin embargo, el verdadero origen del nombre sigue estando sin resolver.

Hablemos sobre las lecturas

1. ¿Cuáles son algunas de las principales técnicas de asado en los países hispánicos?
2. ¿Qué técnica te parece preferible? ¿Por qué?
3. ¿Te parece que hay técnicas que se adaptan especialmente bien a determinadas celebraciones? ¿Cuáles son?
4. ¿Por qué piensas que las técnicas de cocinado prehispánicas continúan usándose hoy? ¿Puedes dar ejemplos de platos que conozcas que se cocinen con las técnicas descritas en este capítulo?
5. La chef, historiadora y autora cubana Maricel Presilla dice que lo que da identidad y unidad a la cocina latina es la masa de maíz, mientras que el

chef y autor argentino Francis Mallmann opina que el elemento unificador de la cocina hispana es el fuego. ¿Qué piensas tú?

Chipá

Para acompañar el asado o como tentempié, puedes preparar chipá, pan de origen guaraní, que, como leímos en el capítulo 7, es típico de Argentina y Paraguay. Este pan es similar al <u>pão de queijo</u> de Brasil, el <u>pandebono</u> de Colombia, el <u>pan de yuca</u> de Ecuador, y el <u>cuñapé</u> de Bolivia.

Receta

Ingredientes
- 2 1/2 vasos de harina o fécula[99] de tapioca o de yuca
- 1 vaso de harina de maíz
- 1 vaso de queso reggianito argentino o de queso romano rallado
- 1 vaso de queso Mar de Plata argentino o de queso asiago rallado
- 1/3 de vaso de manteca o mantequilla
- 4 huevos
- 1 cucharadita de semillas de anís (opcional)
- 1 cucharada de polvo de hornear[100]
- 5 cucharadas de leche
- 1 pizca de sal

1. Precalentar el horno a 400° Fahrenheit
2. Mezclar los quesos con la harina de tapioca y la sal.
3. Batir la leche con los huevos.
4. Mezclar los huevos y la leche con la manteca o mantequilla y añadir a los ingredientes secos. Si está muy seco, agregar leche. Si está demasiado líquido, añadir harina.
5. Formar bolitas del tamaño de una nuez. Si vas a hacerlo al estilo de Paraguay, debes dar a la masa una forma circular con un agujero en el centro, similar a un anillo.
6. Hornear durante 15-20 minutos hasta que la masa haya subido y se haya dorado.

---

[99] starch [100] baking powder

Actividades

1. Asa o cocina algún alimento en el adobo de la receta del capítulo 12. Compártelo con la clase acompañado de chimichurri, un Martín Fierro y los chipás. ¿Cómo refleja esta comida los ingredientes y los modos de cocinar de América del Sur?

2. Investiga los menús de restaurantes de tu ciudad o los que puedas encontrar en internet para descubrir platos que se cocinen siguiendo las técnicas descritas en este capítulo.

3. Dibuja o elabora una maqueta de los artilugios[101] de cocina descritos en este capítulo. Explica a la clase cómo funcionan.

4. Organiza una pequeña fiesta en clase donde se sirva mate siguiendo las reglas descritas en el texto.

5. En la comida hispánica hay muchos platos con nombres curiosos, que expresan humor, relaciones étnicas, actitudes políticas o actitudes con respecto a personas o instituciones religiosas. Investiga el origen e ingredientes de algunos de los siguientes platos:

- Moros y cristianos
- Ropa vieja
- Rosquillas tontas y listas
- Huesos de santo
- El cura se desmayó
- Matahambre
- Matajíbaro
- Bienmesabe
- Brazo de gitano
- Mancha manteles
- Pedos de monja
- Consuelos del cura
- Caballeros pobres
- Cabeza de gato
- Indio viejo
- Sopa de hombre
- Suspiro limeño (o suspiro de limeña)

---

[101] instruments, gadgets

Capítulo 9: Cocina y mestizaje

Este capítulo presenta la cocina cubana como ejemplo notable del mestizaje cultural y culinario que tiene lugar en las cocinas hispánicas. Este mestizaje conlleva las aportaciones de los grupos nativos precolombinos, las contribuciones europeas y africanas, además de las asiáticas y las del mundo árabe. La peculiar trayectoria culinaria cubana se ve reflejada en el trabajo de personalidades televisivas como Nitza Villapol, cuyo programa sigue las vicisitudes de la economía y la alimentación cubanas desde los años previos a la Revolución. Cuba, como los países de Centroamérica, el Caribe y otros ubicados en la América del Sur, fue lugar donde se establecieron plantaciones de cultivos como el azúcar, el café y el tabaco. La sociedad de la época adoptó su consumo introduciendo unas costumbres propias y debatiendo sus propiedades positivas y negativas.

Mestizaje cultural

La cocina es uno de los ámbitos en los que mejor puede observarse el mestizaje de las culturas hispánicas. Un ejemplo representativo es el de Cuba. En época precolombina la isla estaba habitada por los siboneyes y los taínos. Se caracterizaban por el consumo del casabe, una torta delgada hecha con yuca, como alimento básico. También comían las abundantes y deliciosas frutas de la isla, tales como el zapote,[1] la papaya (también llamada 'fruta bomba' en Cuba), la guayaba, la chirimoya[2] y la granadina,[3] entre otras muchas. Alimento básico era lo que hoy en Cuba se denominan viandas, tubérculos como el boniato y la malanga,[4] además de la yuca, a los que después, con la llegada de los esclavos africanos, se añadiría el ñame.[5] Como otros pueblos americanos, apreciaban el maíz y el ají. Por su situación geográfica, en Cuba había gran abundancia de pescado y otros animales marinos, que también consumían las poblaciones precolombinas. Entre las especies consumidas se encontraban las lisas,[6] la jaiba,[7] el manatí,[8] los camarones, ostiones[9] y almejas[10] y las tortugas. Consumían además reptiles tales como las iguanas. Las formas de cocinado empleadas por estos grupos prevalecen todavía hoy en Cuba e incluyen las carnes y pescados asados en púa o vara[11] y en barbacoa, los tamales, el casabe y la chicha. Es posible que el ajiaco, uno de los platos cubanos más emblemáticos, como veremos en el capítulo 11, en alguna de sus versiones tenga su origen en estos pueblos precolombinos.

---

[1] sapodilla
[2] cherimoya
[3] grenadine
[4] taro
[5] yam
[6] mullets
[7] crab
[8] manatee
[9] large oysters
[10] clams
[11] stick

Figura 17: Pan y política en La Habana

Con los españoles llegaron animales tales como la gallina, la paloma, el pato, el caballo, la oveja, la cabra, el cerdo y la vaca. De Canarias llegó el plátano y de otras partes de España se introdujeron, entre otros, el arroz, el trigo, la uva, y con esta el vino, la caña de azúcar y los cítricos. Con el casi total exterminio de la población indígena debido a la explotación y a las enfermedades traídas de Europa, se establece la presencia de esclavos de origen africano, que van a ser la principal mano de obra para el cultivo de las grandes plantaciones de azúcar, tabaco y café. El cultivo del azúcar estaba íntimamente unido al del ron,[12] bebida que se produce mediante la fermentación y destilación [13] del jugo de la caña de azúcar, la melaza [14] y los subproductos[15] del procesado de la caña. Los platos africanos que se incorporaron a la oferta culinaria cubana son el calalú (sopa elaborada con productos de tierra y mar), el fufú de plátano, el funche (guiso de maíz) y una variedad de guisos de quimbombó.[16] Se dice que fueron los africanos quienes añadieron el plátano, el ñame y la calabaza al ajiaco. El aguardiente (licor destilado, típicamente de caña) y la sopa de gallo (agua azucarada) ayudaban a dar energía a los esclavos en sus largas horas de arduo [17] trabajo. La Santería, religión sincrética con elementos europeos y africanos, hoy conserva muchas de las creencias y prácticas religiosas africanas. Hay platos y ofrendas de alimentos que están asociados con dioses africanos. Por ejemplo, el calalú se ofrece a Changó, mientras que el arroz con leche, merengue y ñame se dedican a Yemayá. La canción "Ochún con Changó," de Celia Cruz, famosa cantante cubana de salsa, refleja la relación entre las prácticas de la Santería y los alimentos. Ochún y Changó son los dos Orishas o dioses de la Santería para quienes la canción invita a presentar como ofrenda diversos alimentos.

---

[12] rum
[13] distillation
[14] molasses

[15] byproducts
[16] okra
[17] arduous, difficult

La inmigración afroantillana desde Haití fomenta el cultivo del cacao y el café. Como consecuencia del impulso[18] al cultivo del café, esta bebida sustituye al chocolate en Cuba como bebida de preferencia. Una segunda ola[19] de emigración afroantillana, sobre todo de Haití y Jamaica, tiene lugar en la segunda década del siglo XX. A mediados del siglo XIX llegan a Cuba inmigrantes chinos que se convierten en mano de obra barata y contribuyen con platos como el arroz frito, el chop-suey, la col o repollo con carne y los helados de frutas. En la segunda y tercera décadas del siglo XX llegan nuevas oleadas de inmigrantes chinos, como también de japoneses. Desde finales del siglo XIX y principios del XX llegan asimismo oleadas de inmigrantes de países árabes como el Líbano, Siria y Palestina. A estos se suman los emigrantes españoles que escapan de una situación económica desfavorable predominantemente en Asturias, Galicia y las Islas Canarias. Hay otros emigrantes de Alemania, Francia, Inglaterra y algunos países de Latinoamérica que llegan en esta época. A mediados del siglo XX se hace notar la influencia de la comida estadounidense, sobre todo en lo que se refiere a conservas y alimentos procesados, cereales y otros alimentos envasados como el yogur.

Debido a la presencia de diferentes grupos de inmigrantes, se considera que la cultura cubana es el resultado de una activa transculturación a lo largo de muchos siglos. El estudioso cubano Fernando Ortiz destaca el importante papel de todas estas culturas en la creación de la "cubanidad" y su opinión de que "ese inmenso amestizamiento de razas y culturas sobrepasa[20] en trascendencia a otro fenómeno histórico." El mestizaje culinario es la mejor forma de ilustrar este fenómeno. Para Ortiz, "Cuba es un ajiaco, ante todo una cazuela abierta. Eso es Cuba, la Isla, la olla puesta al fuego de los trópicos [...]. Cazuela singular la de nuestra tierra, con la de nuestro ajiaco, que ha de ser de barro y muy abierta. [...] La imagen del ajiaco criollo nos simboliza bien la formación del pueblo cubano [...]. La indiada[21] nos dio el maíz, la papa, la malanga, el boniato, la yuca, el ají [...] con carnes de jutía,[22] de iguanas, de cocodrilos, de majás,[23] de tortugas [...]. Los castellanos[24] desecharon[25] esas carnes indias y pusieron las suyas. Ellos trajeron con sus calabazas y nabos las carnes frescas de res, los tasajos, las cecinas,[26] el lacón.[27] Y todo ello fue a dar sustancias al nuevo ajiaco de Cuba. Con los blancos de Europa llegaron los negros de África y estos nos aportaron guineos, plátanos,[28] ñames y su técnica cocinera. Y luego los asiáticos con sus misteriosas especias de Oriente; y los franceses con su ponderación de sabores que amortiguó[29] la causticidad[30] del pimiento salvaje; y los angloamericanos con sus mecánicas

---

[18] push, boost
[19] wave
[20] *sobrepasar*: to surpass
[21] nativos americanos
[22] hutia
[23] boa cubana
[24] de Castilla

[25] *desechar*: to discard, to reject
[26] cured meats, smoked meats
[27] boiled and smoked shoulder of pork
[28] plantains
[29] *amortiguar*: to soften
[30] causticity

domésticas que simplificaron[31] la cocina y quieren metalizar[32] y convertir en caldera[33] de su estándar el cacharro de tierra[34] que nos fue dado por la naturaleza, junto con el fogaje[35] del trópico para calentarlo, el agua de sus cielos para el caldo y el agua de sus mares para las salpicaduras[36] del salero. Con todo ello se ha hecho nuestro nacional ajiaco."

Celia Cruz

Celia Cruz es conocida por su alegre expresión "¡azúcar!" Esta famosa artista cubana tiene muchas canciones con nombres y temas culinarios, tales como "Caramelo," "Cao, cao, maní picao," "Sopita en botella," "Mango mangüé," "Azúcar negra" y "Sazón" (donde da su receta para una excelente relación en pareja) y "Ochún con Changó." Ochún y Changó son dos Orishas o dioses de la Santería para quienes la canción invita a presentar como ofrenda diversos alimentos: "Ochún con Changó, Changó con Ochún, ellos son mis Orishas y yo los quiero a los dos."

En el merengue "Pun pun catalú," Celia Cruz canta las similitudes entre Cuba, Puerto Rico y la República Dominicana, a los que une su aprecio por el plátano con chicharrón, combinación a la que los puertorriqueños llaman mofongo, los dominicanos llaman mangú y los cubanos fufú. Estos platos comparten todos raíces africanas.

Hablemos sobre las lecturas
1. ¿Cómo se aplica la idea de mestizaje a la comida cubana?
2. ¿En qué sentido podemos aplicar el término de transculturación cuando hablamos de la cocina? ¿Cómo podemos usar el caso cubano para hablar de transculturación?
3. ¿Cuáles son las características principales de la cocina cubana?
4. ¿Cuál es su desarrollo histórico?
5. ¿En qué sentido es Cuba un "ajiaco"? ¿Hay conceptos culinarios similares que ayuden a explicar la naturaleza híbrida pero armónica de tu cultura?
6. Compara el concepto de Cuba como "cazuela abierta" con otros como el de "melting pot" o incluso el de "ensalada" usados para referirse al mestizaje cultural.
7. Según el autor, ¿de dónde vienen el fuego, el agua y la sal que sirven para cocinar el "nacional ajiaco"? ¿Qué otros ingredientes traen otras culturas?

---

[31] *simplificar*: to simplify
[32] *metalizar*: to metallize
[33] cauldron, kettle
[34] clay pot
[35] fire
[36] spatters

8. ¿Cómo usa Celia Cruz la comida en sus canciones? ¿Se te ocurren otras canciones o composiciones musicales que tengan una relación similar con la comida?

Nitza Villapol

Quince años antes que Julia Child se convirtiera en conocida personalidad culinaria, ya estaba Nitza Villapol en Cuba al frente de uno de los primeros programas televisivos dedicados a la cocina. El programa se retransmitió[37] ininterrumpidamente desde 1948 hasta 1997. El nombre del programa, "Cocina al minuto," estaba inspirado en las habilidades culinarias de la madre de Nitza, que era conocida por poder preparar en muy poco tiempo una comida para invitados imprevistos.[38] Nitza Villapol era titulada[39] en pedagogía y cursó estudios en las Universidades de Londres y de Ibadán (Nigeria). Participó activamente en diversas actividades relativas a la gastronomía tanto en Cuba como en otros países. Además de su intenso trabajo en varios programas de televisión, publicó 37 libros de cocina. Su libro de cocina más vendido fue *Cocina al minuto,* que también se imprimió sin su permiso en Estados Unidos y continúa hoy a la venta. Nitza apoyó siempre la revolución cubana. En su programa enseñaba a los cubanos con "recetas rápidas y fáciles de hacer" a cocinar con los alimentos que había en el mercado en un momento determinado, incluso en momentos de gran escasez como fue la década de 1990, conocida como el "período especial." Por ejemplo, en uno de los episodios del programa Nitza explicaba cómo hacer *boniatillo,* que es un dulce que se hace mezclando boniato cocido o sancochado y la misma cantidad de azúcar blanca, junto con anís y canela o cáscara de naranja o de limón para darle un toque de sabor, sin necesidad de ingredientes como la manteca, los huevos o el vino, que eran difíciles o imposibles de conseguir en momentos determinados. Nitza explica en el programa que el boniato es uno de los alimentos más cubanos citando el testimonio de Cristóbal Colón, quien en sus escritos habla ya del consumo del boniato en Cuba a su llegada a la isla. Nitza recuerda a los televidentes[40] que el azúcar llegaría más tarde por no ser producto originario de Cuba o criollo. Nitza informa de que el boniato tiene un valor nutritivo similar a las patatas y a la malanga, pero menor a la yuca,[41] que es más sabrosa y por tanto preferida por los consumidores. Recuerda cómo los boniatillos y otros dulces que podían comerse con los dedos se servían en las fiestas antiguas; también los vendían en la calle unos vendedores llamados <u>dulceros</u>, quienes los sacaban en un tablero[42] cubierto de blanco y servían con unas tenacitas[43] los dulces puestos en cuadritos de papel. Estos

---

[37] *retransmitir*: to broadcast
[38] unexpected
[39] graduate
[40] viewers

[41] yucca, manioc, cassava
[42] board
[43] small tongs

dulceros pregonaban[44] su mercancía[45] por la tarde por las calles. La producción de estos dulces está unida al Caribe por ser zona de plantación de azúcar y Nitza llama la atención a esta tradición cubana que no debe perderse, apelando a la memoria de los que vivieron la época de los dulceros. El video *Con pura magia satisfechos* del Instituto cubano de arte e industria cinematográficos empieza con unas palabras de Fidel Castro con las que encomia[46] la labor educativa de Nitza Villapol en la televisión por enseñar a hacer "cosas de la casa, de cómo cocinar, de cómo resolver," "de utilidad para las mujeres y para la economía del país." Este video cuenta el trabajo de Nitza Villapol en sus propias palabras y en imágenes. Habla de los momentos difíciles de escasez[47] y del bloqueo,[48] cuando pocas horas antes del programa todavía no sabía qué iba a poder cocinar en el programa. Nitza cuenta cómo, poco a poco, empezaron a faltar artículos de uso diario en la cocina. Primero faltó la manteca y Nitza Villapol enseñó a los cubanos a cocinar con poca grasa de forma que la dieta fuera "sana" y "sabrosa." Esto significaba, por ejemplo, aprender a freír un huevo sin aceite, en agua, leche o salsa de tomate dando como resultado diferentes tipos de huevos escalfados[49] o "estrellados," y a hacer el sofrito con agua. También enseñaba trucos como el de conservar la grasa restante de un guiso para utilizarla después. Cuando no había huevos, Nitza enseñaba a hacer pudin de pan sin huevo, bistec empanizado o empanado[50] sin huevo o "torticas económicas sin huevo" y "masa de empanadas sin huevo." Cuando faltó el vinagre, Nitza enseñó en su programa a hacer vinagre de frutas o de miel. Cuando escaseó[51] el arroz, Nitza demostró apetitosas[52] recetas con habichuelas, judías, papas o patatas, chícharos o guisantes. También sugirió el consumo de macarrones con frijoles y, aunque presenta el uso de los macarrones dentro de un contexto de cocina internacional, explicando su importancia en la cocina italiana, está claro que su objetivo era hacer aceptable esta combinación en lugar de la tradicional de arroz y frijoles. Entre las anécdotas que relata destaca la de una fotografía que mostraba su mano removiendo con un tenedor la tierra que rodeaba una planta en una maceta.[53] Esta fotografía tenía como fin ilustrar sus consejos sobre cómo mejorar[54] el crecimiento de las plantas que se tienen en casa. Cuando el fotógrafo reveló[55] la fotografía, exclamó: "¡Ahora Nitza nos va a hacer comer tierra!"

En el mismo video se lee un poema del autor cubano Eliseo Alberto que dice:

> *"Las amas de casa merecen un homenaje nacional.*
> *En la intimidad de sus cocinas han inventado*

---

[44] hawked
[45] goods
[46] *encomiar*: to praise
[47] scarcity
[48] embargo
[49] poached

[50] breaded
[51] *escasear*: to be scarce
[52] appetizing
[53] planting pot
[54] improve
[55] *revelar*: to develop

recursos[56] para hacernos la vida pasajera.
La forma mil uno de preparar el huevo.
La manera de confundir[57] el gusto del pescado.
El arte de hacer con cáscara[58] dulce amable.
El hábito de sentirnos con pura magia satisfechos.
Las amas de casa han estado demasiado tiempo solas.
Había que verlas."

Hablemos sobre las lecturas

1. ¿Qué te parecen las sugerencias de Nitza Villapol para adaptarse a la variable disponibilidad de alimentos en el mercado?
2. Nitza Villapol encuadra sus recetas con explicaciones históricas y tradicionales. ¿Qué valor te parece que tiene esta forma de contextualizar una receta?
3. Uno de los libros de cocina de Nitza Villapol (*Cocina criolla*) tiene varias páginas de recetas para freír, entre ellas varias formas de freír papas "a la Juliana" (cortadas muy finas), "a la española" (cortadas en ruedas), "a la americana" (cortadas finísimas) y "a la francesa." ¿Cómo te parece que pudo ser la adaptación de esta preferencia por lo frito a una cocina baja en grasa? ¿Cuáles son los factores más importantes?
4. ¿Qué aspectos te parecen más importantes de la labor de Nitza Villapol?

Cocina afrocaribeña

Como en Cuba, la presencia de población de origen africano en el Caribe y otras partes de América tiene como origen el transporte de esclavos africanos al continente americano para trabajar en las plantaciones de tabaco, café, azúcar y algodón. Esta presencia africana tuvo una importante influencia culinaria. La cocina afrocaribeña cuenta con platos tan deliciosos como los de la cocina raizal de las islas colombianas de San Andrés y Providencia. Un plato típico de esta cocina es el rondón, que tiene como base la leche de coco y contiene pescado, plátano verde, yuca y ñame y se puede aderezar con albahaca y ají picante. La leche de coco es asimismo fundamental en otras partes caribeñas de la costa colombiana, como es la cocina de Cartagena, donde es común comer arroz y leche de coco, que pueden combinarse en el delicioso arroz con coco. Los garífunas son un grupo étnico centroamericano y caribeño descendiente de africanos y caribes y arahuacos. Están radicados principalmente en Belice, Estados Unidos, Guatemala y Honduras. La comida garífuna hace uso frecuente de alimentos caribeños como el plátano, el coco, la yuca y los mariscos. Un

---

[56] means, ways
[57] cubrir
[58] peel

145

plato típico es el <u>tapado de mariscos</u> o <u>caldo garífuna</u>, una sopa de mariscos con plátano, yuca y malanga, cuya base líquida es la leche de coco. Otro plato tradicional es la <u>machuca</u> o <u>hudutu</u>, plato hondureño en el que se combinan la leche de coco, plátanos verdes y maduros machucados o majados [59] y pescado. Los garífuna preparan una versión propia de los tamales llamada <u>dharasa</u>. Las comidas se acompañan del <u>ereba</u> o <u>casabe</u>, pan de yuca típico de los garífuna. Este pan es tan importante para los garífuna que lo usan en ritos como la ceremonia sagrada del *dugu*, dedicada a los espíritus de los antepasados.

La influencia africana es igualmente importante en zonas costeras del Pacífico, como en la del Perú. Los esclavos africanos trabajaban en las plantaciones costeras de azúcar y algodón y en el cuidado del ganado vacuno establecido sobre todo en la costa cerca de Lima. Los esclavos recibían las partes menos nobles de los animales para su propio consumo y se dice que fueron los que popularizaron la venta de <u>anticuchos</u> en puestos callejeros. Los anticuchos son pedazos de carne ensartados y macerados en una salsa picante, cocinados a la parrilla. Los más comunes son los de corazón de res. Se dice que muchos esclavos africanos pudieron comprar su libertad con el dinero que ganaron con la venta de anticuchos.

Hablemos sobre las lecturas
1. ¿Quiénes son los garífunas?
2. ¿Cómo se explica la presencia de población de origen africano en el Caribe y otras partes del continente americano?
3. ¿Cuáles son algunas de las características de la cocina afrocaribeña?
4. ¿Qué importancia económica tuvieron los puestos de comida callejeros para los esclavos de origen africano?

Azúcar de sabor amargo

Por su perfil geográfico y sus condiciones climáticas, muchas partes del continente americano presentaban las condiciones ideales para el cultivo intensivo de plantas muy apreciadas en Europa pero que eran imposibles de cultivar en ese continente. De este modo, muy pronto se establecieron plantaciones en monocultivo de productos como el tabaco, el azúcar, el café y el algodón. El azúcar estuvo desde el principio ligado al consumo de café y de té, igual que lo estaba ya al del chocolate. El azúcar había sido un cultivo limitado en Europa y por tanto un producto caro y por necesidad de bajo consumo entre las clases populares. Con el establecimiento de su cultivo en plantaciones, el azúcar se hizo más asequible a toda la población y se convirtió en una fuente importante de calorías para las clases más bajas. El azúcar fue

---

[59] *machucar*: to pound, to mash

también muy útil en la elaboración de conservas[60] de frutas como el dulce de guava,[61] versión tropical del dulce de membrillo[62] que abundaba en España. En Cuba, el cultivo del azúcar, el café y el tabaco ha tenido gran importancia durante siglos. La dureza de las condiciones del cultivo de la caña fue uno de los problemas que preocuparon al Che Guevara cuando estaba fraguándose[63] la Revolución cubana. En la película *Chevolution* se presentan documentos gráficos de esta preocupación del Che por los agricultores de la caña. La mejora de las condiciones para los agricultores fue uno de los objetivos de la reforma agraria instituida tras la Revolución cubana. Esta Reforma tuvo un gran impacto en la importante industria azucarera cubana.

En su controvertida novela *Sab* (1841), escrita una década antes que *Uncle Tom's Cabin*, la escritora Gertrudis Gómez de Avellaneda narra la historia de amor entre la hija del dueño blanco de una plantación de azúcar y su esclavo mulato. La novela refleja de una forma muy crítica las condiciones de vida de los esclavos en las plantaciones. La autora pone en boca de Sab, el esclavo mulato, la narración de los sufrimientos de los esclavos en un diálogo con el hijo de un rico comerciante[64] inglés. Como afirma Sab, el trabajo del esclavo no es solo duro durante el día cuando tiene que cortar la caña, sino también durante la noche cuando está obligado a continuar trabajando y sufriendo de calor al alimentar las calderas en las que se hierve la caña para extraer el jugo que luego se transformará en azúcar:

"-Vida muy fatigosa[65] deben de tener los esclavos en estas fincas[66] -observó el extranjero-, y no me admira se disminuya[67] tan considerablemente su número.[68]

-Es una vida terrible a la verdad -respondió el labrador[69] arrojando[70] a su interlocutor una mirada de simpatía-: bajo este cielo de fuego el esclavo casi desnudo trabaja toda la mañana sin descanso, y a la hora terrible del mediodía jadeando,[71] abrumado[72] bajo el peso de la leña y de la caña que conduce sobre sus espaldas, y abrasado[73] por los rayos del sol que tuesta su cutis,[74] llega el infeliz[75] a gozar todos los placeres que tiene para él la vida: dos horas de sueño y una escasa[76] ración. Cuando

---

[60] preserves
[61] guava paste
[62] quince paste
[63] *fraguar*: to forge, to conceive
[64] businessman, trader
[65] fatiguing, exhausting
[66] plantation
[67] *disminuir*: to diminish
[68] el número de esclavos (por muerte)

[69] farm worker (Sab)
[70] *arrojar*: to throw
[71] *jadear*: to pant
[72] *abrumar*: to burden
[73] *abrasar*: to burn, to swelter
[74] piel de la cara
[75] wretched
[76] scarce, scant, meager

la noche viene con sus brisas y sus sombras a consolar a la tierra abrasada, y toda la naturaleza descansa, el esclavo va a regar con su sudor y con sus lágrimas al recinto[77] donde la noche no tiene sombras, ni la brisa[78] frescura: porque allí el fuego de la leña ha sustituido al fuego del sol, y el infeliz negro girando sin cesar en torno de la máquina que arranca[79] a la caña su dulce jugo, y de las calderas de metal en las que este jugo se convierte en miel a la acción del fuego, ve pasar horas tras horas, y el sol que torna[80] le encuentra todavía allí... ¡Ah!, sí; es un cruel espectáculo la vista de la humanidad degradada, [81] de hombres convertidos en brutos, que llevan en su frente la marca de la esclavitud y en su alma la desesperación del infierno."

Café

Se cree que la planta de café proviene de Etiopía. La evidencia más temprana de su consumo es la de los monasterios sufíes[82] de Yemen en el siglo XV. Después su consumo se propagó por el Oriente Medio, Turquía, Persia, partes de la India y de África. Con posterioridad, su consumo se extendió a los Balcanes y a Europa, Indonesia y después América. La palabra café, igual que las palabras que designan la planta y la bebida en otras lenguas, derivan del árabe *qahwah*. Parece que los primeros usos del café estaban relacionados con las prácticas religiosas de los sufíes, quienes bebían café para aumentar su concentración y mantenerse despiertos durante las oraciones nocturnas. El consumo del café y los establecimientos públicos donde se servían fueron desde el siglo XVI objeto de grandes controversias, ya que los efectos estimulantes del café se consideraban posibles intoxicantes y por lo tanto en desacuerdo con[83] los preceptos religiosos. La controversia seguiría al café por todos los lugares a donde se extendió su consumo. En Europa el café se consideró una bebida peligrosa por estar relacionada con el mundo musulmán hasta que se dice que a principios del siglo XVII el Papa Clemente VIII la "bautizó," pronunciándose a favor de su consumo. En Europa los cafés eran lugares de reunión donde se debatían las nuevas ideas religiosas y políticas de cada momento, por lo que muy pronto se relacionaron con el liberalismo y con la diseminación de sus ideas. El cultivo del café se introdujo en las Américas en el siglo XVIII, estableciéndose con éxito plantaciones en el siglo XIX en zonas de Centroamérica, el Caribe, Brasil, Colombia y Venezuela que tenían el clima ideal para su cultivo. En Centroamérica, la introducción del cultivo del café conllevó avances agrícolas y una renovación de las estructuras económicas y sociales. La exportación del café necesitó de un sistema de comunicaciones eficiente, por lo que se construyeron nuevas vías de ferrocarril, [84] puertos marítimos y

---

[77] enclosure, building
[78] breeze
[79] *arrancar*: to pull out, to strip
[80] *tornar*: to turn

[81] *degradar*: to degrade
[82] Sufi
[83] at variance
[84] railroad

conexiones por telégrafo. Grandes extensiones de terreno fueron a manos de agricultores criollos e inmigrantes europeos, a los que el gobierno concedió la tierra de forma gratuita,[85] apareciendo así una nueva clase rica con nuevas ideas e intereses. La caficultura[86] estuvo desde muy pronto asociada al liberalismo político y al capitalismo progresista, lejos de la economía colonial centrada en la ganadería y en cultivos como el de la cochinilla[87] y el añil[88] que pronto perdieron su valor económico. Aunque la mayor parte de la producción de los cafetales está destinada a la exportación, el café también se disfruta en los hogares familiares, donde es tradicional tostar sus granos en el comal para después molerlos en molinillos de mano. Del café decía el poeta nicaragüense Rubén Darío: "Una buena taza de su negro licor, bien preparado, contiene tantos problemas y tantos poemas como una botella de tinta."

Café *colao*

En Puerto Rico es popular el café *colao* (o colado[89]). Para hacerlo, en un cazo[90] o en una olla se pone agua y una cucharada de café molido por cada taza de agua. Se pone el cazo a fuego medio y se revuelve su contenido constantemente durante un minuto, retirándose del fuego justo antes de que el agua empiece a hervir. Se cuela el café con un colador de tela conocido como media. Hay personas que prefieren dejar que el café cueza un poco antes de retirarlo del fuego, esperando a que despida olor a café recién hecho. Si se quiere preparar café con leche, se puede poner la leche en la taza antes de verter[91] el café recién hecho.

Hablemos sobre las lecturas
1. ¿Por qué te parece que Rubén Darío piensa que de una taza de café pueden salir poemas?
2. ¿Cuáles son los aspectos más importantes de la historia de la aclimatación del café en territorio americano?
3. ¿Cómo está relacionado el café con la religión?
4. ¿Por qué llega a considerarse el café una bebida ligada[92] al liberalismo?
5. ¿Cuáles te parece que son las características más destacadas del café desde el punto de vista de la sociabilidad?

---

[85] free
[86] coffee growing
[87] cochineal
[88] indigo

[89] *colar*: to filter, to strain
[90] pot, sauce pan
[91] *verter*: to pour
[92] ligar: to link, to join, to tie

Figura 18: Campos de cultivo de tabaco en Cuba

Usos y abusos del café y el tabaco

Las plantaciones de tabaco, café y azúcar no solo produjeron grandes ganancias para sus dueños, sino que también cambiaron los hábitos culinarios y alimenticios de europeos y americanos, independientemente del origen nacional o geográfico de estos. Aunque el tabaco no era propiamente un alimento, sí era un producto agrícola estrechamente relacionado por su importancia económica y por sus propiedades estimulantes con el café. Por estos motivos y por convertirse en un estimulante de consumo habitual al igual que el café (y en menor medida el té), aparece tratado en obras literarias, médicas y económicas al lado de estas bebidas. Al extenderse su consumo, se plantearon gran número de cuestiones sobre el café y el tabaco, tales como su efecto en el organismo, su posible valor medicinal y su uso en la sociedad del momento. En su *Tratado de los usos, abusos, propiedades y virtudes del tabaco, café, té y chocolate* (1796), Antonio Lavedán, médico de la familia real española, presentó un informe con los estudios que se habían realizado hasta el momento. Lavedán destaca la utilidad y también los peligros del tabaco, tanto "en polvo" como "de humo,"[93] y del café para diferentes tipos de personas y de circunstancias:

"Se cuenta entre las excelencias del Tabaco en polvo (y lo mismo sucede con el de humo), que caminando uno solo, llevando consigo Tabaco en polvo tomándolo por las narices de cuando en cuando, no siente la soledad, ni el camino; asimismo estando una persona sola en casa, teniendo consigo Tabaco y usando de él, no siente la soledad;[94] asimismo se ha experimentado que si uno está estudiando una cosa, y se cansa de no acabar de comprenderla, tomando un polvo por las narices o fumando un cigarro y descansando vuelve sobre ello y lo percibe con más facilidad. Como que se ve claro que aviva[95] los sentidos, recrea la naturaleza y la fortifica el Tabaco en polvo tomado por las narices (y también el de humo), limpia el cerebro de sus excrementos haciéndolos evacuar por la nariz y boca sensiblemente y por otras partes; ayuda a la digestión del estómago y expulsión de los excrementos y humedades del pecho; hace despedir ventosidades[96] del cuerpo por alto y bajo, y del cerebro mediante estornudos; pone libre las vías de la respiración [...]; alivia los dolores de cabeza, los zumbidos[97] de los oídos, y prohíbe las destilaciones de la cabeza al pecho, y otras partes con la evacuación que provoca por boca y narices, y se ha visto que los que tienen dolores de gota[98] y males de orina[99] no padecen tanto, ni las mujeres molestadas de achaques de la madre.[100] Hay otro modo de usar el Tabaco, aunque poco usado, que es trayendo en la boca la hoja, o el que llamamos de humo, y este modo se llama masticación [...]. En cuanto a las virtudes [del café], todos los autores están acordes en que conviene a las enfermedades contraídas por debilidad; a los temperamentos flemáticos, a las personas sedentarias y flemáticas, en las cuales el estómago conserva los alimentos mucho tiempo, con sentimiento de peso en la región epigástrica o del estómago. Todos los que han escrito del Café, sin discrepar los unos de los otros, dicen que sus virtudes son desecar[101] todos los humores[102] fríos, que destruye las ventosidades, fortifica el estómago, abre las ganas de comer, ayuda a la digestión, y quita los dolores del estómago, destruyendo el preternatural y corrompido[103] fermento ácido que está sobre el fondo de él, corrobora[104] el hígado,

---

[93] *tabaco en polvo* (también llamado *rapé*): snuff (tobacco); *tabaco de humo*: smoking tobacco
[94] solitude, loneliness
[95] *avivar*: to intensify, to rouse
[96] flatulence
[97] buzzing

[98] gout
[99] urine
[100] menstrual cramps
[101] *desecar*: to dry out, to dessicate
[102] humors (see chapter 3)
[103] spoiled, rotten
[104] *corroborar*: to corroborate, to sustain

alivia los dolores flatulentos del bazo, abre las vías[105] de las mujeres, y aprovecha para que les vengan bien los menstruos; purifica la sangre y quita las palpitaciones del corazón. Asimismo aprovecha para las indisposiciones frías y húmedas del cerebro, resuelve los humores que causan fluxiones[106] reumáticas,[107] destruye las flemas y crudezas[108] que causan las arenas y piedras en los riñones y vejiga.[109] [...] Es muy dañoso, como acabo de decir, a la gente de letras, por las vigilias, [110] los temblores, [111] la extenuación, [112] y la vejez anticipada" [113] [...] "No conviene el uso abundante del Café a las personas flacas y extenuadas, porque les pone la sangre en una agitación violenta; al contrario en aquellas que abundan de gordura[114] y obesidad, pues en estas les es muy saludable, porque su uso excita una abundante transpiración en todo el cuerpo, y en poco tiempo se observa que va disminuyendo gordura y vientre, de lo que resulta quedarse enjutos[115] y libres del peso que les incomodaba, lo que muchas veces era causa de esterilidad. Las mujeres embarazadas deben abstenerse del uso del Café, porque les puede sobrevenir[116] alguna hemorragia y ser causa del aborto.[117] El uso del Café debilita los nervios, y en este estado la menor enfermedad, o el mismo parto[118] presenta síntomas asombrosos,[119] que con dificultad las mujeres delicadas pueden resistir."

¿Sabías que...?
La medicina moderna ha encontrado propiedades beneficiosas en el café. Aunque se ha señalado la necesidad de continuar realizando estudios clínicos, se ha encontrado una posible relación entre el consumo del café y la mejora de las habilidades cognitivas, al tiempo que se ha señalado una posible disminución en el riesgo de algunos tipos de cáncer, diabetes 2, enfermedades cardiovasculares y mortalidad.

Café y tabaco como forma de vida

La importancia de las cuestiones relacionadas con el café y el tabaco crecía a medida que aumentaba su consumo, que llegó a hacerse muy grande. Hay muchos textos que

---

[105] passages
[106] swelling
[107] rheumatic
[108] food in the stomach that is undigested
[109] bladder
[110] sleeplessness, sleepless nights
[111] trembling
[112] exhaustion

[113] premature old age
[114] fatness, corpulence
[115] secos, delgados
[116] *sobrevenir*: to come up suddenly
[117] miscarriage
[118] birth
[119] astonishing

describen la afición por el café y el tabaco en los países que los producían y que demuestran que se consumían varias veces a lo largo del día. También se consideraban medicinales para diferentes tipos de dolencias. La frecuencia de su consumo ayudó a establecer unas prácticas sociales que son propiamente nacionales y que en cierta medida ayudan a eliminar las diferencias locales, sociales y raciales que hay entre diferentes grupos por ser experiencias compartidas entre todos ellos.

Virginia Auber Noya incluye en su obra *Ambarina: Historia doméstica cubana* (1858) una interesante descripción de los hábitos cubanos con respecto al café y destaca las características que le parecen propias de la gente de Cuba:

"Me encuentro solo en [la finca del] 'Paraíso' con el mayoral[120] y los africanos encargados del cultivo del balsámico grano que constituye una de las principales necesidades de la grande Antilla,[121] pues se me olvidaba decirte que se bebe más café que agua pura. Apenas despiertas te ofrecen café; almuerzas y te dan café; comes y te presentan café; cenas y te ponen con el café tu gorro de dormir.[122] En el campo particularmente, se hallan siempre al fuego, en la choza[123] de los trabajadores blancos, el jarro de agua que hierve para la próxima preparación del indicado líquido. ¿El artesano tiene calor? Enjugándose[124] la frente con el pañuelo de Madrás va a tomar café. ¿Padece del estómago? Toma café. ¿Se entrega al alborozo?[125] Toma café también. En fin, el café es un artículo indispensable para el habitante de las ciudades y campos de Cuba. La aromática bebida lo conforta a la hora de levantarse, en la de sus tareas, en la de sus regocijos[126] y en la de sus zozobras.[127] Para pintarte de una vez la extraordinaria afición[128] que el montero[129] sobre todo le profesa, te diré que toma casi tanto café como cigarros fuma. Basta con esto para que comprendas que es su garganta una cafetera[130] perpetua, según es su boca una chimenea ambulante[131] por donde se escapa de continuo el azulado humo de la buscada hoja que forma uno de los primeros ramos de la industria del país[132] [...] Aunque el café, según modernos Esculapios[133] ataca los nervios, las habaneras[134] padecen de ellos menos

---

[120] foreman
[121] Cuba
[122] nightcap
[123] hut, shack
[124] *enjugar*: to dry, to wipe off
[125] delight, raucousness
[126] gaiety
[127] uneasiness, worries

[128] fondness
[129] huntsman
[130] coffee maker
[131] ambulatory, mobile
[132] one of the main branches of industry in the country
[133] Asclepius (dios griego de la medicina)
[134] mujeres de La Habana

a menudo que las gentiles europeas, que anteponen[135] a aquél el té y el chocolate. Quizá provendrá[136] de que La Habana, novicia[137] en los supremos refinamientos de la civilización, la moda, y consiguiente artificio, no considera aún de alto buen tono[138] declararse una bella[139] sujeta a[140] enfermedades epilépticas y a extravagantes convulsiones."

Antonio de Ulloa, en su *Viaje al Reino del Perú* (1748) explica la pasión por el tabaco que une a gente de todos los niveles económicos, étnicos y, desde su punto de vista, raciales ("castas"). Ulloa explica también en detalle los nuevos hábitos sociales que las mujeres blancas han adoptado de sus esclavas y amas de leche,[141] sugiriendo que estas costumbres se adoptan desde el nacimiento:

"No menor es la pasión que tienen al tabaco en humo, cuyo uso es general entre todas las personas sin excepción de sexo ni calidad; pero las señoras y mujeres blancas lo chupan en sus casas, moderación que no es practicada de las otras de castas ni de los hombres, los cuales no distinguen de sitio ni ocasión. La moda de tomarlo es en pequeños cigarros, hechos y envueltos con el mismo tabaco; las mujeres se particularizan en el método de recibir el humo, que es poniendo dentro de la boca la parte o extremo del tabaco que está encendido, y así lo mantienen largo rato sin que se les apague ni ofenda el fuego de él; una de las finezas[142] particulares que practican con las personas con quienes profesan familiaridad y estiman es el encender por sí los tabacos y repartirlos entre las que están de visita, aunque sean de respeto,[143] y, de rehusar el admitir [el cigarro], se avergüenzan[144] teniéndolo a desaire,[145] por cuya razón no se aventuran a ofrecerlos sino es a los que saben que lo usan. Las señoras de distinción aprenden esta costumbre desde que son pequeñas, y no es dudable que la contraen de las amas de leche que las crían, y son las mismas negras esclavas; y siendo tan común entre aquellas personas de distinción, se comunica fácilmente su uso a los que pasan de Europa y hacen allí alguna residencia."

---

[135] *anteponer*: to put ahead of
[136] *provenir*: to come from
[137] novice
[138] in good taste
[139] belle
[140] subject to

[141] wet nurses
[142] courtesies
[143] visita...de respeto: formal visit
[144] *avergonzarse*: to be ashamed, to be embarrassed
[145] slight, snub

Hablemos sobre las lecturas

1. ¿Qué recomienda Antonio Lavedán con respecto al tabaco y al café? ¿Cuándo y para quién le parecen recomendables? ¿Cuándo y para quién no le parecen recomendables?
2. ¿Qué recomendaciones específicas hace Antonio Lavedán a las mujeres?
3. ¿Cómo describe Virginia Auber Noya el consumo de café en Cuba?
4. ¿Cómo se diferencian, según Virginia Auber Noya, las mujeres europeas de las cubanas con respecto a sus actitudes hacia el café?
5. ¿Cómo describe Antonio de Ulloa el consumo del tabaco en las diferentes clases sociales, sexos y castas?
6. ¿Cuáles son los nuevos usos sociales del tabaco que se han impuesto según Antonio de Ulloa?
7. ¿Cuál es el papel de las mujeres en estos nuevos usos?

Receta inspirada en la de *Cocina criolla* de Nitza Villapol
Arroz con leche

Ingredientes

- 1/3 vaso de arroz
- 1 ½ vaso de agua
- ½ cáscara de limón
- 1 rama de canela
- 3/4 litro de leche
- 1/2 vaso de azúcar
- 1/8 cucharadita de sal
- 1/2 cucharadita de vainilla
- canela en polvo

1. Lava el arroz y ponlo a cocer en el agua hasta que se ablande[146] (unos diez minutos).
2. En un cazo aparte, pon a cocer la leche, la canela en rama, la cáscara de limón y la sal.
3. Cuando la leche esté cociendo, añade el arroz escurrido, el azúcar y la canela. Sigue cociendo a fuego bajo (unos doce minutos) evitando que se pegue[147] en el fondo.[148]

---

[146] *ablandar*: to soften   [148] bottom
[147] *pegarse*: to stick

4.   Cuando esté blando y todavía algo caldoso, viértelo[149] en un plato hondo y espolvoréalo[150] con canela.

Nota: el arroz puede hacerse cocinándolo solo con leche desde el principio a fuego muy bajo.

Actividades

1. Piensa en el plato que, desde tu punto de vista, mejor representa tu país, tu grupo étnico o tu tradición familiar. Escribe una canción o un poema sobre el mismo y ponle música o descríbelo en un video.

2. Haz el arroz con leche de la receta anterior y compártelo con la clase. ¿Cómo te parece que habría cambiado la receta Nitza en épocas en las que no había arroz o leche?

3. Entrevista a alguna persona de tu familia o a algún miembro representativo de un grupo étnico de tu comunidad. Conversa sobre sus experiencias culinarias y sus memorias sobre la comida de su niñez y de las que sean más representativas de las fiestas tradicionales de su grupo o país de origen. Prepara un video, escribe un ensayo resumiendo la entrevista o prepara una presentación para compartirla con tu clase.

4. Haz una lista de las propiedades del café y el tabaco relacionadas con la salud según aparecen descritas en las lecturas. Investiga las propiedades de estos dos productos y las últimas recomendaciones de la medicina actual y haz una lista detallándolas. ¿En qué son similares y en qué son diferentes las dos listas?

5. Haz una encuesta[151] entre personas conocidas tuyas sobre sus hábitos relacionados con el consumo del café. ¿Puedes sacar conclusiones sobre las prácticas sociales y alimentarias relacionadas con el café en el entorno[152] en el que vives?

---

[149] *verter*: to pour
[150] es*polvorear*: to sprinkle

[151] survey
[152] surroundings

Capítulo 10: Centroamérica y las aportaciones mayas

Este capítulo presenta el Popol Vuh, libro sagrado que muestra la gran importancia del maíz para la cultura maya. El chilate y el pinole son comidas emblemáticas basadas en el maíz y ligadas a antiguas tradiciones y ceremonias mayas. La influencia definidora maya en las gastronomías nacionales centroamericanas puede verse en el jocón, el kak'ik o kaq'ik, el pepián y los plátanos en mole de Guatemala. Otros alimentos como el plátano y la yuca llegaron con el intercambio colombino, pero se han integrado totalmente en las cocinas centroamericanas, aportando sabores hoy considerados propios.

Popol Vuh

El Popol Vuh, libro sagrado de los mayas, contiene una serie de narraciones históricas y míticas de los mayas quichés de Guatemala. Estas narraciones expresan la cosmología quiché e incluyen el relato de la creación de los seres humanos explicado como un proceso de elaboración que, en último término, utiliza el maíz como masa de la que se forma el ser humano. Según el Popol Vuh, al crear el mundo, los dioses primero usaron barro y después madera para dar forma a los seres humanos. Sin embargo, ninguno de estos dos materiales tenía las características apropiadas, ya que son frágiles e imperfectos. Por fin, los dioses crean a los cuatro primeros hombres usando el maíz. Estos hombres son Balam Quitzé, Balam Akab, Mahucutah e Iqui Balam. Después los dioses crean las cuatro primeras mujeres, cuyos nombres son: Cahá Paluna, Chomihá, Tzununihá y Caquixahá. Así se describe en la traducción española del texto, escrito en maya quiché y traducido por fray Francisco Ximénez en el siglo XVIII:

> "A continuación [los dioses] entraron en pláticas acerca de la creación y la formación de nuestra primera madre y padre. De maíz amarillo y de maíz blanco se hizo su carne; de masa de maíz se hicieron los brazos y las piernas del hombre. Únicamente masa de maíz entró en la carne de nuestros padres, los cuatro hombres que fueron creados. [...] Fueron dotados de inteligencia; vieron y al punto se extendió su vista, alcanzaron a ver, alcanzaron a conocer todo lo que hay en el mundo. Cuando miraban, al instante veían a su alrededor y contemplaban en torno a ellos la bóveda del cielo[1] y la faz[2] redonda de la tierra. Las cosas ocultas las veían todas, sin tener primero que moverse; en seguida veían el

---

[1] canopy of heaven   [2] face

mundo y asimismo desde el lugar donde estaban lo veían."

En *Hombres de maíz*, Miguel Ángel Asturias, escritor guatemalteco que recibió el Premio Nobel de Literatura, toma al *Popol Vuh* como texto de referencia, explicando el carácter sagrado[3] de la agricultura y el valor del maíz como elemento central en la identidad quiché. En su obra, Miguel Ángel Asturias imita las imágenes y lenguaje legendario del *Popol Vuh*. En opinión de Rigoberta Menchú, escritora y activista quiché y premio Nobel de la Paz, para los quiché "el maíz es el centro de todo, es nuestra cultura" (*Me llamo Rigoberta Menchú y así me nació la conciencia*).

Hablemos sobre las lecturas
1. ¿Qué es el Popol Vuh?
2. ¿Cuál es el valor del maíz en la cultura quiché?
3. ¿Quiénes son los "hombres de maíz"?
4. ¿Por qué piensas que tiene el maíz un papel fundamental en la creación del hombre en el Popol Vuh?
5. ¿Cómo caracterizan el valor del maíz Miguel Ángel Asturias y Rigoberta Menchú?

La omnipresencia del maíz: pinole y chilate

Como muestra el Popol Vuh, en la cultura maya el maíz es alimento que constituye la vida. Por esta razón, existen muchos platos en las cocinas de áreas mayas (y también aztecas) basados en el maíz que se consideran verdaderos emblemas culturales y nacionales. Uno de los más representativos es el pinole. El pinole, harina de maíz tostado a la que se añaden otros ingredientes como cacao, agave, vainilla o canela, es comúnmente consumido como bebida. El pinol está considerado el plato típico de San Juan Sacatepéquez, Guatemala, y hay gente que quiere que lo declaren "quinto plato típico patrimonio cultural intangible de la nación." Para hacer el pinol, se tuesta el maíz el día antes y se muele en piedra. A la harina resultante se le puede añadir comino en polvo, pimienta negra y un poco de achiote. Se hierve una gallina hasta que esté blanda en agua junto con cebolla verde, unas ramitas de cilantro y sal al gusto. Después se hace el "recado" o salsa con tomate, cebolla, cilantro, miltomate (tomatillo pequeño), pimiento o chile seco previamente tostado y pimiento o chile rojo fresco dulce, moliendo todo o triturándolo después. Este recado se añade al caldo de gallina. Se deja cocer todo durante media hora y se saca la gallina, reservándola. Se mezcla la harina de maíz tostado con agua caliente o con caldo de gallina para hacer una pasta blanda. Una vez listo, se añade la pasta con la harina de maíz y se revuelve constantemente. Hay que remover continuamente durante unos

---
[3] sacred

quince minutos, rectificando de sal si es necesario. La consistencia debe ser la de un puré claro. Se le acompaña la gallina cocida, tortillas de maíz y una ensalada rusa, aunque este último acompañamiento no es tradicional.

En Nicaragua, el pinolillo se considera la bebida nacional, tal y como se expresa en la común exclamación: "Soy puro Pinolero; ¡Nicaragüense por gracia de Dios!", que forma parte del famoso corrido del cantautor nicaragüense Tino López Guerra.

El pinole, combinado con otros ingredientes, es rico en nutrientes y, junto con la chía, constituye un alimento básico de la alimentación de los tarahumaras, grupo nativo de México establecido en la parte más alta de la Sierra Madre Occidental, en el estado de Chihuahua. Los tarahumaras pueden correr larguísimas distancias y se les considera unos superatletas.

En la parte occidental de Honduras es común beber *chilate*, bebida compuesta de atol hecho con maíz tostado, cacao y chile a la que pueden añadirse otros ingredientes, como anís, jengibre o canela. El chilate se usa en las ceremonias de *huacaleo* o *guacaleo*, que tienen su origen en antiguas tradiciones mayas y ceremonias de paz. En estas ceremonias, los participantes beben chilate con un recipiente hecho de calabaza[4] llamado huacal. En otras zonas de Honduras, el chilate está unido a ceremonias del pueblo chortí relacionadas con la agricultura. En una de estas ceremonias se pone un huacal lleno de chilate en cada una de las cuatro esquinas de la milpa[5] y un quinto huacal en el centro para que la cosecha[6] sea abundante.

El pinole: ¿bebida o comida?

Como en el caso del chocolate, con la llegada de los europeos se originaron grandes debates sobre la naturaleza de ciertos alimentos que se tomaban en forma de bebida. Aunque el pinole y el atole eran muy energéticos, el hecho de tomarse bebidos hacía que pudiese considerárselos aptos para los días de ayuno en que la Iglesia prohibía el consumo de alimentos sólidos. Como en el caso del chocolate, estos debates demuestran los conflictos causados por las diferencias entre las prácticas alimentarias del Viejo y el Nuevo Mundo, así como las dificultades en transferir las taxonomías de una cultura a otra. También muestran las intersecciones entre cuestiones religiosas, médicas y alimentarias, considerándose que el clima y la tierra tienen efectos determinantes en las necesidades físicas de sus habitantes. En la *Primera parte de los problemas y secretos maravillosos de las Indias* (1591), Juan de Cárdenas trata de la cuestión de si bebidas como el pinole, la chicha o el chocolate rompen el ayuno que la Iglesia manda guardar a sus fieles en determinados días del año:

---

[4] gourd

[5] plot of land

[6] harvest

"No obstante que la decisión y determinación de este capítulo pertenece más a teólogos que a médicos, con todo eso, por la parte que frisa[7] tanto con Medicina, me pareció tratar algo de lo mucho que acerca de esta duda se pudiera traer y allegar.[8] El moverme a tocarla y ventilarla[9] no fue con otro intento que refutar y desterrar[10] del vulgo[11] una ignorancia y yerro [12] terrible que acerca de estas bebidas de pozole, [13] cacao, chocolate, pinole, chicha y otras de este jaez[14] se tiene en las Indias. Y es que lo más de la gente de esta tierra tiene creído que ni el chocolate ni las demás bebidas que ahora decíamos, ahora se tomen por la mañana, ahora de sobretarde,[15] no quebrantan[16] el ayuno. Las razones que para esto traen son cierto muy de notar. Dicen algunos que porque el cacao y las demás bebidas son cosas que se beben, por eso no se quebranta con ellas el ayuno; y a este tono pudieran también decir que la leche, el atole, las poleadas y aun unos huevos blandos y una pechuga de ave[17] molida y desatada en caldo, [18] por ser cosas que se beben, no eran parte a quebrantar el ayuno. Otros, disfrazándolo[19] más, dicen que estas bebidas no las usan para sustentarse[20] de ellas, sino sólo para con ellas apagar[21] la sed, como en efecto cualquiera de ellas la apaga; pero tampoco consideran, los que esto dicen, que nuestra Santa Madre Iglesia no manda se apague la sed con brebajes de tanto sustento[22] como éstos, sino con un simplicísimo elemento, cual es el agua. Otros, finalmente, echándolo más por lo filosófico, dicen que, por cuanto esta tierra de las Indias es tan dejativa,[23] por eso conviene desayunarse con algo por la mañana y que no hay cosa más aprobada para este efecto que el chocolate, así como para apagar la sed es necesarísimo usar por la tarde del cacao o pinole. A este modo son todas las razones que el vulgo trae y con ellas viven persuadidos a que no quebrantan el ayuno en semejantes días de ayuno."

---

[7] *frisar*: to border on
[8] *allegar*: to gather
[9] ventilar una duda: resolver una duda
[10] *desterrar*: to banish
[11] common people
[12] error
[13] además de ser un guiso mexicano, el pozole o pozol era y es todavía una bebida hecha con maíz y otros ingredientes que se consume en Centroamérica y el sur de México
[14] kind

[15] evening
[16] *quebrantar*: to break
[17] chicken breast
[18] mixed with broth
[19] *disfrazar*: to disguise
[20] *sustentarse*: to sustain oneself, to be nourished
[21] *apagar*: to put out, to quench
[22] sustenance
[23] weak, slack

Refranes y expresiones populares
- *No se puede chiflar[24] y comer pinole*: no se pueden hacer dos cosas incompatibles al mismo tiempo.
- *El que tiene más saliva, come más pinole*: el que es más listo tiene la ventaja.
- *Quedar alguien hecho pinolillo*: quedar arruinado.
- *Hacer a alguien pinolillo*: liquidar a alguien, destruirlo.

Hablemos sobre las lecturas
1. ¿Qué razones pueden explicar que el pinole esté estrechamente relacionado con la identidad hondureña y el pinol con la guatemalteca?
2. ¿Hay una comida que esté considerada emblemática de tu cultura?
3. ¿Por qué te parece que existe esa relación entre nación y un plato específico?
4. ¿Cuáles son las razones que, según Juan de Cárdenas, se usan para justificar el consumo de pinole, chicha, chocolate y bebidas semejantes en época de ayuno obligatorio?
5. En opinión en Juan de Cárdenas, ¿son las bebidas hechas a base de maíz bebida o comida? ¿Cuál es tu opinión al respecto? ¿Por qué?
6. ¿Qué características de la tierra americana se usan para justificar el consumo de estas bebidas en época de ayuno?

Humitas: tamales prehispánicos

El cronista Gómez de Vidaurre, en su *Historia geográfica, natural y civil del Reino de Chile* (1889), explica que la huminta o humita es un tamal hecho con maíz tierno y otros ingredientes:

"Se hace con maíz tierno y aún de leche,[25] cortando primero con un cuchillo sus granos sobre la mazorca[26] y majándolos[27] entre dos piedras lisas como preparan el cacao los chocolateros. La masa jugosa y como leche que proviene de esto, la aliñan[28] con buena grasa, sal y algunos con un poco de pimiento o azúcar sola; repártenla después en tantos panecillos,[29] los cuales envueltos en las hojas más tiernas de los mismos

---

[24] *chiflar, silvar*: to whistle
[25] young, juicy corn
[26] corncob

[27] *majar*: to grind
[28] *aliñar*: to dress, to season
[29] loaves

choclos (maíz), los cuecen en agua hirviendo o los asan[30] al horno."

Platos relacionados por estar hechos con <u>masa</u> de maíz:
Tortillas mexicanas
Tlacoyos mexicanos
Tlayudas de Oaxaca
Gorditas mexicanas
Papadzules yucatecos
Pupusas salvadoreñas
Arepas venezolanas
Tamales
Nacatamales (Honduras)
Hayacas cubanas (similares a los tamales)
Hallacas venezolanas (similares a los tamales)
Pasteles puertorriqueños (similares a los tamales)

Figura 19: Pupusa salvadoreña de nopales con yuca, pastelito y curtido

---

[30] *asar*: to roast

¿Sabías que…?

La palabra <u>recado</u> significa el mensaje o un encargo[31] que se transmite a una persona. También puede referirse al conjunto de materiales que se necesitan para hacer algo. En Centroamérica, el recado es una salsa espesa que acompaña a carnes, como es el caso de los moles y de los pinoles.

Refranes y expresiones populares:

- *Ganarse la arepa*: ganarse el sustento diario.
- *La arepa se está poniendo cuadrada*: la situación (económica) se está poniendo difícil.
- *Redondear la arepa*: hay que luchar por sobrevivir.
- *Rasguñar la arepa*: alguien roba o intenta robar tu pareja.
- *Soplar el bisté*: alguien roba o intenta robar tu pareja.
- *Otra vez la burra al maíz* (*trigo*): expresión negativa por la insistencia de alguien sobre una cuestión que se consideraba resuelta.
- *Todos somos de una masa*: todos somos iguales.

El chicle: fluido vital de los mayas

El árbol chicozapote abunda en zonas del sureste de México y de la zona norte de América Central donde los mayas habitan desde hace más de dos mil años. El chicozapote (Manilkara zapota) produce una savia que se obtiene al producir incisiones en forma de zigzag en su corteza. Al secarse, la savia adquiere una consistencia elástica. Los mayas masticaban esta savia comestible, a la que llamaban *sicte*, que quiere decir 'fluido vital' o 'sangre,' para limpiarse los dientes y para suprimir el hambre durante los ayunos rituales. El uso del chicle pasó a los aztecas, quienes le dieron el nombre de *tzictli*, que quiere decir 'pegar' y de donde derivó el español chicle. Aunque comenzó su comercialización en el siglo XIX, principalmente en los Estados Unidos, donde primero se intentó utilizar como sustitutivo de la goma,[32] el chicle creció en popularidad en la Segunda Guerra Mundial, cuando formaba parte de las raciones de los soldados estadounidenses. Hoy en día el chicle que se vende en las tiendas está hecho de un material plástico neutro, el acetato de polivinilo, que es más estable y barato para su comercialización masiva que el chicle de los mayas. El chicle también se conoce como "goma de mascar." En la década de 1980 se puso de moda la canción *Goma de mascar*, que popularizaron el grupo de pop Goma de mascar y la cantante Yuri.

---

[31] errand   [32] rubber

Guatemala: intercambio colombino y mestizaje culinario

En el año 2007 el Gobierno de Guatemala declaró "Patrimonio Cultural Intangible de la Nación" cuatro platos emblemáticos guatemaltecos. Estos platos son el *jocón*, el *kak'ik* o *kaq'ik*, el *pepián* y los plátanos en mole. Estos platos se consideran también representativos de la fusión o mestizaje culinario entre los ingredientes y técnicas traídos por los españoles y los alimentos y tradiciones culinarias precolombinas.

El jocón es un caldo que combina la carne de gallina de Castilla o criolla y cilantro con otros ingredientes cultivados desde el período precolombino, como el miltomate o tomatillo y el chile. En el pepián se hace un caldo con carne de gallina o de cerdo y verduras como el güisquil o chayote, papa o patata, zanahoria y cebolla, con sal y pimienta. A este caldo se añade una densa salsa o recado hecho de una combinación variable de ingredientes, entre los que puede incluirse chile pimiento dulce, chiles picantes secos, tortillas de maíz tostadas, tomate, ajo, cilantro, ajonjolí, pepitas de calabaza o pepitorias, pimienta y canela. Las técnicas de cocinado son similares a las que se usan para hacer el mole, ya que se asan o tuestan los ingredientes individualmente antes de mezclarlos y molerlos.

Para hacer el *kak'ik* se empieza con un caldo hecho con pavo, chunto o chompipe,[33] ajos, cilantro, hierbabuena[34] o menta, al que después va a agregarse una salsa o recado hecho con ingredientes como canela, pimienta gorda, clavos, hojas de zamat,[35] cebolla, tomates, tomatillos, achiote, chiles huaques o guaques y tortillas de maíz, todos asados en un comal o sartén y después triturados. Es tradicional acompañarlo con la propia sangre del pavo, ya cuajada (coagulada) y cortada en trocitos. Los ingredientes exactos de este plato son objeto de debate entre los guatemaltecos, ya que hay personas que dicen que para hacer el verdadero kak'ik del área de Cobán, la ciudad guatemalteca donde se considera plato típico, el caldo no debe llevar tomatillos ni chile huaque. El nombre del plato está compuesto de las palabras mayas *kak* (rojo) e *ik* ('picante' o 'chile'). El color rojo del caldo del *kak'ik* al que alude[36] su nombre se ha explicado por la asociación que el *kak'ik* podría tener con la sangre vertida[37] en antiguos rituales prehispánicos. Se sirve acompañado de chile cobanero (de Cobán) en polvo, arroz y pequeños tamales hechos solo con manteca de cerdo y sal.

Para preparar plátano con mole, suelen mezclarse los ingredientes usuales de una salsa o recado para obtener una base muy similar al pepián, pero con la adición de azúcar, chocolate y pan dulce como espesante.[38] Una de las características del mole guatemalteco es que acompaña alimentos dulces, como el plátano.

---

[33] tipo de pavo silvestre
[34] spearmint
[35] tipo de culantro

[36] *aludir*: to allude to, to refer to
[37] *verter*: to spill, to pour
[38] thickener

Estos platos chapines (guatemaltecos) muestran algunas de las técnicas culinarias precolombinas más ancestrales. Además de ser obvia la ausencia de lo frito, técnica que junto con el aceite llegó a América con los españoles, puede observarse la técnica del asado de los ingredientes individuales, seguida del molido o triturado de estos que resulta en una compleja y sofisticada combinación de sabores. Los instrumentos culinarios usados en la aplicación de estas técnicas son el <u>metate</u>, piedra lisa de ancha superficie ligeramente inclinada, y la <u>mano</u>, que tiene forma de rodillo[39] y con la que se muelen o trituran los alimentos colocados sobre el metate. El metate se usa también para triturar el cacao y el maíz. El <u>comal</u> es un amplio disco hecho de barro cocido o de metal que se pone directamente en el fuego apoyado en tres o cuatro piedras. El comal se usa para asar alimentos sin ayuda de ningún tipo de aceite o grasa y es el utensilio donde se hacen las tortillas, las pupusas y otras delicias de maíz. Otro utensilio importantísimo en la cocina maya es el <u>molcajete</u> o mortero, en el que se muelen los ingredientes para las salsas con la ayuda del <u>tejolote</u> o mano.

Figura 20: Diferentes tipos de salsa hechas en molcajete

¿Sabías que...?

Desde hace miles de años la <u>yuca</u> es un alimento base en muchos pueblos americanos. Sin embargo, la yuca es un alimento venenoso en su forma natural, ya que contiene cianuro,[40] aunque desde muy pronto se idearon técnicas para eliminar el cianuro y poder consumirla y aprovechar sus valores altamente nutritivos. El procedimiento para preparar la yuca dulce, que es la que normalmente se encuentra en los supermercados, consiste simplemente en pelar la yuca, cortarla por la mitad y eliminar la parte leñosa

---

[39] rolling pin   [40] cyanide

central, para después cocerla en agua hirviendo durante aproximadamente 15-20 minutos. El cianuro se elimina mediante la cocción. La yuca amarga necesita de procesos más complicados para eliminar su toxicidad. Estos procesos incluyen el rallado[41] y remojo, la fermentación y/o el secado al sol. De la yuca dulce se elabora la tapioca.

Hablemos sobre las lecturas

1. ¿Qué son las humitas?
2. ¿Cómo pasó el chicle de tener un uso práctico para los mayas a formar parte de las raciones de los soldados estadounidenses en la Segunda Guerra Mundial?
3. ¿Cuáles son los cuatro platos que se consideran emblemáticos de la gastronomía de Guatemala? ¿A qué deben su importancia?
4. ¿Por qué pueden considerarse esos cuatro platos ejemplos del mestizaje gastronómico guatemalteco?
5. ¿Cómo te parece que se pudieron descubrir las técnicas para eliminar el cianuro de la yuca y hacerla comestible?

De Canarias a Centroamérica: el plátano

El plátano es originario de Asia, aunque en el siglo XV ya se cultivaba en las Islas Canarias, desde donde se llevó a América. Había sido también aclimatado en África, por lo que era además alimento importante para los esclavos africanos que llegaron a América. De alto consumo en las cocinas centroamericanas y de otras del mundo hispánico es el <u>plátano macho</u> o <u>plátano verde</u>,[42] que se usa en la cocina como si fuera un tubérculo,[43] aunque en realidad es una fruta. Este uso culinario se explica por su textura y consistencia. Dependiendo de la receta, puede cocinarse cuando está verde, cuando está más duro y menos dulce o cuando madura y su piel está casi totalmente negra. Cuando está verde, su sabor se asemeja[44] al de la papa o patata y cuando está maduro es dulce y puede comerse como fruta o cocinarse. El plátano macho es mucho más importante para la cocina centroamericana que la papa o patata. Es muy común su preparación en forma de <u>tostones</u> o <u>patacones</u> (también llamados <u>tajadas</u> en Honduras y Venezuela, <u>mariquitas</u> en Cuba y <u>chifles</u> en Ecuador y Perú). Para hacer los tostones, se pela y corta el plátano en rodajas[45] para después freírse en aceite caliente. Las hojas del plátano también se usan en la cocina para envolver carne sazonada, tamales y otros alimentos, dándoles un sabor especial. Es frecuente pasar

---

[41] grating
[42] plantain
[43] tuber

[44] *asemejarse*: to resemble
[45] slices

las hojas por el fuego brevemente para potenciar[46] su sabor, hacerlas más flexibles y así poder usarlas con más facilidad en la cocina. En Nicaragua se usan para hacer el famoso vigorón, que se prepara envolviendo en hojas de plátano yuca hervida[47] y chicharrones de cerdo, junto con curtido, una ensalada de repollo, tomate, cebolla y chile aderezada con vinagre. El vaho nicaragüense contiene cecina marinada en zumo de naranja agria, cebolla y tomate. También se añaden pedazos de yuca, pedazos de plátano verdes, plátanos macho maduros sin pelar y pimentones o chiltomas rojos y verdes en rodajas. Los ingredientes se colocan sobre hojas de plátano, con las que también se cubren, y se cocinan al vapor. Al igual que el vigorón, el vaho se sirve con curtido. Se dice que el vaho es el resultado de la combinación de elementos culturales y gastronómicos de las poblaciones nativas, mestizas y afronicaragüenses.

Refranes y expresiones populares
- *Estar más pelado que un plátano (Cuba)*: no tener dinero.
- *No comer plátano por no botar (tirar) la cáscara* (Perú): ser tacaño, no gustar de gastar el dinero que se tiene.
- *Ser un/a banana* (Argentina, Uruguay): ser una persona tonta.
- *Darse un platanazo*: darse un golpe al caer en el suelo (Nicaragua).

¿Sabías que…?
El plátano es una fruta originaria de las regiones tropicales de Asia cuyo cultivo consiguió establecerse con éxito en Centroamérica. Hay muchas especies de plátanos, que incluyen el plátano Cavendish, que es dulce y es el que hoy se encuentra de forma más común en los supermercados. El plátano Cavendish está amenazado de extinción por causa de hongos[48] que lo están atacando en muchos de los países donde se cultiva. El problema es más agudo[49] porque los plátanos se cultivan en plantaciones. Al ser un monocultivo,[50] este tipo de plátano es mucho más susceptible a plagas[51] destructoras.

¿Y eso qué es?
La tostonera está compuesta por una base de madera con un hueco[52] circular donde se coloca el pedazo de plátano frito que, al bajar la tapa que está unida a la base por un gozne, aplasta el plátano, formando el tostón o patacón. Cuando la tapa tiene una semiesfera de madera alineada con un hueco hondo en la base, se utiliza para hacer

---

[46] *potenciar*: to boost, to improve
[47] *hervir*: to boil
[48] fungus
[49] acute, sharp

[50] monoculture
[51] plagues
[52] hollow space

tostones rellenos, ya que da forma cóncava a los pedazos de plátanos fritos al aplastarlos. En la cavidad[53] resultante en el plátano se puede colocar cualquier tipo de delicioso relleno, como camarones con salsas frescas, ceviche, picadillo de carne, o ensalada de pulpo. Sin embargo, para hacer <u>mofongo</u>, el típico plato de Puerto Rico, es necesario machacar los tostones de plátano en un <u>pilón</u>.[54] El mofongo puede servirse en el pilón, tras haber incorporado otros ingredientes tales como caldo, aceite de oliva, ajo y chicharrones, con la posterior adición de un relleno de carne o marisco. El mofongo puede hacerse también con tubérculos como la yuca y el taro. Para celebrar el día de Acción de Gracias en Puerto Rico, el pavo se rellena con mofongo en lugar de pan u otros ingredientes.

Maíz y chocolate: para un desayuno ideal

Un desayuno típico colombiano puede consistir en chocolate caliente bebido acompañado de <u>huevos pericos</u>, <u>calentado</u>, tamales o arepas y <u>changua</u>, un caldo de leche, queso y huevo con cilantro. Para hacer el <u>chocolate</u> hay que poner al fuego una pastilla de dos onzas de chocolate sólido en una olleta[55] con dos tazas de leche. Si el chocolate es amargo, se puede añadir una o dos cucharadas de azúcar al gusto. Cuando la mezcla empieza a calentarse y el chocolate está muy blando, debe retirarse del fuego para evitar que la mezcla se queme y removerse con un molinillo o unas varillas[56] o batidora hasta que el chocolate se diluya y la mezcla quede espumosa. Para hacer los <u>huevos pericos</u>, hay que cascar[57] varios huevos en un tazón y batirlos con sal y pimienta al gusto;[58] después picar cebolla larga[59] y tomate; incorporar a los huevos batidos y cocinar removiendo en una sartén[60] con aceite caliente. Otra forma de hacer estos huevos es refreír primero el tomate y la cebolla larga con el aceite para después incorporar los huevos batidos. Este plato es similar al denominado <u>bandeja paisa</u>, tradicional en la gastronomía antioqueña.[61] El <u>calentado</u> se hace mezclando arroz y fríjoles del día anterior en una sartén con aceite hasta que estén calientes. Si a todo esto se acompaña un <u>bistec</u>, hay que sazonarlo al gusto y hacerlo en una sartén caliente con un poco de aceite. Las <u>arepas</u> colombianas se hacen con harina precocida de elote (maíz) blanco. Esta harina especial se puede comprar en muchos supermercados con los nombres comerciales de Harina PAN, Areparina, Harina Juana o Masarepa. Esta harina es diferente de la masa harina que se utiliza para hacer las tortillas de maíz mexicanas. Para hacer las arepas colombianas hay que mezclar en un cuenco el tercio de una taza[62] de harina, el tercio de una taza de agua

---

[53] cavity
[54] wooden mortar and pestle
[55] la olleta es una jarra de metal que se utiliza en Colombia para hacer el chocolate. Su forma alta evita que se derrame la leche si ésta hierve. Es lo suficientemente elegante para servir el chocolate en la mesa
[56] whisk, beater

[57] *cascar*: to crack
[58] to taste
[59] scallion
[60] frying pan
[61] de Antioquía, uno de los departamentos de Colombia.
[62] one third of a cup

caliente, dos cucharaditas de mantequilla y sal al gusto. Una vez mezclados los ingredientes, debe quedar una masa sólida, pero no dura. Se forman bolas de esta masa que se ponen entre dos láminas de plástico y se aplastan con un rodillo[63] o un objeto pesado hasta alcanzar el grosor[64] deseado, normalmente entre medio centímetro y un centímetro o un cuarto de pulgada y media pulgada.[65] Para cocinarlas hay que calentar una sartén a temperatura media o media alta, añadir aceite o mantequilla y cocinar las arepas por ambos lados hasta que estén doradas. Esta receta básica admite muchas variaciones y adiciones, como la del queso. Si las arepas son gruesas, se abren por la mitad con un cuchillo y se rellenan de carne, mantequilla, queso u otros ingredientes como si fueran un bocadillo o un sándwich. También pueden dejarse enteras y cubrirse con estos ingredientes.

Hablemos sobre las lecturas

1. ¿Cómo se usa el plátano en la gastronomía centroamericana y en la de otras partes de Latinoamérica?
2. ¿Por qué está en peligro de extinción el plátano Cavendish? ¿Se te ocurren posibles soluciones?
3. ¿Qué es una tostonera?
4. ¿Cómo se hace el mofongo?
5. ¿De qué se compone el típico desayuno colombiano?

Una forma sencilla de experimentar con las técnicas culinarias mayas es preparar el delicioso chirmol, típico de Guatemala y también consumido, con variantes, en Honduras y El Salvador.

Receta
Chirmol

Ingredientes
- 2 tomates
- 2 chiles serranos o 1 chile jalapeño
- 2 ramitas de hierbabuena picadas finamente
- 2 ramitas de culantro o de cilantro picadas finamente
- ½ cebolla blanca cortada en trocitos pequeños
- jugo de lima, al gusto

---

[63] flatten with a rolling pin
[64] thickness
[65] one quarter of an inch and half an inch

- jugo de naranja agria[66] (facultativo), al gusto
- sal

La cantidad de los ingredientes puede variarse al gusto.

1. Poner los tomates y los chiles en un comal o sartén de hierro a fuego medio-alto y asarlos, dándoles vueltas hasta que se hayan asado uniformemente por todos lados sin dejar quemar.
2. Pelar los tomates.
3. Abrir los chiles y quitarles las semillas y las venas si no se desea un chirmol muy picante. Machacar los chiles en un mortero o cortarlos en pedacitos muy menudos.
4. Machacar los tomates en un mortero grande o en un molcajete hasta conseguir la consistencia deseada.
5. Mezclar con los tomates el chile picado, la cebolla, hierbabuena, cilantro o culantro, sal y zumo de lima al gusto.

Actividades
1. Cocina el chirmol de la receta anterior y compártelo con la clase. ¿Cómo refleja el chirmol la gastronomía centroamericana? ¿Puede en alguna medida considerarse un resultado del mestizaje culinario?
2. Investiga los usos del maíz en la zona en la que vives. ¿En cuántos alimentos puedes encontrarlo? ¿Cómo varían estos usos de los platos que los nativos americanos de tu zona elaboraban tradicionalmente con el maíz? Para ayudarte a pensar sobre este tema, puedes ver la película *King Corn*.
3. Visita un mercado, supermercado y/o tienda de productos hispánicos. ¿Cuántas clases de plátano puedes encontrar? ¿Qué otros productos elaborados con plátano venden en ese establecimiento? ¿Cuál es la diferencia en los precios de los diferentes productos?

---

[66] sour orange

Capítulo 11: Gustos y disgustos: El sabor de la tierra

Este capítulo explora los platos como el cocido, el ajiaco o el sancocho que están considerados típicos de determinadas cocinas locales o nacionales. Estos platos no son necesariamente del gusto de todos sus habitantes, lo que invita a considerar la relación entre preferencias gustativas personales, tradiciones familiares y nacionales, así como la relación con la tierra. Los gustos personales se presentan también en conflicto entre el aprecio individual por la cocina nacional y la presión social por aceptar una cocina extranjera de prestigio. Los tabúes relacionados con la comida influyen en el rechazo de alimentos prohibidos.

Adiós al cocido

El cocido está compuesto de garbanzos y hortalizas como las zanahorias, apio y cebollas, además de carne de pollo y ternera y de jamón, chorizo y morcilla. Como su nombre indica, los ingredientes cuecen juntos durante largo tiempo hasta que se ponen tiernos. Es plato típico de Madrid (España). Sin embargo... soy de Madrid y no me gusta el cocido. Me gustan los garbanzos sobre todo a la vinagreta o con sepia; me gusta el pollo (más o menos), me gusta la col o repollo (mucho), así como las cebollas, papas o patatas, zanahorias y apio (pero solo cocido). También desde mi más tierna infancia disfruté del chorizo, la morcilla, el morcillo y del sabor que el hueso del codillo[1] o la puntita de jamón pueden dar a una comida. Pero en el cocido la mezcla de todos esos ingredientes, hirviendo durante horas siempre me ha parecido un caldo nauseabundo[2] cuyos vapores hacen innecesariamente triste la vuelta a casa después de un largo día en el colegio o en la universidad. Ya desde fuera de la puerta de mi casa, cuando subía la escalera, me llegaba un olor que me golpeaba como una patada[3] en el estómago (literalmente), pero que también me producía una inmensa tristeza. Cocido, ¡puaj![4] Cuando entraba en mi casa, no tenía que preguntar qué había para comer. Sabía cuál era mi castigo:[5] engullir[6] a toda prisa un enorme plato de sopa de fideos, que detestaba, y después comer carne cocida con unos garbanzos que también tenían sabor a carne cocida. Tras muchas cavilaciones llegué a la conclusión de que a mi simplemente no me gusta el pollo cocido y que toda comida que venga impregnada con su sabor será siempre para mi aborrecible.

---

[1] knuckle
[2] nauseating
[3] kick

[4] yuck!
[5] punishment
[6] *engullir*: to gulp, to gobble

Figura 21: Cocido

Pero esto no podía entrarle en la cabeza a mi madre, que nunca llegó a tomarse en serio mi extraña fobia por un plato que en toda la ciudad y aun fuera de ella se consideraba como algo delicioso y decididamente castizo.[7] ¿Había algo peor que el cocido con el que maltrataba [8] mi estómago cada ciertas semanas? Desgraciadamente, sí. Era el cocido con el aditamento [9] de cordero. En esas— afortunadamente, contadas—ocasiones, cada cucharada de la incomible[10] sopa y cada insufrible bocado[11] me parecía un injusto suplicio[12] que me hacía preguntarme si verdaderamente merecía la pena vivir. Mi madre, mi tío y el resto de la rama familiar de "los Bravo" me observaban con una mezcla de humor, desdén e incredulidad. "El cordero es lo que da verdadera categoría al cocido, lo que lo eleva a manjar," decían. Nunca nos pusimos de acuerdo. No nos entendíamos. Hablábamos diferentes lenguas gustativas. Ellos con sus carnes cocidas, yo con mi repugnancia por ellas. Éramos una familia como otras muchas, una familia dividida en sus gustos. ¿Me quedaba alguna esperanza? El consuelo lo encontré en un lugar inesperado: las tiras cómicas de una niña argentina llamada Mafalda. Mafalda estaba llena de sabiduría. Hacía comentarios sobre la situación política, sobre la sociedad, sobre la familia,

---

[7] genuine, authentic
[8] *maltratar*: to mistreat
[9] añadido, adición

[10] inedible
[11] bite
[12] torture

sobre la vida. Pero quizá lo más importante para mí es que Mafalda hacía comentarios, y muy críticos, sobre la sopa. Mafalda odiaba la sopa, la sopa en cubitos, la sopa hecha con pollo o, como ella decía, "carne de inocentes." Mafalda sabía, como yo, que hacer una sopa de pollo era una falta de respeto para con el pollo, un pollo que había dado su vida inútilmente. En una de las tiras, Mafalda había señalado con hilo o bramante una pequeña zona rectangular alrededor de su sitio en la mesa. Cuando su madre se acerca para servir la ponzoñosa[13] sopa, Mafalda le señala la "zona ideológica" que ha trazado e indica a su madre que mantenga la sopa fuera de esta frontera ideológica. Yo jamás pude trazar fronteras de ese tipo en mi casa. Solo con el paso del tiempo cuando me fui de casa para estudiar por esos mundos de Dios, se me permitió no comer sopa. Cuando la rechazaba, mi madre me decía con sorna y con una sonrisa de medio lado "¡ah, es verdad, como Mafalda!" Así como Mafalda fue compañera inopinada[14] en mi rebelión contra el consumo forzado de sopa, más tarde encontré otra alma gemela en Cuba, el Cucalambé (Juan Cristóbal Nápoles Fajardo), quien ya en el siglo XIX se rebelaba contra su cocido, el ajiaco casero. En homenaje a su bello y certero poema, he titulado mi propio ensayo "Adiós al cocido."

Adiós al ajiaco

Yo bendigo y encomio todo aquello
que bajo el sol de mi país se mira,
porque todo a mi vista es grande y bello
y hace vibrar las cuerdas de mi lira.
Por decantarlo todo a voz en cuello[15]
mi entusiasmado corazón delira;[16]
pero juro[17] por Dios, y no el dios Baco,
que aborrezco hasta el nombre del ajiaco.

Desde niño detesto ese bocado
que es en Cuba manjar de toda mesa,
y no verlo en mi casa salcochado[18]
es asunto que mucho me interesa.
Yo prefiero comer tasajo asado
u otra cosa que sepa como ésa,
y más quiero morir como un bellaco[19]
que beber el calducho[20] de un ajiaco.

---

[13] venomous, poisonous
[14] unexpected
[15] por cantarlo todo en voz muy alta
[16] *delirar*: to be delirious

[17] *jurar*: to swear
[18] cocido
[19] scoundrel
[20] peyorativo de 'caldo'

El ajiaco, sin duda la más leve,
brinda en Cuba sobrada economía
al plebeyo infeliz que come y bebe
de aquello que trabaja noche y día.
Yo que no pertenezco ni a la plebe
ni a gente de muy alta jerarquía,[21]
de carne frita sin cesar me atraco[22]
y desprecio por ella un buen ajiaco.

Yo, de mal pozo[23] beberé mal agua
y descalzo[24] andaré por una breña,[25]
y cubierto también con una yagua[26]
de noche dormiré sobre una peña;[27]
yo sestearé[28] a la sombra de una jagua[29]
como el labriego[30] cortador de leña,
y hasta en cachimba[31] fumaré tabaco,
que engordar con los trozos del ajiaco.

Denme carne revuelta con tomates
y arroz blanco o cualquier otro compuesto,
y váyase a ensanchar[32] otros gaznates[33]
el salcochado ajiaco que detesto.
aunque tachen[34] mis versos de dislates,[35]
aunque algunos me miren con mal gesto,
me es más grato[36] vivir hambriento y flaco
que no comer lo que se llama ajiaco.

¿A qué sabe, decidme, compatriotas,
ese revuelto y mísero salcocho
que engullís hecho trozos y pelotas
a las doce, a las cuatro y a las ocho?
Ni los pobres guajiros más idiotas,
ni las señoras, ni el anciano chocho,[37]

---

[21] hierarchy
[22] *atracarse*: to gorge or stuff oneself
[23] well
[24] barefoot
[25] rough ground
[26] royal palm; tissue made with its wood
[27] rock
[28] sestear: dormir la siesta
[29] type of tree (*genipa americana*)
[30] farmer
[31] pipe
[32] *ensanchar*: to widen
[33] gullets, throats
[34] *tachar de*: to fault, to criticize
[35] absurdos
[36] pleasant
[37] senile

ni el altanero[38] joven currutaco[39]
deben vivir para comer ajiaco.

Aunque el hambre cruel que al mundo espanta
a entorpecer[40] alcance mis sentidos,[41]
yo no puedo rodar[42] por mi garganta[43]
esos trozos de plátanos cocidos.
Nunca será mi desventura[44] tanta,
ni serán mis pesares[45] tan crecidos[46]
para comer del montaraz berraco[47]
la mala carne en desabrido[48] ajiaco.

Más me agrada y aun más me satisface
sea de tarde, de noche o de mañana,
el salpicón que en mi país se hace
y es sabrosa invención camagüeyana;[49]
grata y suave comida que me place
por lo variada, dúlcida y liviana;[50]
con ella el hambre sin sentir aplaco[51]
y por ella reniego[52] del ajiaco.

Como de Cuba, con razón, me llamo
hijo amante y feliz, en todo escrito,
encuentro a los pasteles de Bayamo
un sabor agradable y exquisito.
Bajo este sol cuyos destellos[53] amo
me deleita[54] lo dulce del caimito,[55]
me recrea[56] lo suave del hicaco,[57]
y me apesta[58] en la mesa un buen ajiaco.

Por el rico tayuyo[59] suculento

---

[38] haughty
[39] dandy
[40] *entorpecer*: to numb, to impede, to slow down
[41] senses
[42] *rodar*: to roll
[43] throat
[44] misfortune
[45] sorrows
[46] grown, large
[47] wild pig
[48] tasteless

[49] from Camagüey, province of Cuba
[50] light
[51] *aplacar*: to placate, to calm
[52] *renegar*: to reject, to disown
[53] sparkles
[54] *deleitar*: to delight
[55] star apple
[56] *recrear*: to delight
[57] cocoa plum
[58] *apestar*: to stink, to reek
[59] similar to a *tamal*

no sintiera jamás perder la chola,[60]
y el lechón que se tuesta a fuego lento
es cosa singular como ella sola.
Cual un niño retozo[61] de contento
por un vaso bien lleno de champola;[62]
pero, ¡ay Dios!, se me hiela[63] hasta el sobaco[64]
cuando veo una fuente con ajiaco.

Si ofendido tal vez algún paisano[65]
con el rumor de mi querella[66] justa,
me llegara a decir que es mal cubano
quien a comer ajiaco no se ajusta,[67]
yo le responderé con pluma en mano
que es bocado que mucho me disgusta,
y que prefiero que me llamen caco[68]
a ser amante del cubano ajiaco.

¿Sabías que...?

Hay muchos tipos de cocido. Para comer el cocido madrileño, primero se toma la sopa, hecha con el caldo de cocción al que se han añadido fideos, para después comer los garbanzos, legumbres y carnes, que se presentan por separado. Una versión interesante es el cocido maragato, que es similar al cocido castellano porque incorpora garbanzos y diferentes tipos de carnes de cerdo, pollo y vaca, tanto frescos como embutidos o curados, y verduras. Sin embargo, la versión maragata incluye carne de vaca curtida o curada, que no es frecuente ver en otros lugares de España. Pero la característica más peculiar del cocido maragato es el orden en que se comen los diferentes platos, ya que primero se come la carne, seguida por los garbanzos y verduras, para terminar con el caldo. Los <u>maragatos</u> son gentes que viven en León (España), donde tradicionalmente han sido arrieros o comerciantes que aprovechaban el Camino de Santiago. En las comidas maragatas señaladas, es tradicional que tras la comida, en la sobremesa,[69] empiece el <u>filandón</u>, que es una tertulia donde los

---

[60] *perder la chola, perder la cabeza*: to lose one's head
[61] *retozar*: to romp
[62] refresco compuesto de frutas y leche
[63] *helarse*: to freeze
[64] armpit

[65] from the same place
[66] quarrel, complaint
[67] *ajustarse*: to adjust
[68] thief
[69] conversation after a meal while still at the table

participantes charlan relajadamente sentados alrededor del fuego. En su origen, el filandón se celebraba por la noche entre mujeres, que se reunían para hilar[70] y conversar, y hombres, que hacían los tradicionales zuecos[71] de madera. Esta es una práctica que se encuentra en otras partes de León, como en el Bierzo, donde por las tardes había reuniones en que podían congregarse hombres solos y que se llamaban calechos, donde se jugaba a las cartas u otro juego, se leía la prensa y se charlaba.

Hablemos sobre las lecturas:

1. ¿Qué es el cocido? ¿De dónde toma su nombre? ¿Te parece una comida deliciosa?
2. ¿Qué comidas conoces que se parezcan al cocido, además del ajiaco, que se coman en el lugar donde vives? ¿Te gustan? ¿Cuál es tu preferida?
3. ¿Cómo describe el ajiaco el autor del poema? ¿Cuáles son las razones por las que dice que no le gusta?
4. ¿Qué comidas sí le gustan al autor del poema sobre el ajiaco?
5. ¿Qué es el cocido maragato? ¿Cuáles son sus peculiaridades?
6. ¿Qué es el filandón? ¿Cuál te parece que es su función social?
7. ¿Cuáles son tus primeras memorias relativas a la comida?
8. ¿Hay algún plato que te desagrade especialmente? ¿Tuviste que comerlo alguna vez a la fuerza?

El sancocho: comida de la tierra

No es coincidencia que el poema "Adiós al ajiaco" se refiera al ajiaco como "salcochado" (o sancochado). El verbo "sancochar" se refiere al cocinado parcial de un alimento o también al cocinado completo en agua hirviendo, dando lugar al sancocho. El punto de unión de cocido, ajiaco y sancocho es el modo de cocinarlos, el hervido, y en estar compuestos de muchos ingredientes diferentes, combinándose pedazos de carne, legumbres y hortalizas, usándose los que se tiene a mano y los que se dan en cada estación. Son platos básicos con los que alimentar a toda una familia y que tienen como fin ser nutritivos y reconfortantes al servirse calientes. Pueden ser platos económicos ya que el largo tiempo de cocinado permite usar carnes que de otra forma serían difíciles de utilizar por ser más duras, como por ejemplo es el caso de la carne de gallina. El sancocho se come en muchos países de Latinoamérica, siendo tan básico su consumo que, sobre la República Dominicana, José Medina P. escribió en su *Informe acerca de la raza, carácter, costumbres, religión* (1922): "la esposa, con el recién nacido al anca,[72] prepara el sancocho, alimento sustancioso

---

[70] spin

[71] clogs

[72] at the hip

177

contentivo[73] de yuca, ñame, batata, yautía,[74] auyama,[75] plátano, lonjas[76] de carne fresca o salada, confundido todo y amalgamado en la misma olla y que tiene alguna semejanza con el cocido español." Por otra parte, en *Panamá y la zona del Canal* (1944), Agustín del Saz narra su viaje por Panamá y describe una dieta campesina basada en el arroz con frijoles, además de los deliciosos platos básicos entre los que entra el sancocho. Según este autor, el sancocho, junto con los tamales y el tasajo de puerco, son el orgullo[77] de la cocina panameña:

> "*Las comidas del interior son muy sabrosas. En cualquier vivienda campesina veréis en el fogón[78] arder dos grandes ollas: una de arroz y otra con fríjoles colorados o de bejuco.[79] Ambos alimentos son la base de la comida en el interior como en la ciudad. El arroz blanco con asadura[80] o con plátano frito o con guandúes[81] o con dulce para hacer rico postre. El arroz en una gran fuente de calabaza substituye a la micha (pieza larga de pan), pues se come y acompaña toda la comida. Hay ricas fritangas[82] y pasta de harina al horno (arepas, empanadas, carimañolas,[83] tortillas pintadas, etc.). El tasajo de puerco comparte con el suculento sancocho de gallina con yuca y ñame y los 'tamales' el ser la gala[84] de la comida panameña.*"

A pesar de sus similitudes, que muchas personas han notado, el sancocho, el ajiaco y el cocido se ven como platos muy ligados a la tierra específica donde se cocinan. La relación de la cocina con la tierra es tan íntima que hay quien piensa que a través de sus alimentos la tierra comunica sus peculiares características, físicas y morales, a sus habitantes. Un ejemplo puede verse en *La vuelta al mundo en la Numancia* (1906), donde Benito Pérez Galdós narra los sucesos en torno a la guerra hispano-sudamericana, entre España y Chile y Perú en 1864-1866, que supusieron un intento de la reina española Isabel II por reafirmar su control sobre las dos antiguas colonias. Una de las escenas magistralmente pintadas por Galdós muestra el contraste entre los dos mundos, el Viejo y el Nuevo y sus diferentes concepciones políticas y valores culinarios, que aparecen entrelazados. La escena reproduce el lenguaje coloquial en el que se desarrolla el diálogo mientras se sirve la mesa y se contrasta el sancochado con el cocido, que no gusta en el Nuevo Mundo. España, su comida y sus gentes se presentan desde una perspectiva negativa porque en España no hay maíz, el alimento esencial en gran parte de Latinoamérica y, como hemos visto, de gran valor cultural y gastronómico. España se presenta como tierra de dos alimentos aborrecibles, el

[73] containing
[74] taro
[75] pumpkin
[76] slices, rashers
[77] pride
[78] stove
[79] Panamanian red beans
[80] offal
[81] gandules (pigeon peas)
[82] fried food
[83] yucca fritters
[84] pride

garbanzo y la aceituna, cuyo rechazo aparece hilado[85] en la conversación por el rechazo político a la reina Isabel:

"'Señor Diego, ¿le gusta a usté[86] el arroz con pato? ¿Sí? Pues como el que yo he guisado para usté no lo habrá comido nunca, ni lo comerá mejor la Reina de España... ¡Ay, qué cosas dicen acá de su Reina de ustés,[87] la Isabel!... Pues también le pondré un tamal que ha de saberle a gloria... Los españoles no saben hacer buena comida... ¿Verdá[88] que en España no hay maíz?... Por eso vienen acá ustés tan amarillos... por eso andan doblados por la cintura, como si se les cayeran los calzones... ¿Le gusta a usté el sancochado?[89] ¿En España hay sancochado? ¿Qué dice? Ya; que allá tienen el cocido. Pues yo he comido cocido español, y no me gusta... ¿Es verdá que en España no da la tierra más que garbanzos y aceitunas?... Las aceitunas las como yo cuando el médico me manda gomitivo[90]... Y esa Reina que allí tienen, ¿cuándo la gomitan[91] ustés?' Con estos y otros dicharachos[92] puso la mesa, y a punto volvió Mendaro de la tienda con una botella de pisco y dos de vino del país... 'Este aguardiente blanco que llamamos pisco, es de vino... cosa buena: los que empinan[93] mucho, ven a Dios en su trono.[94]'"

Hablemos sobre las lecturas

1. ¿Qué es el sancocho? ¿En qué se parece al cocido y al ajiaco?
2. ¿Cómo es el sancocho dominicano según José Medina P.?
3. ¿Cuáles son los dos alimentos básicos que se encuentran en todas las cocinas de Panamá, según Agustín del Saz?
4. ¿Qué platos son los mejores de la cocina panameña, según Agustín del Saz?
5. ¿Cuáles son las diferencias culinarias entre el Viejo y el Nuevo Mundo según aparecen en la obra de Galdós?
6. ¿Qué problemas presenta la cocina española para un peruano según se expresan en la lectura?
7. ¿Cuál te parece que puede ser la asociación de las aceitunas y la reina, ya que ambas provocan vómitos? ¿Qué representan las unas y la otra?

---

[85] *hilar*: to string together, to connect
[86] usted
[87] ustedes
[88] verdad
[89] plato peruano similar al sancocho y al cocido
[90] *vomitivo* (emetic)
[91] vomitan
[92] coarse expressions
[93] *empinar*: to tip up, to knock back (a drink)
[94] throne

Refranes y expresiones populares:
- *Ganarse el garbanzo/Ganarse el cocido*: ganarse la vida.[95]
- *Buscarse/Ganarse los frijoles*: ganarse la vida.
- *Echar frijoles*: regañar, reprender.

De tal palo, tal astilla[96]

No todo el mundo está de acuerdo en que los gustos son el resultado de las costumbres gastronómicas adquiridas durante la infancia y la juventud. En la película mexicana *De tal palo, tal astilla* (1960) se enfatiza el poder que tiene el origen familiar en la personalidad y los gustos de las personas, incluso cuando se crece lejos del lugar de origen. En la película, dos amigos, uno del norte de México y el otro de Jalisco, se casan el mismo día y tienen cada uno un hijo también el mismo día, a la misma hora y en el mismo lugar. Por una confusión, la comadrona[97] cambia los dos bebés cuando los pone en brazos de sus padres. Los amigos se establecen en sus respectivos lugares de origen con sus nuevas familias, pero los problemas empiezan cuando los dos niños crecen y es obvio que cada uno es idéntico a su padre biológico, lo que hace sospechar a los dos amigos de una posible infidelidad de sus esposas, que son perfectas madres de familia. Aunque los dos hijos se han criado lejos de sus respectivos padres biológicos, sus gustos en la ropa, en la música y en la comida corresponden exactamente a las que son típicas de la tierra de sus padres biológicos, de quienes obviamente los han heredado. Todo esto se pone de manifiesto en una de las escenas más divertidas de la película, donde se contrastan los gustos de los dos hijos y el enfado de sus respectivos padres llega a su límite. En la escena, encontramos a Gumaro en su casa del norte cantando "Qué lindo es Jalisco" como un mariachi, diciendo "papá" en lugar de "apá," vistiéndose como los charros y gritando como ellos. Gumaro también prefiere el pozole de Jalisco al menudo con tortillas norteño. De este modo, vemos que el origen familiar pesa con fuerza en Gumaro en todos los aspectos de su vida, incluyendo sus preferencias culinarias.

Sancocho prieto

En el popular merengue "El sancocho prieto" la relación amorosa se expresa en términos de un sancocho en el que la persona amada es el alimento que se necesita y del que se tiene hambre. La siguiente versión celebra la diversidad y puede cantarse al ritmo de la música del popular merengue:

"El prieto sancocho
es plato latino

---

[95] *ganarse la vida*: to earn a living
[96] like father, like son
[97] midwife

--abre bien tu oído--
porque tiene todo.

El sancocho tiene
múltiples colores,
variados sabores,
saciando[98] a quien viene...

a tu mesa, amigo, ¿no?
delicia de sancocho a disfrutar.

Remueve bien la paila[99]
que está tan caliente,
remueve bien la paila
que está tan caliente
y el líquido hirviente
alimenta el alma
y el líquido hirviente
alimenta el alma;
mira en su interior:
un guiso sabroso
y es tan delicioso
que sabe a tu amor.

¡Compártelo con el mundo!"

Cocina de la tierra, salud y preferencias gastronómicas

Como hemos visto, la comida es un factor fundamental para establecer una relación entre la identidad individual, de grupo o de la nación con la tierra. Por este motivo, el prestigio que a veces se asigna a la cocina internacional puede verse como una fuerza contraria a la cocina local y familiar. El autor Ernesto Giménez Caballero destaca la influencia negativa de los restaurantes en la práctica culinaria local en sus *Notas marruecas de un soldado* (1923), donde afirma que "los grandes hoteles y restoranes han anulado el noble arte culinario." Como refleja esta opinión, las personas que prefieren la cocina nacional y casera pueden percibir de modo negativo la comida que se sirve en grandes locales dedicados a la gastronomía, así como la presión social para que introduzcan la cocina internacional en su propia casa. La tensión entre la comida de la propia tierra y la extranjera viene debatida en obras como la del gran novelista español Benito Pérez Galdós. En *Torquemada y San Pedro*

---

[98] *saciar*: to satisfy, to satiate
[99] pan, pot, frying pan

Figura 22: Se dice que el restaurante madrileño Casa Botín es el más antiguo del mundo

(1895) relata el ascenso social de Torquemada, un mísero prestamista[100] que se mueve entre los estratos[101] más bajos de la sociedad madrileña. Cuando acumula una fortuna considerable gracias a sus negocios, asciende de posición social gracias a su matrimonio con una dama de la aristocracia empobrecida.[102] Con el tiempo y con esfuerzo, el prestamista cambia de estilo de vida y llega a ser marqués.[103] Con su ascenso en la jerarquía social, Torquemada se ve obligado a contratar un cocinero francés en su casa, por considerarse algo prestigioso y obligado para gente de su posición social. Sin embargo, la cocina francesa no es de su gusto. En una escena de la novela, Torquemada, ya marqués y senador, vuelve a los barrios populares de Madrid que le habían sido tan familiares y cuya gastronomía echaba de menos,[104] probando de este modo que su "naturaleza," como él dice, es la del pueblo porque este es su origen. La cocina francesa es tan pésima que, en opinión de Torquemada, puede quitarle la salud a algo tan madrileño como la estatua del caballo de la Plaza Mayor de Madrid en la que está sentado un rey español. El texto deja muy claro que las preferencias gastronómicas de cada persona dependen de la clase social en la que esta persona se ha criado y que es muy difícil modificar los gustos una vez que la personalidad gustativa está constituida. Esos gustos están radicados[105] en la tierra

---

[100] moneylender
[101] strata, social levels
[102] *empobrecer*: to impoverish

[103] marquis
[104] *echar de menos*: to miss
[105] *radicar*: to situate, to take root

que, en el caso de Torquemada, es España y, más en concreto, Madrid.

Efectivamente, el cuerpo de Torquemada responde muy positivamente a las comidas de su juventud: chuletas, cerdo asado, calamares, etc. Al contrastar estos platos con los que prepara su cocinero francés, Torquemada dice con humor que los platos que hace su cocinero francés son "porquerías" capaces de poner enfermo a un cuerpo como el suyo que necesita de la cocina local para estar sano. Para Torquemada la cocina francesa desvirtúa el sabor y la textura de los alimentos, dándoles la consistencia y el interés gastronómico de remedios de farmacia. De este modo, la salud aparece relacionada con la comida de la tierra y la tierra con el cuerpo de la persona que ha nacido en ella. Por todos estos motivos, Torquemada mira con entusiasmo todos sus platos favoritos en un humilde establecimiento de Madrid, donde va a comer con sus amigos:

"Hay de todo -dijo Vallejo a su amigo-: chuletas[106] de cerdo y de ternera, lomo adobado, aves, besugo, jamón, cordero, calamares en su tinta,[107] tostón,[108] chicharrones, sobreasada,[109] el rico chorizo de Candelario, y cuanto se quiera, ea...[110]

- No has nombrado una cosa que he visto en tu vidriera,[111] y que me entró por el ojo derecho cuando la vi. Es un antojo.[112] Me lo pide el cuerpo, Matías, y pienso que ha de sentarme muy bien...[113] ¿No caes?[114] Pues judías, dame un platito de judías estofadas,[115] ¡cuerno!,[116] que ya es tiempo de ser uno pueblo, y de volver al pueblo, a la Naturaleza, por decirlo así.

- ¡Colasa!... ¿oyes? ¡Quiere judías... un excelentísimo senador[117]... judías! ¡Válgate Dios,[118] qué llano[119] y qué...! Pero también tomará usted una tortilla con jamón, y luego unas magras[120]...

- Por de pronto las judiítas, y veremos lo que dice el estómago, que de seguro ha de agradecerme[121] este alimento tan nutritivo y tan... francote.[122] Porque yo tengo para mí, Matías, que todo el condimento

---

[106] chops
[107] ink
[108] roast piglet
[109] embutido típico de Mallorca
[110] come on!
[111] window
[112] fancy, craving
[113] *sentar bien*: to fit well, to agree
[114] ¿no entiendes?

[115] in stew
[116] expresión de queja
[117] senator
[118] goodness!
[119] straightforward, simple
[120] pieces of lean meat
[121] *agradecer*: to thank
[122] aumentativo de 'franco': sencillo, simple

español y madrileño[123] neto[124] cae mejor en los estómagos que las mil y mil porquerías que hace mi cocinero francés, capaces de quitarle[125] la salud al caballo de bronce de la Plaza Mayor.[126]

- Diga usted que sí, ¡jinojo!,[127] y a mí nadie me quita de la cabeza que todo el mal que el Sr. D. Francisco tuvo, no fue más que un empacho[128] de tanta judía cataplasma[129] y de tanta composición de salsas pasteleras,[130] que más parecen de botica[131] que de mesa. Para arreglar la caja,[132] señor Marqués, no hay más que las buenas magras, y el vino de ley, sin sacramento.[133] No le diré a vuecencia[134] que estando delicado, tome carne del de la vista baja,[135] con perdón; pero unas chuletas de ternera tengo aquí, que asadas en parrillas resucitan a un muerto.

- Las cataremos[136] -dijo el prócer,[137] empezando a comer las judías, que le sabían[138] a gloria-. Mentira me parece[139] que coma yo esto con apetito, y que me caiga[140] tan bien. Nada, Matías, como si de ayer a hoy me hubieran sacado el estómago para ponerme otro nuevo... Riquísimas están tus judías. No sé los años que hace que no las probaba. Aquí traería yo a mi cocinero a que aprendiese a guisar.[141] Pues no creas; me cuesta cuarenta duros[142] al mes, sin contar lo que sisa,[143] que debe de ser una millonada,[144] créetelo, una millonada.

Matías hacía los honores a su huésped[145] comiendo con él, para incitarle con el ejemplo, que era de los más persuasivos. Trajeron, además, vinos diferentes, para que escogiesen, prefiriendo los dos un Valdepeñas añejo,[146] que llamaba a Dios de tú.[147] Después de saborear[148] las alubias, notó el Marqués con alegría que su estómago, lejos de sentir fatiga o

---

[123] from Madrid
[124] clear
[125] *quitar*: to take away, to remove
[126] *capaces de…*: can take away the health of something as solid as the bronze horse statue in Madrid's Plaza Mayor
[127] darn it!
[128] indigestión
[129] poultice (referring to the texture of the beans)
[130] pastry sauces
[131] apothecary, pharmacy
[132] box, frame (here refering to the body)
[133] vino…: good wine, without sacrament, referring to baptism, meaning pure wine not mixed with water

[134] vuestra excelencia, usted
[135] se refiere al cerdo
[136] *catar*: to taste, to try
[137] dignitary
[138] *saber*: to taste
[139] *mentira me parece*: I can't believe
[140] *caer bien*: to agree with one's stomach, to do one good (food)
[141] *guisar*: to cook
[142] a type of coin
[143] *sisar*: to pilfer, to steal
[144] a million, a fortune
[145] guest
[146] aged
[147] que llamaba…: que era buenísimo
[148] *saborear*: to savor

desgana,[149] pedíale más, como colegial[150] sacado[151] del encierro,[152] que se lanza[153] a las más locas travesuras."[154]

Como se ve en la obra de Galdós, la tensión entre lo casero y lo nacional y la comida y modas extranjeras se manifiesta en el siglo XIX en una reacción bien a favor, bien en contra de lo francés. En *Los Pazos de Ulloa* (1886), la gran novelista española Emilia Pardo Bazán pinta una escena de una comida en una gran celebración rural presidida por el sacerdote donde se sirve un gigantesco cocido. Esta celebración está basada en la presentación de platos típicos de la tierra y en la gran abundancia de la comida que se sirve en el banquete, donde es tradicional comer veintiséis platos diferentes, lo que desconocía Julián, el protagonista, quien, confiado en que el cocido es el único plato que va a servirse, come demasiado de él. La abundancia y la simplicidad de los platos se contrastan con la innecesaria complicación y artificialidad de la cocina francesa:

"La monumental sopa de pan rehogada [155] en grasa, con chorizo, garbanzos y huevos cocidos cortados en ruedas, circulaba ya en gigantescos tarterones, [156] y se comía en silencio, jugando bien las quijadas.[157] De vez en cuando se atrevía algún cura a soltar frases de encomio a la habilidad de la guisandera;[158] y el anfitrión,[159] observando con disimulo quiénes de los convidados[160] andaban remisos en mascar,[161] les instaba [162] a que se animasen, afirmando que era preciso [163] aprovecharse de la sopa y del cocido, pues apenas había otra cosa. Creyéndolo así Julián, y no pareciéndole cortés [164] desairar [165] a su huésped,[166] cargó la mano[167] en la sopa y el cocido. Grande fue su terror cuando empezó a desfilar[168] interminable serie de platos, los veintiséis tradicionales en la comida del patrón de Naya...

Para llegar al número prefijado, no había recurrido la guisandera a los artificios con que la cocina francesa disfraza [169] los manjares bautizándolos[170] con nombres nuevos o adornándolos con arambeles[171]

---

[149] lack of appetite
[150] student
[151] *sacar*: to pull out, to take out
[152] imprisonment, confinement
[153] *lanzarse*: to throw oneself, to pounce
[154] mischief
[155] *rehogar*: to fry lightly
[156] serving dishes
[157] jaws
[158] cocinera
[159] host
[160] invitados

[161] masticar
[162] *instar*: to urge
[163] necesario
[164] courteous, polite
[165] *desairar*: to snub
[166] host, also 'guest'
[167] *cargar la mano*: to use a heavy hand
[168] *desfilar*: to file, to parade
[169] *disfrazar*: to disguise
[170] *bautizar*: to baptize
[171] cloth hangings or adornments

y engañifas.[172] No, señor: en aquellas regiones vírgenes no se conocía, loado sea Dios,[173] ninguna salsa o pebre[174] de origen gabacho,[175] y todo era neto,[176] varonil[177] y clásico como la olla."

Hablemos sobre las lecturas:

1. ¿Cuáles son las diferencias marcadas entre la gastronomía nacional y la extranjera en los textos de Galdós y de Pardo Bazán? ¿Hay juicios de valor sobre los méritos de cada una?
2. En el texto de Pardo Bazán se dice que la comida que se sirve en el banquete rural es varonil. ¿Qué relación se establece entre comida, nación y género sexual en este texto?
3. ¿Podría decirse que la comida sirve para establecer una jerarquía social? ¿Cómo?
4. ¿Cuál es el valor social de los banquetes? ¿Cómo se relacionan las celebraciones religiosas con las culinarias?

El ajo y la tierra como indicadores sociales en la cultura española

El ajo es ingrediente indispensable en muchísimos platos de la cocina española y latinoamericana. Crudo, es ingrediente principal de platos como el almodrote, el salmorejo y el gazpacho. Tradicionalmente ha sido alimento de la clase trabajadora, que lo come crudo para acompañar al pan que es base de su alimentación. Por tener un fuerte olor y sabor y estar relacionado su cultivo y su consumo con el campesinado, [178] sobre todo en su forma cruda, el ajo aparece muchas veces caracterizado como alimento relacionado con la tierra y con los que la trabajan y, por lo tanto, rechazado por las clases altas, más alejadas del contacto con la tierra. Melchor de Santa Cruz de Dueñas en su compendio de frases famosas y dichos ingeniosos llamado *Floresta española* (1574) ilustra[179] el desdén[180] que la reina Isabel la Católica sentía por los ajos y el gusto por el perejil, hierba que tiene el color verde, que simboliza realeza:[181]

"A la reina doña Isabel en extremo le eran aborrecibles[182] los ajos, no solamente en el gusto, mas en el olor. Por descuido, trajéronle a la mesa perejil[183] que se había hecho donde habían puesto ajos. Como lo sintió,

---

[172] tricks
[173] praised be God
[174] green sauce
[175] French
[176] clear
[177] manly
[178] peasantry

[179] *ilustrar*: to illustrate, to explain, to present an example
[180] disdain
[181] royalty
[182] detestable, abhorrent
[183] parsley

sin gustarlo, dijo: 'Disimulado[184] venía el villano[185] vestido de verde.'"

En la *Segunda parte del ingenioso caballero don Quijote de la Mancha* (1615) de Miguel de Cervantes Saavedra, don Quijote da a Sancho unos consejos muy concretos para que llegue a ser un óptimo gobernador de la Ínsula de Barataria, entre ellos: "No comas ajos ni cebollas, porque no saquen[186] por el olor tu villanería." Alonso Fernández de Avellaneda en la continuación a la obra de Cervantes también llamada *Don Quijote de la Mancha* (1614) claramente relaciona a las clases bajas o villanas con el consumo de ajos, tanto que en varias ocasiones se llama a Sancho Panza "harto[187] de ajos," apelativo despectivo que se utilizará en el mismo sentido hasta el siglo XX. Debe notarse la ironía con que Avellaneda hace a Sancho Panza decir que él no es un "harto de ajos," ya que, según dice, solo ha comido cinco cabezas[188] para desayunar:

"*¿Villano?-respondió Sancho-. Villano sea yo delante de Dios, que para lo de este mundo importa poco serlo o dejarlo de ser.[189] Pero es grandísima mentira decir ese otro, de que estoy harto de ajos, pues no comí esta mañana en la venta[190] sino[191] cinco cabeças dellos que el ladrón del ventero[192] me dio por un cuarto;[193] ¡miren si me había de hartar con ellas!"*

Hablemos sobre las lecturas

1. ¿Cuáles te parece que pueden ser las razones del odio de la reina Isabel a los ajos? ¿Crees que son solo sensoriales?
2. ¿Qué opinión le merecen los ajos a don Quijote?
3. ¿Cuál es la diferencia entre la opinión de don Quijote y la de Sancho con respecto al consumo de ajos?
4. ¿Cuáles te parecen las connotaciones sociales más importantes del consumo de ajos?
5. En contraste al nivel social asociado con alimentos como las hierbas silvestres y el ajo, la carne de algunos animales se relaciona con las clases altas. ¿Por qué?
6. Elige un alimento o alimentos que te parezcan importantes para la cultura hispánica y explica cuáles son las asociaciones que existen entre esos

---

[184] disfrazado
[185] miembro de las clases populares
[186] porque no noten
[187] full, stuffed
[188] garlic heads
[189] for what this world is worth it matters little

whether or not you are [a villano]
[190] inn
[191] no...sino: solo comí...cinco cabezas
[192] dueño de la venta
[193] moneda

alimentos y el nivel social. ¿Por qué es importante la ostentación de comidas complicadas para las clases privilegiadas?

Refranes y expresiones populares
- *Muchos ajos en un mortero mal los maja un majadero*:[194] es difícil manejar muchos asuntos al mismo tiempo.
- *Quien se pica,[195] ajos come*: Si te ofendes por lo que alguien dice es porque tiene razón en lo que dice.
- *Ajo crudo y vino puro pasan el puerto[196] seguro*: Destaca el valor de estos alimentos para dar energía.

Tabúes

Los gustos personales y nacionales por determinados alimentos son fruto de factores muy complejos que combinan el paladar individual, los hábitos alimentarios adquiridos desde la infancia, los usos culinarios transmitidos de generación en generación, así como las propiedades del clima y de la tierra que pueden ser más propicios para unos cultivos que para otros. Sin embargo, existen también actitudes con respecto a la comida que responden a leyes religiosas, antropológicas o de variada naturaleza que introducen prohibiciones en el ámbito alimentario y que influyen en las preferencias gustativas. De los tabúes relacionados con la comida, quizá el más fuerte es el del canibalismo, expresado en todo su horror en las *Memorias* (ca. 1936) de Rafael Nogales Méndez. Este autor repite la justificación de que el canibalismo puede haber sido practicado a lo largo de la historia por necesidad, cuando en momentos específicos han escaseado[197] los alimentos. Narra también la historia que afirma ser verídica de un sancocho hecho con carne humana. Sin saber lo que el sancocho contenía, unos soldados del ejército colombiano lo comieron con gusto cuando encontraron el guiso listo para comer, pero abandonado por las personas a las que iban persiguiendo. Les pareció delicioso, comparando su sabor con el de la carne de cordero. Sin embargo, uno de los soldados encontró una mano humana en la olla de la que comían. Entonces, el oficial del ejército, al descubrir que había transgredido un fuerte tabú, no pudo soportarlo y estuvo a punto de suicidarse. La historia termina con la siguiente conclusión:

> *"Se ha generalizado entre la gente la opinión de que un soldado aventurero[198] debe tener, por sobre todo, un bravo corazón. Mis*

---

[194] stupid
[195] *picar*: to sting, to bite; *picarse*: to get annoyed

[196] pass; also port
[197] *escasear*: to be scarce
[198] adventurous

> *experiencias culinarias son suficientes para demostrar que lo que*
> *realmente necesita es un estómago de hierro."*

Como se ve al hablar de prácticas como el canibalismo, hay tabúes relacionados con la comida que señalan diferencias culturales. Otro ejemplo de tales prácticas es el de la ingestión de insectos, que es tabú en muchas culturas europeas, pero común en gran parte del mundo. El consumo de insectos aporta proteína y otros nutrientes a la dieta. Dentro del mundo hispánico, se comen por ejemplo <u>chapulines</u> (saltamontes),[199] <u>gusanos de maguey</u> y <u>chicatanas</u> (hormigas)[200] en México; mientras que en lugares de Centroamérica como El Salvador y Guatemala se consumen los <u>zompopos de mayo</u> (un género de hormigas), que, según dicen, saben "a pollo" y también se comparan en sabor con el chicharrón y las frituras. Bajo la denominación de <u>hormigas culonas</u> se comen estas en el Departamento de Santander, en Colombia. Estas hormigas son del tamaño de abejas y tienen alas. Los que las degustan dicen que saben a cacahuete o maní. La temporada de estas hormigas es marzo y abril. Las hormigas que se consumen son las reinas que salen del hormiguero[201] en estos meses para reproducirse. Para cocinarlas, normalmente se les quitan la cabeza, alas y patas. Después se remojan en agua con sal y, si se quiere, con limón. Se tuestan en seco, en sartén sin aceite. Se pueden comer así o utilizarlas en otras recetas. Los <u>chontacuros</u> son los gusanos de la palma que se comen por su delicioso sabor y de los que además se dice que tienen propiedades curativas. Se recomiendan para la tos, la gripe y enfermedades pulmonares. Se consumen en la Amazonia ecuatoriana. Para prepararlos, se les quita el tracto digestivo, se sazonan con sal y se ensartan en un palito a modo de pincho o se envuelven en hojas de palma y se asan sobre las ascuas. Su sabor es parecido al de una excelente mantequilla.

Iguanas: ¿horror o delicia?

Al igual que ocurre con los insectos, los nuevos animales que los europeos se encontraron en el Nuevo Mundo fueron también a veces objeto de un fuerte rechazo sensorial. Antonio de Ulloa a su paso por Panamá en *Viaje al reino del Perú* (1748) se encuentra por primera vez con la iguana y explica su reacción al observar el gusto que los habitantes tienen por su carne y huevos:

> *"Degollado[202] este animal, la carne queda sumamente[203] blanca, la cual*
> *aderezan y comen igualmente; yo he probado de ella y de los huevos pero*
> *estos son pegajosos[204] en la boca, y a mi paladar,[205] de malísimo gusto;*
> *su color, después de cocidos, es como el de las yemas[206] de los huevos de*

---

[199] grasshoppers
[200] ants
[201] ant's nest
[202] *degollar*: to slit the throat

[203] extremely
[204] sticky
[205] palate
[206] yolks

> *gallina; la carne, algo mejor, aunque dulce, con un olorcillo fastidioso;[207]
> quieren decir que se asemeja a la de los pollos, pero yo no he encontrado
> entre los dos alguna conformidad. [208] El paladar de aquellas gentes,
> acostumbradas a verlas y olvidadas del horror natural que causan las
> lagartijas, [209] halla su recreo [210] en tal manjar que no encuentra tan
> fácilmente el nuestro."*

En parte, este rechazo estaba también relacionado con la dificultad de clasificar a determinados animales dentro de una taxonomía biológica europea. Sin embargo, las iguanas sí eran del gusto de la población local, que las comía con deleite. Por este motivo y por el de ser animales desconocidos para los europeos, estos debatieron la cuestión de la clasificación de la carne de la iguana, que además tenía un sabor difícil de definir. Durante la época colonial, la Iglesia declaró que la iguana era un tipo de pescado. Por ese motivo, la iguana se consume aún hoy en épocas del año como la Cuaresma y la Semana Santa en las que está prohibido comer carne en países de Centroamérica como Nicaragua y en otras zonas donde vive este animal. La gran popularidad de la carne y los huevos de la iguana ha puesto a este animal en peligro de extinción, considerándose hoy una especie protegida en muchos países. Hay también otros animales que son considerados pescado y por lo tanto aptos para consumirse en Cuaresma. Este es el caso de la capibara, carpincho o chigüire, un roedor semi-acuático de gran tamaño que habita en zonas de Venezuela, Argentina y Perú. El sabor de su carne se ha descrito en la actualidad como una mezcla entre pescado y cordero.

Hablemos sobre las lecturas
1. ¿Cuáles son algunos de los tabúes relacionados con la comida que te parezcan particularmente significativos dentro de tu cultura?
2. ¿Puedes identificar tabúes de otras culturas que estén próximas a ti? ¿Cómo difieren de los que pertenecen a la cultura con la que te identificas?
3. ¿Qué razones se te ocurren para explicar la permanencia y transmisión de estos tabúes a lo largo de los siglos?
4. ¿Te parece que la escasez[211] de alimentos es un argumento válido para justificar el canibalismo?
5. ¿Cómo explicas las diferentes reacciones a la carne y los huevos de la iguana?

---

[207] annoying
[208] similitud
[209] lizards

[210] delight
[211] scarcity

Receta
Ajiaco criollo cubano

Ingredientes
- ½ libra tasajo o 1 hueso de jamón o de ternera
- 1 pollo
- 1 libra de carne de ternera para estofado[212]
- 1 libra de carne de cerdo
- 2 mazorcas de maíz
- 1 plátano macho verde, pelado, cortado en trozos grandes y aliñado con limón para evitar que se oxide y oscurezca[213] el caldo
- 1 yuca mediana, pelada y cortada en pedazos grandes
- 1 malanga mediana, pelada y cortada en pedazos grandes
- 1 boniato mediano, pelado y cortado en pedazos grandes
- ½ libra ñame, pelado
- 1 cebolla grande cortada finamente
- 1 cabeza de ajos entera
- 1 ají grande
- ¼ libra calabaza, pelada y cortada en pedazos grandes si es necesario
- 1 plátano maduro, pelado y cortado en dos pedazos
- Salsa criolla (ver receta)
- Sal al gusto
- Limón

1. Poner el tasajo (si se usa) en remojo en agua fría abundante durante 3 horas para desalarlo.[214]
2. Cocer el tasajo o el hueso y el pollo en una cazuela grande con agua suficiente que los cubra durante 1 hora.
3. Añadir la ternera, el cerdo, la cebolla, el ajo y el ají y cocer 1 hora.
4. Añadir la mazorca de maíz, el plátano verde, la yuca, la malanga, el boniato, el ñame, el plátano maduro, la salsa criolla y sal al gusto hasta que todos los ingredientes estén tiernos. Añadir la calabaza cuando el resto de los ingredientes estén un poco blandos.
5. Triturar parte de las viandas para espesar el caldo, si se desea.
6. Servir con trozos de limón para acompañar.

---

[212] stew meat
[213] *oscurecer*: to darken
[214] *desalar*: to desalt

Salsa criolla

Ingredientes:
- 3 cucharadas de aceite de oliva
- 4 dientes de ajo pelados y triturados
- 2 cebollas medianas picadas en trocitos pequeños
- 1-2 ajíes cachucha (ají pequeño un poco picante), picado
- 1 pimiento dulce rojo (opcional)
- ¼ cucharadita de comino molido o al gusto
- ¼ cucharadita de orégano seco o ½ cucharadita de orégano fresco
- 1 hoja de laurel
- 2 tomates grandes maduros cortados en cuadritos o 1 lata de tomate entero envasado desmenuzado con las manos
- 4 cucharadas de pasta de tomate
- ½ vaso de vino blanco
- Sal
- Pimienta blanca al gusto (facultativo)

1. Poner a calentar el aceite a fuego medio en una sartén grande o en una cacerola baja.
2. Añadir el ajo y, 30 segundos más tarde, agregar la cebolla, el pimiento (si se usa) y el ají.
3. Dos minutos más tarde, agregar el comino, orégano y laurel y continuar sofriendo todo hasta que la cebolla esté dorada.
4. Añadir el tomate, la pasta de tomate, el vino y la sal.
5. Continuar cociendo hasta que se forme una salsa homogénea, unos 15 minutos, a fuego mediano-bajo.

Actividades
1. Cocina el ajiaco de la receta anterior y compártelo con la clase. ¿Te gusta? ¿Les gusta a tus compañeros y compañeras? ¿Por qué? Contrastad la experiencia y los gustos de la clase, explicando las razones de las preferencias de cada persona.
2. Entrevista a varias personas preguntándoles sobre sus aversiones alimentarias. Explica los resultados de las entrevistas y proporciona una explicación razonada.
3. Investiga casos históricos de canibalismo en diferentes culturas

explicando sus diferencias. Argumenta a favor o en contra de una posible explicación lógica de las prácticas canibalísticas dentro de situaciones históricas determinadas.

4. Dibuja o diseña con el ordenador una representación visual de una comida que para ti sería aborrecible: ¿cuáles son los ingredientes? ¿cuáles son las técnicas de cocinado? ¿qué otros factores la hacen aborrecible?

5. La aversión al ajo (y la cebolla) aparece en otras culturas, como por ejemplo entre los brahmanes de la India. Investiga estas prácticas y compáralas con las descritas por las lecturas. ¿Por qué te parece que existen esas afinidades entre culturas distantes? Debate tus ideas con la clase.

6. El Presidente de México Porfirio Díaz incluyó platos franceses en el menú de la cena de gala que ofreció en celebración del primer centenario de la independencia mexicana celebrado el 23 de septiembre de 1910: *Saumon du Rhin grillé à la St. Malo, Poularde à l'écarlate, Melon glacé au Clicquot rosé* y de postre *Dame Blanche*, todo ello acompañado de champaña *G.H. Mumm & Co. Cordon Rouge*, vino de Burdeos *Mouton Rothschild 1889* y el *chardonnay Chablis Moutonne*. ¿Por qué te parece que Porfirio Díaz eligió celebrar una fiesta nacional mexicana con un menú francés? ¿Cuál era la agenda política y cultural de Porfirio Díaz? ¿Piensas que se refleja en el menú? Investiga este y otros presidentes y los menús de sus banquetes y comparte con la clase lo que has aprendido. Organiza un debate sobre banquetes oficiales de personalidades famosas y su relación con la nación y la tierra.

Capítulo 12: Dietas carnívoras, dietas vegetarianas

Este capítulo presenta la cuestión sobre el consumo de animales como práctica alimentaria que muchas religiones y culturas han problematizado. Al mismo tiempo, el consumo de carne está relacionado con celebraciones y reuniones sociales, como puede verse en los establecimientos conocidos como lechoneras. El cerdo y la vaca proporcionan ejemplos representativos de las prácticas que rodean el consumo de la carne de los animales, desde su sacrificio hasta su consumo en forma de carne fresca o en embutidos y salazones. En cambio, el vegetarianismo hace hincapié en[1] los problemas éticos, médicos y económicos que plantea el consumo de carne.

La importancia del cerdo

El cerdo es uno de los animales sobre los que pesan más prohibiciones alimentarias, pero también uno de los animales que tienen un papel más importante dentro de la dieta hispánica y de la cultura gastronómica. El cerdo es uno de los primeros animales que se domestican, encontrándose ya evidencia sobre este particular hacia el año 5.000 AEC (Antes de la Era Común). La domesticación temprana[2] del cerdo es debida en parte a la gran adaptabilidad de este animal y al hecho de que es omnívoro. Se cree que primero se domesticó un tipo de cerdo salvaje o jabalí en China o en el Oriente Próximo. Se ha llamado al cerdo "despensa[3] con patas" porque en el cerdo todo es aprovechable.[4] Se consume toda su carne, incluyendo la sangre y las vísceras, sus cerdas[5] se usan para hacer pinceles[6] y con su piel[7] se elaboran diversos objetos y prendas de vestir[8] de cuero.[9] El cerdo es también animal de gran utilidad por desempeñar[10] otras funciones que benefician al ser humano. Por ejemplo, se usa para encontrar las preciadas[11] trufas[12] en el bosque.[13] El cerdo se ha usado asimismo en ciertos momentos históricos para ayudar a mantener la limpieza de las calles y ciudades ya que consumían la basura abandonada en ellas. El cerdo llegó a América con los españoles y tanto en España como en toda Latinoamérica con este animal se hacen todo tipo de delicias culinarias que son muy apreciadas en los países hispánicos. Algunos de los productos más destacados son la morcilla,[14] el chorizo, el

---

[1] *hacer hincapié en*: to stress, to highlight
[2] early
[3] pantry
[4] useful; *aprovechar*: to take advantage of
[5] bristles
[6] slender painting brush
[7] skin
[8] garments, clothes
[9] leather
[10] fulfill
[11] prized
[12] truffles
[13] forest
[14] blood sausage

lomo embuchado,[15] el jamón serrano o curado,[16] los chicharrones[17] y el tocino.[18] La manteca[19] de cerdo se usa para cocinar y en el pasado era preferida al aceite de oliva para muchos platos. Pese a[20] lo que se cree, la manteca de cerdo es más baja en colesterol y grasas saturadas y más alta en grasas no saturadas que la mantequilla de vaca. A pesar de esto, la mantequilla continúa disfrutando de gran popularidad y prestigio, mientras que existe la percepción, no apoyada por la ciencia, de que la manteca de cerdo es más perjudicial para la salud que la mantequilla.

En algunas culturas de la Antigüedad y para religiones como la judía y la musulmana, el cerdo es un animal prohibido. Sin embargo, justamente por esta prohibición, el consumo de carne de cerdo y de productos como el jamón, chorizo, salchichón y morcilla se convirtieron en alimentos de consumo casi obligatorio cuando la Inquisición empezó a perseguir a los que, habiendo abandonado el judaísmo o el islam, consideraba falsos conversos al cristianismo. El consumo de productos de origen porcino se convirtió en marca de cristianismo casi hasta el siglo XIX, en que se abolió oficialmente la Inquisición. Para entonces, muchos platos habían incorporado productos derivados del cerdo. Durante la Edad Media y en épocas posteriores, el uso exclusivo del aceite de oliva se identificaba con la dieta judía y musulmana y algunos autores decían que daba un olor peculiar a los alimentos y a las personas que lo consumían. En el judaísmo el cerdo se considera *trefe* y en el islamismo se considera *haram*, es decir, no apto para comer y lo contrario de los alimentos que sí lo son y que se denominan *kasher* y *halal* en las respectivas religiones.

Hablemos sobre las lecturas
1. ¿Cuál es la importancia del cerdo en la alimentación hispánica?
2. ¿Crees que actualmente existen estigmas culturales con respecto a la manteca de cerdo?
3. ¿Por qué te parece que en algunos países la mantequilla de vaca tiene prestigio cultural, mientras que la manteca de cerdo no?
4. ¿Cómo se convirtió el consumo de cerdo en una marca de cristianismo?
5. ¿Cómo está considerado el cerdo dentro de las leyes dietéticas del judaísmo y del islam?

---

[15] cured loin
[16] cured ham
[17] pork cracklings

[18] salt pork fat, bacon
[19] lard
[20] in spite of

Figura 23: Jamón y embutidos a la venta

La matanza[21]

Durante los meses de invierno en muchos lugares de España (y otros de Europa) es tradicional matar al cerdo que la familia había estado engordando[22] durante varios meses. El motivo de la matanza era el de proporcionar a la familia carne suficiente para el resto del año y, en particular, para los meses de escasez[23] del invierno. Esa misma escasez era otra razón fundamental para matar al cerdo y no tener que continuar alimentándolo. Cuando llegaba el tiempo de la matanza, en muchos lugares de España se reunía la familia y algunos vecinos y parientes, que venían a ayudar. Había que tener muy en cuenta el tiempo y elegir bien el día porque, si había niebla, se podía estropear la matanza. El encargado[24] de sacrificar al cerdo o *matarife*[25] era conocido en algunos lugares como "matachín." Era tradicional empezar la jornada[26] muy temprano para poder terminar algunas de las labores primordiales relacionadas con la matanza en un día. La jornada empezaba a veces con un trago[27] de aguardiente para entrar en calor. Al comenzar la matanza, el matarife cogía el cerdo con un gancho[28] de hierro[29] con forma de 'S,' por el hocico[30] o por la mandíbula.[31] Otros

---

[21] pig slaughter
[22] *engordar*: to fatten, to get fat
[23] scarcity
[24] person in charge
[25] butcher, slaughterer
[26] working day

[27] drink
[28] hook
[29] iron
[30] snout
[31] jaw

cuatro hombres cogían al cerdo cada uno de una pata,[32] lo subían[33] a un banco[34] de madera y el matarife le clavaba[35] un cuchillo en el cuello para desangrarlo.[36] Al mismo tiempo, una mujer recogía la sangre en un barreño,[37] dándole vueltas con una paleta[38] para que no se cuajase.[39] Ese día se lavaban las tripas[40] con las que por la tarde se harían los chorizos y las morcillas (con las tripas gruesas). Para hacer las morcillas se utilizaban las cebollas que se habían picado el día anterior bien a mano o bien con una picadera.[41]

Después de sangrarlo, el cerdo se ponía en un gamellón[42] y con agua hirviendo[43] que se le echaba por encima, se le quitaba el pelo con cucharas muy gastadas[44] o con piedras con filo hasta que quedaba bien limpio; luego se colgaba hasta el otro día. En algunos lugares, en lugar de usar agua hirviendo, se ponía al cerdo en un lecho de pajas[45] y hierbas secas a las que se prendía[46] fuego. Después se limpiaban los restos de pelo con un cuchillo de madera u otro objeto similar.

El segundo día se celebraba la matanza con más familia, que ayudaba a las tareas. El matarife descuartizaba[47] el cerdo y sacaba cada una de las piezas. Ese día por la mañana se hacían gachas, se asaba el somarro[48] y con algo de tocino se hacían torreznos.[49] Los hombres se iban a trabajar al campo y por la noche los invitados cenaban con la familia. Era típico cenar judías[50] blancas, para seguir con una fritura de carne del cerdo y con morcillas finas que después de cocidas se asaban en las ascuas sobre una parrilla.[51] Esto se acompañaba con una ensalada de repollo y de postre se hacían pestiños[52] o arroz con leche. Tras la cena los comensales jugaban a las cartas hasta muy tarde.

De entre las piezas que se sacaban del cerdo estaban los jamones. Para hacerlos, se ponían en un cajón de madera cubiertos de sal gruesa.[53] Así se tenían unos veinte días, después de los cuales se sacaban y se ponían a prensar[54] entre unas piedras grandes y con mucho peso[55] encima para que soltasen[56] su líquido. Pasados algo más de veinte días se les limpiaba la sal, se les untaba[57] de pimentón y se colgaban al

---

[32] *cada uno ... each by a leg*
[33] *subir*: to lift, to go up
[34] bench
[35] *clavar*: to stab
[36] *desangrar*: to bleed
[37] tub
[38] skimmer
[39] *cuajar, cuajarse*: to coagulate, to curdle
[40] tripe
[41] mincer
[42] wooden basin
[43] *hervir*: to boil
[44] *gastar*: to wear out, to spend

[45] straw
[46] *prender fuego*: to light up a fire, to set on fire
[47] *descuartizar*: to quarter
[48] trozo de carne fresca que se asa
[49] trozo de tocino frito
[50] beans
[51] grill
[52] fritters covered with honey
[53] coarse
[54] press
[55] weight
[56] *soltar*: to release
[57] *untar*: to smear, to spread

humo en la chimenea, en la cocina o en otro lugar al aire. Los lomos[58] se ponían en adobo[59] unos días, tras hacerles unos cortes transversales. Pasados unos días, se sacaban del adobo y se colgaban[60] otros días más para que se oreasen.[61] El mismo procedimiento[62] se usaba para con las costillas.[63] Los huesos, las orejas, el rabo[64] y el tocino se ponían en sal y se colgaban. Estas partes junto con las morcillas se usaban para hacer el cocido.

Todo el magro[65] del cerdo con algo de gordo[66] se picaba a mano o en la máquina de hacer chorizos. Después de picada, la carne se adobaba[67] y se dejaba reposar[68] hasta el día siguiente, en que se hacían los chorizos. Después de embutida la carne en las tripas, los chorizos se colgaban, preferentemente al humo, o en la cocina. Pasados diez o doce días, se freían, se cubrían con aceite de oliva y se metían en orzas,[69] tapados con corbetera.[70] El día en que se hacían los chorizos o en momento posterior era costumbre mandar la *pitanza* a la familia y algunas personas apreciadas. Esta pitanza, también llamada *presente* en partes de Castilla, consistía en un pequeño obsequio consistente en algunos de los productos de la matanza, como por ejemplo una morcilla, un poco de tocino y algún otro pedazo del cerdo.

Receta
Adobo para la matanza
Por cada kilo de carne se ponen 10 gramos de pimentón de La Vera y 10 gramos de sal; orégano y ajo según el gusto individual.

La carne de res y el trabajo de los matanceros
En diferentes partes de Latinoamérica se hace también matanza del cerdo, aunque los métodos de salado y conservación de la carne dependen del clima y las costumbres locales. En lugares donde las vacas son el animal más común, también se prepara la carne de res para su conservación y posterior consumo siguiendo unos procedimientos característicos, tal y como aparecen descritos en la *Descripción de Chile* de la Expedición Malaspina del siglo XVIII. Allí se cuenta cómo los criollos preparaban la carne de res recién sacrificada en Chile:

"*Abren la res, sacan las tripas, hígado,*[71] *etc., y un mozo las eleva y cuelga*

---

[58] loins
[59] dry rub, marinade
[60] *colgar*: to hang
[61] *orear*: to air
[62] procedure
[63] ribs
[64] tail

[65] lean meat
[66] fat
[67] *adobar*: to marinate
[68] rest
[69] earthenware jar
[70] lid
[71] liver

en unos palos atravesados[72] en donde les quitan la grasa y el sebo. Distinguen el sebo de la grasa; lo interior es grasa, lo mejor es la grasa empella.[73] En esta disposición sacan el lomo[74] y después separan las tres partes: 1, el lomo; 2, el guachalomo[75] y 3, el guache cogote[76] que es la parte que toca el cogote y es menos apreciada. Cada una de estas presas[77] se pone aparte y siguen después a sacar la carne de la pierna, de la espaldilla y de las costillas, lo que hacen con mucho primor,[78] dejando toda la carne hecha tiras, pero con separación." "Esta carne se charquea[79] presa por presa, se sala por la tarde y a la mañana siguiente se extiende al sol sobre unas cañas[80] o esteras,[81] quedando de modo que no toquen al suelo. Por dos veces al día se les da vuelta a estos pedazos, cuidándose de que no se arruguen[82] y después de enjutos[83] se pisan. Al día siguiente se repite esta operación y se vuelve de arriba abajo[84] hasta que se derrite[85] el charqui y después se deja secar bien, dándosele nueva vuelta para que guarde perfectamente enjuta la carne. Hay una pieza sobre las costillas de una carne dura de donde viene el adagio en Chile mal haya[86] quien te tira, por causa de la dureza[87] que tienen y ser de difícil nutrición. Del tripal solo aprovechan el sebo y lo demás lo arrojan. De la riñonada[88] sacan el sebo y los lomitos que están debajo de ella; arrojan los bofes[89] y las panzas[90] y guardan el corazón.[91] El espinazo[92] lo comen después, igualmente que la cabeza. Las costillas las limpian con primor, cortando longitudinalmente sobre el medio exterior de las costillas y levantando un poco el periostio[93] con la punta del cuchillo y con las manos sacan las costillas y las dejan limpias. Los librillos,[94] riñones, malaya[95] son presas que pertenecen a los matanceros,[96] que los guardan para sus familias. Los menudos[97] se limpian muy bien con agua hirviendo y después se cortan en tiras, se remojan en salmuera[98] y se dejan secar a la sombra. Las patas y manos las pelan chamuscadas[99] al

---

[72] *atravesar*: to go through
[73] grasa de la cavidad abdominal
[74] loin
[75] carne que está entre las costillas y el lomo
[76] back of the neck
[77] pedazos de carne
[78] with much skill and care
[79] *charquear*: hacer charqui, preparar la carne para hacer charqui (*jerky*)
[80] canes
[81] mats
[82] *arrugarse*: to wrinkle
[83] secos
[84] it is turned upside down
[85] *derretir*: to melt

[86] damn
[87] hardness
[88] area around the kidneys (*riñones*)
[89] pulmones
[90] cavidades en las que se divide el estómago de los rumiantes
[91] heart
[92] backbone
[93] periosteum
[94] omasum
[95] carne que está encima de las costillas
[96] butchers
[97] intestinos
[98] brine
[99] *chamuscar*: to singe

fuego, las raspan [100] bien hasta que queden blancas y abren longitudinalmente las pezuñas internas quitando la carne, las lavan bien y las ponen en salmuera por ocho días, colgándolas después a la sombra para que se sequen."

Con el charqui se hace el sabroso <u>charquicán</u>, <u>charqui frito</u> y la <u>mazamorra</u> en Chile, así como también el abundante plato colonial conocido como *Valdiviano*.

Hablemos sobre las lecturas
1. Desde tu punto de vista, ¿cuáles son las semejanzas entre la matanza del cerdo y la de la res? ¿Cuáles son las diferencias?
2. ¿Qué partes del animal son las más apreciadas? ¿Por qué?
3. ¿Qué partes se reservan a los matanceros? ¿Por qué te parece que se reservan esas partes en concreto?
4. ¿Cómo se prepara el charqui?
5. A juzgar por los diferentes platos que incorporan el charqui, ¿cuál te parece que es su valor en la cocina?

El cerdo y el carnaval
En la comarca del Bierzo (España) hay muchos embutidos de cerdo que son típicos de la zona, como por ejemplo la *androlla*, que se hace con costilla[101] de cerdo adobada con ajo, sal y pimentón y mezclada con piel de cerdo asada, mezcla que se embute en una tripa gruesa, para después ahumarse y curarse. Uno de los productos más emblemáticos del Bierzo es el <u>botillo</u>, que es un embutido elaborado al tiempo de la matanza y que consiste en carne de cerdo con huesos. El botillo es tan importante para la cultura de la comarca que tiene su propia cofradía,[102] la Cofradía del Botillo. El último botillo se come durante el tiempo conocido como *Entroido*—llamado *antruejo* en otros lugares de España—y que son los tres días de Carnaval cuando, según la tradición del calendario religioso, hay que eliminar todas las carnes de la despensa[103] en preparación a la Cuaresma,[104] cuando no puede comerse carne. Esta costumbre tiene además razones prácticas porque, al ser el botillo un embutido semicurado, debe terminar de comerse antes de que entren los meses de calor, cuando podría estropearse.[105] El Entroido se celebra tradicionalmente con la entrada del Diaño do Entroido o diablo del Carnaval, que consiste en un muñeco relleno con paja[106] y vestido con atuendo[107] estrafalario[108] y cuernos en la cabeza a lomos[109] de

---

[100] *raspar*: to scrape
[101] rib
[102] brotherhood
[103] pantry
[104] Lent
[105] spoil
[106] straw
[107] outfit
[108] extravagant
[109] on top of

un burro que pasea por las calles acompañado de un alegre desfile[110] de gentes. De puertas y ventanas la gente le arroja hortalizas y algunas veces agua caliente.

Lechoneras

La actual abundancia de alimentos relativa a siglos pasados hace posible sacrificar un cerdo o lechón para consumirlo fresco en grandes cantidades. El cerdo o lechón asado es la oferta principal de los restaurantes conocidos como lechoneras, populares en países como Puerto Rico. En las lechoneras se puede comer lechón asado acompañado de otros platos, como arroz con gandules,[111] guineos[112] y morcilla. El lechón se adoba con ingredientes que pueden incluir sal, pimienta, ajo, orégano, achiote, culantro y otras hierbas. Después se ensarta[113] en un espetón o asador[114] y se asa lentamente sobre brasas[115] de leña[116] o carbón.[117] El lechón asado es tan popular en Puerto Rico que el día de Acción de Gracias hay familias que cocinan el pavo con los mismos ingredientes usados para adobar el lechón, dando lugar al pavochón, es decir el pavo adobado como si fuera un lechón para conseguir un sabor similar.

Achiote

El achiote que se encuentra entre los ingredientes del adobo para el lechón asado proviene del fruto de un árbol nativo de las regiones tropicales de América. De sus semillas se extrae el anato, un pigmento rojo que se usa en cocinas de muchos países, tales como El Salvador, Puerto Rico y México. Los nativos americanos también usaban el pigmento para decorar la cerámica que elaboraban, así como para pintarse el cuerpo (de ahí los "pieles rojas"). Se sabe que los taínos que habitaban en lo que hoy es Puerto Rico lo usaban de este modo, como siguen usándolo también tribus actuales de Brasil. Los *Tsáchila* de Ecuador lo usaban para teñirse el pelo de un rojo brillante, lo que movió a los españoles a llamarlos "Colorados." El sabor de las semillas del achiote se intensifica al cocinarlo, por eso en muchas recetas el achiote se fríe antes de añadirlo al plato que se esté cocinando. En lugares como El Salvador se prepara una pasta para aderezar carnes con las semillas molidas de achiote, a las que se añade zumo de naranja agria o lima, vinagre, sal y pimienta.

¿Sabías que...?

La importancia del cerdo en los países hispánicos viene reflejada también por la riqueza léxica con que nos referimos a este animal y a sus propiedades. Dependiendo de los países, el cerdo puede también llamarse chancho, lechón, gorrino, marrano, puerco, o

---

[110] parade
[111] gandules (pigeon peas)
[112] unripe bananas
[113] *ensartar*: to skewer, to string
[114] spit
[115] embers, hot coals
[116] firewood
[117] coal

cochino. *También se usan las palabras* cocho/cocha *y* gocho/gocha. *El* verraco *es el cerdo destinado a la reproducción, mientras que una* piara *es una manada de cerdos.*

Refranes y expresiones populares
- *¡Y un jamón!*: de ninguna manera.
- *Ser un pestiño*: ser aburrido.
- *Ser un cerdo/marrano/cochino*: ser sucio; comportarse mal.
- *¡Que te den morcillas!*: márchate, no quiero trato contigo, no te deseo nada bueno.
- *A todo cerdo le llega su San Martín*: el que lo merezca, recibirá al final castigo por sus actos [la fiesta de San Martín, el día 11 de noviembre, indica el tiempo de la matanza].
- *Del cerdo, hasta el rabo:* todo se aprovecha, como se hace en el caso del cerdo.

Hablemos sobre las lecturas
1. ¿Qué es el botillo? ¿Cuál es su relación con el Carnaval?
2. ¿Qué son las lechoneras?
3. ¿Conoces otros ejemplos de comidas como el pavochón donde un alimento se cocina como otro para imitar su sabor?
4. ¿Cómo se usa el achiote?
5. ¿Por qué te parece que los términos con los que nombramos al cerdo pueden ser usados como insulto?

Vegetarianismo

En el capítulo 2 leímos del limitado consumo de carne en las civilizaciones antiguas y de las razones de la cultura griega antigua a favor de una dieta vegetariana. Por razones económicas y religiosas el vegetarianismo ha sido la práctica alimentaria necesaria para la mayor parte de la población a lo largo de los siglos. Además, el calendario cristiano marcaba muchos días de abstinencia en los que estaba prohibido comer carne como forma de penitencia. Por esta razón, durante siglos los cristianos eran vegetarianos por motivos religiosos más de la mitad de los días del año. Los problemas éticos, económicos y medioambientales[118] que presenta el consumo de animales han seguido preocupando a diferentes generaciones a lo largo de los siglos.

---

[118] environmental

El cocinero y autor de numerosos recetarios Ignacio Doménech, en *La cocina vegetariana moderna* publicada en 1925, presenta de forma clara y sucinta las razones en favor de la dieta vegetariana en una sección titulada "Conceptos higiénicos del perfecto vegetariano," enfatizando los beneficios que presenta para la salud:

> *"No nos cansaremos de recordar que la mayor parte del tiempo debe emplearse en las comidas masticando reposadamente naturales y bien preparados alimentos para que el estómago—que no tiene dientes— pueda descomponerlos sin cansarse y el organismo resulte bien nutrido de ese importantísimo trabajo. Así hacemos práctico aquel aforismo de 'Tu medicina será tu alimento y tu alimento será tu medicina.'"*

También explica la filosofía de las sociedades vegetarianas que comenzaron a aparecer en el siglo XIX, en lo que es verdaderamente un manifiesto del vegetarianismo:

> *"La unión de todos los vegetarianos y aficionados al sistema de vida natural fue propagar las ventajas morales y materiales del vegetarismo (del latín vegetus, que significa vigoroso, fuerte, sano), demostrando que la salud se obtiene con la higiene al aire libre, sol, baños, ejercicio y régimen alimenticio vegetariano. Esta alimentación se funda en que:*
>
> *1º La carne encierra los residuos de la desanimación, que es incesante durante la vida (cratina, leucomainas, etc.) y los productos de la descomposición que siguen inmediatamente a la muerte. Todos estos son venenos[119] activos que no se pueden introducir impunemente[120] en un organismo sano [...]. Luego el comer carne trae por consecuencia introducir estos venenos en la sangre. ¿Para qué correr este peligro? Está hoy probado que la carne no contiene mayor cantidad de elementos nutritivos que los demás alimentos y que, por el contrario, carece de substancias hidrocarbonadas,[121] verdaderas productoras de la fuerza.*
>
> *2º La albúmina[122] de la carne (20%) se reemplaza por la de las leguminosas (25%), de los cereales (10%) y de las nueces (16%) todos los alimentos completos, ricos en hidrocarburos[123] y en sales.*
>
> *3º Según sus caracteres anatómicos, el hombre está hecho para*

---

[119] poisons
[120] without punishment, without adverse consequences

[121] carbohydrates
[122] albumin
[123] hidratos de carbono

alimentarse principalmente de frutos, raíces y otras partes suculentas de los vegetales.

4º Los vegetarianos poseen la fuerza física (clubs ciclistas vegetarianos de Inglaterra, Francia, Alemania, campesinos [124] y montañeses de diversas regiones); la fuerza intelectual (Pitágoras, los sabios de la antigüedad, Newton, Franklin, Tolstoi etc., los Padres de la Iglesia) y la longevidad (trapenses, [125] cartujos,[126] monjes, budistas).

5º El régimen vegetariano hace fisiológicamente imposible la práctica del alcoholismo.

6º El vegetariano vive con más economía. Por 1.10 pesetas[127] a 1.40 que cuesta medio kilo de carne, se compra algo más de kilo y cuarto de garbanzos; kilo y medio de arroz; trigo, de 3 a 4 y medio kilos; patatas, de 5 a 8 kilos, etc., etc., y abundantes frutas y verduras del tiempo. Una hectárea de terreno es suficiente para alimentar tres veces más vegetarianos que personas viven del régimen mixto habitual.

7º ¿Para qué matar?"

El cerdo... ¿animal o vegetal?

Cuando un cerdo de raza ibérica se ha criado en la dehesa,[128] comiendo solo hierbas, bellotas, raíces y otros productos de la tierra, entonces su grasa es en gran medida insaturada, aumenta su contenido en vitamina E y otras vitaminas y además adquiere un alto contenido en ácido oleico. Este ácido es el principal componente del aceite de oliva. Por este motivo, se ha llamado al cerdo ibérico criado en libertad y con una dieta rica en bellotas y otros productos de la tierra, "olivo con patas."

Hablemos sobre las lecturas
1. Comenta las razones de Doménech en favor de la dieta vegetariana. ¿Cuáles te parecen convincentes y cuáles no?
2. ¿Cuáles son los razonamientos éticos [129] que se alegan [130] para fundamentar[131] las dietas vegetarianas?
3. ¿Te parece que hay similitudes entre el vegetarianismo que se practica

---

[124] peasants
[125] Trappist monks
[126] Carthusian monks
[127] *peseta*: old currency roughly equivalent to 1 cent

[128] pasture, grazing land
[129] ethical
[130] *alegar*: to allege, to cite
[131] base

actualmente en tu cultura con el vegetarianismo de la Antigüedad griega, el del hinduismo, el budismo o el descrito por Domenech? Razona tu respuesta.

4. ¿Qué razones te parecen las más convincentes para seguir una dieta vegetariana? ¿Te parece que es fácil seguir una dieta vegetariana?

5. ¿En qué se parecen el cerdo alimentado con bellotas y el aceite de oliva?

Figura 24: Deliciosas frutas y hortalizas a la venta en el Mercat de La Boqueria en Barcelona

Receta
Adobo para cerdo o para hortalizas

Ingredientes
- 5 dientes de ajo, pelados y prensados en una prensa de ajos[132]
- 1 cucharada de orégano

---
[132] garlic press

- 1-2 cucharaditas de chile seco pulverizado o de pimentón dulce
- ¼ vaso de aceite de oliva
- ¼ vaso de vino blanco
- ⅛ vaso de vinagre de jerez o vinagre de vino tinto
- ½ cucharada de sal marina[133] o al gusto
- ½ cucharadita de azúcar (opcional)

1. Mezclar bien todos los ingredientes en un cuenco.
2. Verter el adobo en las hortalizas (papas o patatas, berenjenas, zanahorias, batatas, boniatos, pimientos, etc.) cortadas en rodajas, o en la carne o pescado que quiera cocinarse.
3. Dejar macerar durante 8 horas o toda la noche en el refrigerador, o 1-2 horas a temperatura ambiente.
4. Cocinar en horno precalentado a 350° Fahrenheit. El tiempo de cocinado dependerá de cada alimento.

Actividades
1. Cocina carnes o verduras con el adobo de la receta y compártelo con la clase. ¿Cómo cambia su sabor cuando acompaña a los diferentes alimentos?
2. Investiga diferentes tipos de dietas vegetarianas y haz una lista de sus características, agrupándolas en categorías como lo hace Doménech (por ejemplo, beneficios para la salud, económicos, éticos, etc.). Organiza un debate sobre estas dietas entre diferentes grupos de tu clase.
3. Entrevista a una o más personas que no coman carne de cerdo. ¿Cuáles son los motivos por los que evitan comer cerdo? ¿Qué asociaciones tienen con la carne de este animal? Comparte los resultados de la entrevista con la clase.
4. Visita una tienda de alimentación latina que tenga carnicería y apunta los nombres y aspecto de los diferentes cortes de carne. ¿En qué se diferencian de los que hay en el supermercado de tu barrio? ¿Dividen el animal en las mismas partes? Si no puedes encontrar una carnicería, investiga los cortes de carne en videos sobre mercados que encuentres en internet.

---

[133] sea salt

Capítulo 13: Mapas gastronómicos: España

Este capítulo introduce la correlación que existe entre las diferentes regiones geográficas, climáticas e históricas de cada país con otras centradas en la alimentación. De este modo, se muestra cómo puede trazarse un mapa gastronómico que represente las diversas regiones culinarias de un país. Como en el caso de España, este mapa puede hacerse de acuerdo a técnicas culinarias, platos emblemáticos de la región o variedades de uno o más alimentos. El gazpacho, la paella y las tapas ayudan a entender las relaciones entre geografía gastronómica y prácticas culturales.

España: geografía gastronómica

España es un país de muy variada geografía, diversidad de lenguas y grupos nacionales que tienen unas tradiciones, lengua, cultura e historia propias. La variada geografía española y sus microclimas han contribuido también a la formación de un peculiar mapa gastronómico cuyas zonas se han delimitado de acuerdo a la técnica culinaria que se ha querido señalar como representativa de cada región. Así se ha trazado un mapa dividido en: la zona de los asados (centro de España), la zona de las salsas (el norte), la zona de los pimientos (la zona interior del noroeste), la zona de los guisados (Cataluña y Baleares), la zona de los arroces (el este), la zona de los fritos y los gazpachos (el sur) y la zona de los mojos (Islas Canarias). Cada región tiene también un plato emblemático que puede o no reflejar la técnica culinaria que caracteriza cada zona. En Asturias, el plato típico es la fabada, en Galicia el pulpo a la gallega y la tarta de Santiago, en Segovia el cochinillo asado, en Valencia la paella, en Murcia los michirones (guiso de habas secas con carne), en La Rioja las patatas a la riojana (con chorizo y pimientos), en las Islas Canarias las papas arrugás con mojo picón, en Navarra el cochifrito (guiso de cordero), en Aragón el cordero al chilindrón (cordero estofado en salsa de tomate con verduras), en Mallorca el arroz brut, en Euskadi la merluza a la vasca, en Cantabria la quesada pasiega, en Cataluña la crema catalana, en Madrid el cocido, en Andalucía la tortilla de camarones y en La Mancha las migas. El país entero se conoce como el país de las tapas. Por estar situado en el Mediterráneo, su gastronomía comparte con otros países que bordean este mar características similares, como son el gusto por el pan, el vino y el aceite de oliva. Como en otros países mediterráneos, en España se cultiva bien el trigo, la vid y el olivo, con frutos excelentes. También comparte con países vecinos como Italia su gusto por el jamón y los embutidos de cerdo y con el resto de los países del Mediterráneo su gusto por el queso. Los quesos (de leche de oveja, cabra, vaca, o de una combinación de tipos de leche), los vinos, así como los productos derivados del cerdo ofrecen gran variación en las distintas zonas geográficas, de modo que también se han trazado mapas de España dividiéndola según las zonas de sus quesos, de sus vinos y de sus embutidos. Fuera de España, la cocina española no es muy conocida en sus riquezas regionales, siendo platos como la paella, el gazpacho y las tapas y productos como el jamón y algunos de sus quesos los más reflejados en los menús de los restaurantes de otros países. Como puede observarse, la variedad geográfica y climática y la diversidad cultural e histórica del país contribuyen a una gran riqueza gastronómica.

La dieta mediterránea

La dieta mediterránea enfatiza los alimentos que se consumen en los países que bordean[1] el mar Mediterráneo. Es una dieta considerada muy saludable[2] porque está basada en un alto consumo de frutas, verduras, legumbres e hidratos de carbono complejos. En la dieta mediterránea tradicional no se consume mucha carne ni grasas saturadas,[3] pero sí bastante pescado y también productos lácteos en cantidades moderadas. Los tres cultivos que dan base a la dieta mediterránea desde tiempos antiguos son la vid, el olivo y el trigo. Estos tres cultivos dan lugar al vino, el pan y el aceite de oliva, tres pilares de esta dieta. La dieta mediterránea es alta en grasas omega 3, antioxidantes, fibra y fitoquímicos. Los beneficios de esta dieta, según estudios realizados, incluyen una reducción en las enfermedades cardiovasculares y en la mortalidad, así como en el riesgo de cáncer y de enfermedades neurodegenerativas. También mejora el perfil lipídico[4] y la resistencia a la insulina. Por estos motivos, se recomienda para la salud ocular,[5] los problemas de diabetes, cáncer, Alzheimer, Parkinson, artritis reumatoide,[6] depresión y fertilidad.[7] También se aconseja para el embarazo[8] por ayudar a la buena salud del feto.

El olivo como fuente de vida

La película española dirigida por Icíar Bollaín *El olivo* (2016) gira[9] alrededor de la relación entre el abuelo de Alma, la protagonista, y un viejo y enorme olivo milenario que había pertenecido a su familia. La familia había vendido el olivo, que el abuelo pensaba habían plantado los romanos, en contra de la voluntad del abuelo, que había afirmado que el árbol era su vida. Para Alma, que trabaja en una granja de pollos, su abuelo es la persona más importante del mundo y piensa que si logra recuperar el olivo, podrá curar a su abuelo, que inexplicablemente ha dejado de hablar y de comer.

---

[1] *bordear*: to border
[2] healthy
[3] saturated fats
[4] lipid profile
[5] de los ojos

[6] rheumatoid arthritis
[7] fertility
[8] pregnancy
[9] *girar*: to revolve

El pan nuestro de cada día

El pan y el aceite han sido considerados alimentos básicos en la alimentación española desde hace siglos. La clara preferencia por el pan por encima de cualquier otra comida hace además que se convierta en alimento emblemático no solo de las costumbres gastronómicas del país, sino también de sus formas de vida. Por otro lado, el valor sacramental del pan y del vino, al usarse en la Eucaristía, dan a estos dos alimentos connotaciones religiosas que hacen que aumente su prestigio y el respeto que se siente por ellos. Un ejemplo significativo del significado cultural de los alimentos que, como el pan, están considerados básicos puede encontrarse en *La familia de Alvareda* (1849) de la autora española Fernán Caballero. En un momento de esta novela, uno de los personajes, Ventura, está narrando sus viajes y los de personas conocidas suyas ante María y Ana, dándoles detalles de la vida en el norte de Europa. Se presenta un fuerte contraste entre el norte de Europa y el sur (España). En el norte de Europa se comen patatas y se bebe leche y no hay aceite ni pan blanco. Como parte del mismo hilo narrativo, se menciona que en el norte de Europa tampoco hay frailes ni monjas ni tienen a Jesús Sacramentado en sus iglesias por ser países protestantes. María y Ana se quedan horrorizadas al oír lo que cuenta Ventura y entre sus exclamaciones está el lamento de que en el norte de Europa no se pueda hacer buen gazpacho, al no haber aceite ni buen pan. En el texto está clara la relación entre religión, geografía y diferencias gastronómicas:

"¡Jesús, Ventura, dijo María admirada, has corrido más mundo que las cigüeñas![10]

Yo no, respondió Ventura; pero conocí a uno, ese sí; había estado con el general la Romana allá en el Norte, en donde se cubre la tierra con un manto[11] tan espeso de nieve, que a veces se entierran[12] en ella las gentes.

- ¡María Santísima! dijo María estremecida.[13]

- Pero son buenas gentes; allá no se conoce la navaja.[14]

- ¡Dios los bendiga![15] exclamó María.

- En aquella tierra no hay aceite, y comen pan negro.

- Mala tierra para mí, observó Ana; pues yo siempre he de comer del

---

[10] storks
[11] cloak, mantle
[12] *enterrar*: to bury

[13] *estremecer*: to shake
[14] pocket knife
[15] *bendecir*: to bless

mejor pan, aunque no coma otra cosa.

- ¡Qué gazpachos saldrán[16] con pan negro y sin aceite! dijo María horrorizada.

- No comen gazpacho, replicó Ventura.

- ¿Pues qué comen?

- Comen patatas y leche, contestó Ventura.

- Buen provecho, y salud para el pecho.[17]

- Lo peor es, tía María, que en toda aquella tierra no hay ni frailes[18] ni monjas.[19]

- ¿Qué me dices, hijo? exclamó ésta.

- Lo que usted oye: hay pocas iglesias, y éstas parecen hospitales robados, sin capillas,[20] sin altares, sin efigies y sin Santísimo.[21]

- ¡Jesús María! exclamaron todos menos María, que de espanto[22] se quedó hecha estatua.[23] Pero de ahí a un rato, cruzando[24] sus manos con gozoso[25] fervor, exclamó:

- ¡Ay mi sol! ¡Ay mi pan blanco! mi iglesia, mi Madre Santísima, mi tierra, mi fe[26] y mi Dios Sacramentado.[27] Dichosa[28] mil veces yo, que he nacido, y, mediante[29] la misericordia[30] divina, he de morir en ella. Gracias a Dios que no fuiste a esa tierra, hijo mío. ¡Tierra de herejes![31] ¡Qué espanto!"

Hablemos sobre las lecturas
1. ¿Cuáles son las características de la geografía gastronómica española?
2. ¿Cuántos mapas gastronómicos pueden hacerse al hablar de la

---

[16] *salir*: to come out, to result
[17] may they enjoy it and be healthy
[18] friars
[19] nuns
[20] chapels
[21] Holy Sacrament
[22] out of fright
[23] statue

[24] *cruzar*: to cross
[25] joyful
[26] faith
[27] Eucharist
[28] happy
[29] through
[30] mercy
[31] heretics

gastronomía española?

3. ¿Qué es la dieta mediterránea? ¿Cuáles son sus beneficios?

4. ¿Qué diferencias hay entre norte y sur según las ideas expresadas en la lectura de Fernán Caballero?

5. ¿Cuáles son los alimentos herejes en la opinión de algunos de los personajes?

6. ¿Qué relación se establece entre el aceite, el pan, el sol y la ortodoxia religiosa en la lectura?

7. ¿Ves alguna diferencia entre las experiencias de las mujeres y los hombres en su percepción de los valores expresados en la lectura?

Refranes y expresiones populares

- *Contigo, pan y cebolla:* Expresión romántica: para estar contigo no necesito nada.
- *Al pan, pan y al vino, vino:* Hay que llamar a las cosas por su nombre.
- *Dame pan y llámame tonto:* Puedes insultarme con tal de que me des de comer.
- *Con pan y vino se anda el camino:* El pan y el vino son los alimentos básicos.
- *Al buen hambre no hay pan duro:* Si tienes hambre, no desprecias ningún alimento.
- *Bueno es beber, pero no hasta caer:* Hay que saber beber con moderación.

Gazpacho

El gazpacho está típicamente relacionado con el sur de España, aunque existen diferentes platos y recetas con ese nombre en otras zonas del país. Aunque el origen de la palabra es desconocido, sí está claro que el gazpacho es una mezcla de ingredientes que en muchos casos suelen incluir pan y ajo, aunque difieren según el área geográfica en la que se preparen. En Castilla y La Mancha, el gazpacho incluye diferentes tipos de carnes deshuesadas[32] y troceadas, además de trozos de pan. En el sur de España, en Andalucía, el gazpacho se compone fundamentalmente de pan, ajo, aceite de oliva, tomates y otras hortalizas, como pepino y pimiento verde. La adición de tomate y pimiento obviamente data de fecha posterior al establecimiento del intercambio colombino o intercambio biológico entre Europa y América. Sabemos que los campesinos tomaban un simple preparado de pan, aceite y ajo para reponer fuerzas en el campo desde hacía muchos siglos. Es fácil que a esta mezcla se le uniera

---

[32] *deshuesar*: to debone

pronto el tomate una vez aclimatado al suelo andaluz, lo que ocurrió muy pronto después de su llegada a España en el siglo XVI. Los primeros textos que conservamos donde se describe el gazpacho no incluyen aún el tomate y sí enfatizan el hecho de que es comida de las clases trabajadoras. Este es el caso de Sebastián de Covarrubias, en su *Tesoro de la lengua castellana o española* (1611), quien define del siguiente modo el gazpacho:

"Gazpachos. Cierto género de migas[33] que se hace con pan tostado y aceite y vinagre, y algunas otras cosas que les mezclan, con que los polvorizan.[34] Esta es comida de segadores[35] y de gente grosera[36]."

Más de un siglo después, el *Diccionario de Autoridades* (1726) repetía una definición similar, que enfatizaba la mezcla de pedazos de pan, aceite, vinagre, ajos y otros ingredientes facultativos. También vuelve a decir que el gazpacho es comida de gente rústica:

"Gazpacho. Cierto género de sopa o menestra, que se hace regularmente con pan hecho pedacitos, aceite, vinagre, ajos y otros ingredientes, conforme al gusto de cada uno. Es comida regular de segadores y gente rústica."

La reputación del gazpacho como comida de los trabajadores y de los estratos más bajos de la sociedad del país continuaría repitiéndose a lo largo de los siglos también por los extranjeros que van a vivir a España. Raimundo de Lantery, mercader nacido en Saboya y afincado en Cádiz, da su opinión sobre el valor social y gastronómico del gazpacho en sus *Memorias* de 1705, considerándolo de forma negativa por ser comida de las clases bajas a la que él no está acostumbrado:

"Cada uno apetece en lo que se ha criado,[37] pues dicho gazpacho es cosa de pastores o rústicos que no tienen otra cosa que comer, pues se compone de ajos, vinagre, pan y agua. Considere quien tiene mediano juicio,[38] qué comida puede ser."

Las opiniones de Covarrubias, del *Diccionario de Autoridades* y la de Lantery no fueron obstáculo para que el aprecio y consumo del gazpacho fueran en aumento. Más tarde, Ángel Muro, periodista[39] y gastrónomo, le dedica una larga sección en su influyente manual de cocina *El practicón* (1891-1894). Aunque Muro desdeña el valor

---

[33] crumbs
[34] *pulverizan*; *pulverizar*: to pulverize, to crush
[35] reapers
[36] coarse

[37] *criar*: to rear, to raise
[38] judgement, sense
[39] journalist

gastronómico del gazpacho, su larga explicación y sus referencias a lo debatido de su receta dan muestra clara de la importancia del gazpacho, sobre todo, como explica el mismo Muro, en Andalucía:

"Sopa fría española. Lo es en efecto todo gazpacho, pues consiste en un género de sopa que se hace regularmente con pedacitos de pan, aceite, vinagre, ajo y cebollas.

Manjar muy usado en Andalucía, aceptado en toda España y muy discutida su confección.

Plato agradable que no tiene significación en gastronomía, pero sin el cual los andaluces[40] no pueden vivir en verano, como los gallegos[41] en invierno sin grelos...[42]

[Receta:]

'En un mortero se coloca sal, un pimiento crudo y dos tomates de buen color y tamaño, machacándose todo perfectamente; se le añade la miga[43] de medio pan, que para el efecto se tendrá preparada en remojo en agua, y este conjunto se maja, mezclándole una pequeña taza de aceite crudo; pero en la forma que se hace con la mayonesa,[44] para que trabe[45] bien después de trabajarlo un cuarto de hora por lo menos; se le hecha el vinagre y el agua al gusto del que le confecciona, se pasa por un colador,[46] y a ese caldo espeso que resulta se le ponen pedacitos de pan. Y se come en verano, y en horas de calor.'

En Granada... el gazpacho se hace del siguiente modo: Migado[47] el pan, se echa la suficiente cantidad de agua, aceite, vinagre, pimienta, sal, comino y ajo machacados, y si se quiere, cebollas y pepinos picados en ruedas. Además de éste, se hace en Andalucía otro gazpacho, que llaman <u>ajo blanco</u>, machacando almendras mondadas[48] con un grano de ajo, un poco de aceite y el vinagre correspondiente, cuya mezcla, muy majada y hecha como una especie de ungüento un poco aguanoso,[49] se disuelve bien en la sopera[50] o fuente,[51] donde está el pan migado con el agua y pan suficientes; Y en Extremadura confeccionan de este modo el gazpacho.

---

[40] Andalusians
[41] Galician
[42] turnip tops
[43] soft inside of bread
[44] mayonnaise
[45] *trabar*: to thicken

[46] colander, strainer
[47] *migar*: to crumble
[48] *mondar*: to peel
[49] watery
[50] soup tureen
[51] platter

En este país, naturalmente caluroso, se usa el gazpacho en el verano como una especie de refrigerante, tanto en las clases elevadas como en las trabajadoras. Las primeras lo suelen usar en el estío,[52] en vez de la ensalada de lechugas, que ya en esa época es muy rara, porque los calores las arrebatan[53] y hacen espigar.[54] Y las segundas, que en esta estación[55] naturalmente están en las eras[56] o segando,[57] lo suelen tomar entre las comidas, tanto para refrescar, cuanto para alimentarse alguna cosa, puesto que generalmente lo cargan[58] bien de pan...

El tomate, el pimiento verde y el pepino, todo picado, hacen muy bien; el tomate y el pimiento se le echa casi siempre."

En *La de Bringas* (1884) Benito Pérez Galdós, el gran novelista español, pinta una escena expresiva del papel del gazpacho en las noches en las que el calor agobiante[59] de Madrid deprimía el cuerpo y el espíritu. De este modo, vemos que el consumo del gazpacho se ha extendido del sur al centro de España y de las clases rústicas trabajadoras a las clases medias urbanas, aunque este autor, como otros, relaciona el aprecio del valor refrescante del gazpacho con el clima de Madrid en verano, similar en su calor agobiante al del sur de España:

"Paquito estaba tendido sobre una estera[60] leyendo novelas y periódicos. Alfonsín enredaba[61] como de costumbre, insensible al calor, mas con los calzones [62] abiertos por delante y por detrás, mostrando la carne sonrosada[63] y sacando al fresco todo lo que quisiera salir. Isabelita no soportaba[64] la temperatura tan bien como su hermano. Pálida, ojerosa[65] y sin fuerzas para nada, se arrojaba sobre las sillas y en el suelo, con una modorra[66] calenturienta,[67] desperezándose[68] sin cesar[69] y buscando los cuerpos duros y fríos para restregarse[70] contra ellos. Olvidada de sus muñecas, no tenía gusto para nada; no hacía más que observar lo que en su casa pasaba, que fue bastante singular aquel día. Don Francisco dispuso que se hiciera un gazpacho para la cena. Él lo sabía hacer mejor

---

[52] summer
[53] grow excessively
[54] shoot up
[55] season
[56] threshing floor
[57] *segar*: to cut, to reap (often referring to wheat or another cereal or tall grass)
[58] *cargar*: to load
[59] smothering, oppressive
[60] rush mat

[61] *enredar*: to bother, to mess things up
[62] shorts
[63] rosy
[64] *soportar*: to stand, to bear
[65] baggy-eyed
[66] drowsiness
[67] feverish
[68] *desperezarse*: to stretch
[69] without stopping, continuously
[70] *restregar*: to rub

que nadie, y en otros tiempos se personaba en la cocina con las mangas[71] de la camisa recogidas y hacía un gazpacho tal que era cosa de chuparse[72] los dedos. Mas no pudiendo en aquella ocasión ir a la cocina, daba sus disposiciones desde el gabinete.[73] Isabelita era el telégrafo que las transmitía, perezosa, y a cada instante iba y venía con estos partes[74] culinarios: 'Dice que piquéis dos cebollas en la ensaladera…, que no pongáis más que un tomate, bien limpio de sus pepitas… Dice que cortéis bien los pedacitos de pan…, y que pongáis poco ajo… Dice que no echéis mucha agua y que haya más vinagre que aceite… Que pongáis dos pepinos si son pequeños, y que le echéis también pimienta…, así como medio dedal[75].' Por la noche la pobre niña tenía un apetito voraz,[76] y aunque su papá decía que el gazpacho no había quedado bien, a ella le gustó mucho, y tomóse la ración[77] más grande que pudo"

Mujeres al borde de un ataque de gazpacho

En la película de Pedro Almodóvar *Mujeres al borde de un ataque de nervios* ("Women on the Verge of a Nervous Breakdown") (1988), Pepa, la protagonista, quiere vengarse de las infidelidades de su pareja, Iván, un hombre casado de quien se ha quedado embarazada. Con este fin, Pepa hace un gazpacho al que añade somníferos[78] esperando que él se lo tome cuando vuelva a casa, ya que es una comida que le encanta. Sin embargo, son unos agentes de la policía que llegan a su casa investigando una misteriosa llamada quienes se lo toman y, cuando le preguntan por los ingredientes del gazpacho, Pepa contesta: "tomate, pepino, pimiento, cebolla, una puntita[79] de ajo, aceite, sal, vinagre, pan duro y agua," sin mencionar los somníferos. Cuando los está enumerando, los agentes caen dormidos. Sin embargo, la esposa de Iván, que acaba de salir de un hospital psiquiátrico sin estar curada, ataca a Pepa tirándole un vaso de gazpacho a la cara. En esta película el gazpacho se presenta como alimento delicioso cuyo gusto está extendido entre las clases altas urbanas. Sin embargo, la adición de un ingrediente convierte el gazpacho en un veneno que va tener un papel importante en el desarrollo del argumento de la película.

Juega con tu comida

La Tomatina es una pelea callejera que se celebra en Buñol (en el este de España) donde se usan los tomates como arma ofensiva. La Tomatina es parte de las fiestas de la ciudad que se celebran a finales de agosto. El día antes de la Tomatina, que

---

[71] sleeves
[72] *chupar*: to lick, to suck
[73] office
[74] reports, dispatches
[75] thimble, thimbleful

[76] voracious
[77] serving, portion
[78] sleeping pills
[79] un poquito

siempre es el último miércoles de agosto, se cocinan muchas paellas sobre fuego de leña por las calles. Muchos grupos compiten para ganar el premio a la mejor paella. El miércoles por la mañana se pone un palo alto cubierto de grasa o de jabón con un gran jamón en la parte superior. El jamón es el premio para quien consiga trepar[80] hasta lo más alto del resbaladizo[81] palo. Este palo se llama <u>palo jamón</u> o <u>palo jabón</u>. Una vez alcanzado el jamón, empieza la batalla callejera con los más de 22.000 tomates (o 150 toneladas) que se distribuyen por las calles. Se usan tomates que no son aptos para el consumo. Tanto la gente como las calles se llenan de zumo y pulpa de tomate rojo. En Argentina, Colombia y Costa Rica han comenzado a celebrarse Tomatinas similares.

Hablemos sobre las lecturas

1. ¿Cuáles son los diferentes tipos de gazpacho? ¿Cuáles son los ingredientes más importantes?
2. ¿Por qué está el consumo del gazpacho relacionado con el verano?
3. ¿Cómo se hace el gazpacho?
4. ¿Puedes enumerar algunas de las razones por las que el gazpacho ha sido un marcador de nivel socioeconómico en determinados momentos históricos?
5. ¿Qué es la Tomatina? ¿Conoces otros ejemplos de fiestas o celebraciones donde se arrojen alimentos unas personas a otras?

La paella

El este de España es la zona de los arroces, de entre los que destaca la conocida y deliciosa paella. Aunque el plato toma nombre del utensilio en el que va cocinado, el ingrediente estrella de la paella es el arroz. La palabra 'arroz' viene del árabe *aruz[z]*, que a su vez viene del griego ὄρυζα (oryza), que originó el nombre de esta planta en todas las lenguas europeas. El arroz llegó a Europa desde Asia y pasó a las Américas con la colonización española. Como puede deducirse por su etimología, parece que el cultivo del arroz en España tuvo un gran impulso gracias a los musulmanes a partir del siglo VIII. En las Américas, el arroz tuvo tanta aceptación que pasó a formar parte de la dieta básica de la población. Junto con los frijoles, el arroz aporta los aminoácidos esenciales para el cuerpo humano.

---

[80] *trepar*: to climb

[81] slippery

Figura 25: Paella de mariscos

Las primeras recetas de arroz aparecen en el *Libro de guisados* de Ruperto de Nola escrito a finales del siglo XV, pero publicado en el siglo siguiente, como se señaló en el capítulo 2. El "arroz en cazuela al horno" que aparece en el libro de Ruperto de Nola es una versión del famoso "arroz con costra"[82] hecho con caldo y azafrán y que hoy se disfruta en la región valenciana. Este arroz adquiere su costra por los huevos que se vierten encima del arroz antes de introducirlo al horno. El término "paella" aparece documentado desde el siglo XV para denominar una "vasija como olla de boca ancha" y sabemos que estas paellas eran de hierro o de cobre. La palabra viene del latín 'patella,' diminutivo de 'patina,' que quiere decir una cazuela o sartén ancha y poco profunda. Esta sigue siendo la descripción de las paellas actuales. La palabra se usa para denominar tanto el plato como el utensilio en el que se hace. Hoy la paella es plato que con frecuencia se elabora en el campo, al aire libre, utilizando ingredientes que pueden encontrarse fácilmente. La receta tradicional incluye caracoles, conejo, tres tipos de judías,[83] arroz y azafrán. Hasta muy recientemente las paellas eran de hierro, con un centro cóncavo para poder sofreír cómodamente los ingredientes. Hoy es más fácil encontrar paellas hechas de acero o de acero inoxidable.[84] Este último material es más fácil de cuidar, pero no distribuye ni

---

[82] crust
[83] beans
[84] stainless steel

mantiene tan bien el calor como el acero o el hierro. Para hacer la paella hay que utilizar arroz de grano redondo, bien un tipo común, bien el arroz bomba (llamado así por su capacidad para absorber gran cantidad de líquido y aumentar de volumen), bien el de Calasparra, <u>denominación de origen protegida</u>.

Hay varios tipos de paella, aunque los más comunes suelen dividirse en paella de carne, paella de mariscos y paella mixta. Tradicionalmente, en Valencia, la paella se come con cuchara de palo, comiendo directamente de la paella, sin usar plato.

¿Sabías que…?
En Argentina se usa un utensilio parecido a la paella llamado <u>disco</u> o <u>disco de arado</u>, también de forma cóncava en el centro. En el disco se preparan las deliciosas discadas, la carne al disco y muchos otros platos.

Arroz caldoso

En la paella y otros platos cuyo componente principal es el arroz, la parte considerada más deliciosa es la capa de arroz que está en el fondo de la paella y que debe quedar ligeramente tostada y caramelizada. En Puerto Rico llaman a esta parte del plato el "pegao," mientras que en el este de España lo llaman "socarrat." Por el contrario, hay una rica familia de platos elaborados con arroz donde el líquido de cocción no debe evaporarse por completo, quedando ligeramente caldosos. Este es el caso del <u>arroz caldoso</u> del este de España, el <u>asopao</u> puertorriqueño, o el <u>arroz caldo</u> filipino.

Tapas

Una práctica común a toda España es acompañar una bebida con una pequeña porción de comida a la que se llama <u>tapa</u>. Las tapas acostumbran a tomarse en compañía de amigos y conocidos durante las horas que hay entre las comidas, más comúnmente por la tarde entre la hora del almuerzo y la de la cena, aunque también se puede <u>tapear</u> a última hora de la mañana, entre el desayuno y el almuerzo. Para comer tapas o tapear hay que "ir de tapas," es decir, ir de bar en bar consumiendo una bebida y probando la tapa que es típica del bar para después pasar al siguiente. En cada ciudad hay normalmente una zona con bares conocidos por sus tapas de modo que el tapeo tiene lugar en una zona determinada de la ciudad y siempre se hace andando y charlando con los amigos. Si se consumen muchas tapas, entonces estas pueden sustituir la comida o la cena. Hay diferentes historias que circulan en torno al posible origen de las tapas. Las historias más conocidas atribuyen a un rey, a una reina o a un personaje importante el establecimiento de la costumbre de servir una bebida alcohólica con una loncha de un acompañamiento tal como jamón o queso para despertar la sed y proteger la bebida de polvo o insectos.

Figura 26: Tapas y jamones colgados en un bar tradicional

Otras historias justifican el nombre relacionándolo con la tapa de madera que se ponía encima de la bebida con el fin de protegerla y con los bocados que podían ponerse sobre la tapa para acompañar la bebida. Ya en la obra *El Lazarillo de Tormes* (siglo XVI) aparecen numerosas menciones de bebidas que están "tapadas" por alimentos. En obras clásicas de la literatura española como el *Quijote* o en otras escritas por famosos autores como Quevedo hay también menciones de "avisillos" y "llamativos" en referencia al acompañamiento de comida que se servía con el vino. Estos términos indican la función del alimento de avisar o llamar a la sed y, por tanto, de incitar a beber, seguramente por ser salados o muy especiados. Aunque la práctica de servir una bebida acompañada con un alimento que avive la sed, tal y como las tradicionales aceitunas, tiene una larga tradición, no es hasta 1939 cuando se documenta el uso de la palabra "tapa" en su sentido gastronómico en el Diccionario de la Real Academia Española. En la edición de 1956 el mismo diccionario explica que esta acepción[85] es de origen andaluz. Algunos expertos explican que las tapas tal y como las conocemos hoy provienen principalmente de Andalucía y se popularizan en Madrid con la llegada de oleadas de emigrantes andaluces desde el siglo XIX hasta bien entrado[86] el siglo XX. Estos emigrantes popularizaron también los llamados

---

[85] meaning   [86] well into

"cafés cantantes," donde a la vez que se tomaba un café y algo de comer se podía disfrutar de un espectáculo de flamenco. La zarzuela *La verbena de la Paloma* muestra en una conocida escena la popularidad del flamenco y de los cafés cantantes en Madrid a partir de mediados del siglo XIX. Hay también una famosa película argentina titulada *Café cantante* (1951) protagonizada por Imperio Argentina en la que se refleja en detalle el ambiente de estos cafés. Establecimientos que unen música, comida y bebida serán también los cabarets del siglo XX, populares en países como México y Argentina, además de los salones de bailes o las cantinas, donde también se une la música a la bebida y la comida.

Entre las tapas típicas que se pueden encontrar por casi toda España se pueden mencionar la tortilla de patata, los calamares fritos, las aceitunas, las patatas bravas, platos de jamón, chorizo o queso, los boquerones[87] en vinagre, las croquetas, el pulpo a la gallega y las gambas al ajillo.

En la película *Tapas* (2005), la acción se centra alrededor de una serie de personajes ligados a un bar de tapas. La película juega con el concepto de "tapas" y el verbo "tapar,"[88] al irse descubriendo los secretos que guardan los diferentes personajes, quienes, según se dice, "tienen mucho que tapar." La serie cómica de televisión *Los ladrones va a la oficina* (1993-1996) se desarrolla en un bar de tapas llamado "La oficina." Este bar es el lugar de reunión de unos simpáticos ladrones, que se reúnen allí para recordar viejos golpes[89] y planear otros nuevos.

La película *Fuera de carta* (*Chef's Special*) (2008) se desarrolla en un restaurante cuyo chef y dueño, Maxi, lucha por conseguir una estrella Michelín. La película conecta la vida en el restaurante con la homosexualidad de algunos de sus personajes, que han salido del armario,[90] y el tema de los hijos de padres solteros.[91]

Hablemos sobre las lecturas
1. ¿Qué son las tapas? ¿Cómo se explica el origen de su nombre?
2. ¿Pueden relacionarse las tapas con un lugar geográfico específico?
3. ¿Podemos hablar de un momento en el que se "inventan" las tapas? ¿Piensas que ha habido alimentos que han cumplido la función de las tapas sin llevar ese nombre?
4. ¿Cómo se explica la etimología de 'arroz'? ¿Qué relación tiene con la historia de su cultivo?

---

[87] fresh anchovies
[88] *tapar*: to cover, to hide
[89] jobs, robberies

[90] *salir del armario*: to come out of the closet
[91] single parents

5. ¿Qué es una paella? ¿Qué importancia cultural tiene?
6. ¿Cómo piensas que se puede explicar la similitud entre paella española y disco argentino?

Receta
Paella

Ingredientes
- 1 cebolla grande picada
- 1 cabeza grande de ajos, con los ajos pelados y aplastados con el cuchillo
- 1 pimiento verde mediano cortado en cuadritos
- 1 pimiento rojo mediano cortado en cuadritos
- 1 libra de gambas o langostinos con cabeza (si la tienen), quitada la vía intestinal
- 1 libra de aros de calamares limpios o chipirones limpios cortados por la mitad (con tentáculos)
- 1 libra de salmón u otro pescado de carne firme
- 2 libras de mejillones limpios
- 1 libra de almejas limpias
- (1 libra de cangrejos, si hay)
- 1 lata de 1 libra de excelente puré de tomate o tomate triturado
- 1 cucharadita de pimentón
- unas hebras[92] de azafrán
- 1 libra de arroz (preferiblemente integral) medido (unos dos vasos)
- vino blanco (facultativo)
- aceite de oliva y sal al gusto

1. Cocer los mejillones y las almejas a fuego vivo en 1/2 vaso de vino y un poquito de sal hasta que abran.
2. Quitar las conchas de casi todos los mejillones y las almejas y apartarlos, reservando el líquido de cocción.
3. Poner una paella o sartén a fuego alto y cubrir el fondo con el aceite de oliva.
4. Añadir los pimientos al aceite caliente.
5. Cuando los pimientos huelen a frito, añadir la cebolla (1-2 minutos).
6. Dar vueltas uno o dos minutos y añadir el ajo.

---

[92] stigmas (also thread, strand)

7. Tras otro minuto, añadir los langostinos, dándoles la vuelta cuando se hayan puesto rojos.
8. Una vez que el líquido se ha evaporado, añadir los cangrejos, si se usan, y después, cuando se hayan puesto rojos, los calamares.
9. Añadir el arroz, el tomate y el pimentón.
10. Medir[93] el líquido de cocción de los mejillones y las almejas y añadir suficiente agua para que haya el doble de líquido que de arroz y añadir a la paella.
11. Dejar que hierva todo, poniendo la paella sobre dos o más fuegos, si es necesario.
12. Añadir el azafrán frotándolo entre las dos manos o entre los dedos.
13. Añadir el salmón u otro pescado y los mejillones y almejas sin concha.
14. Agitar la paella con movimientos circulares para distribuir bien los ingredientes, revolviendo con cuidado.
15. Cuando se ha absorbido la mitad del líquido, poner la paella al horno a 375º Fahrenheit (si es arroz blanco) o 350º (si es integral).
16. Sacar el arroz del horno cuando está cocido, pero todavía firme.
17. Añadir los mejillones y almejas enteros que se tenían reservados.
18. Poner algunos guisantes frescos o congelados por toda la superficie de la paella y dejar reposar 5 minutos cubriéndola con un paño de cocina limpio. El arroz se terminará de hacer y absorberá el resto del líquido mientras reposa.

Actividades

1. Cocina una paella y compártela con la clase. ¿Cómo refleja la paella el entorno geográfico en el que vives?
2. Haz un mapa gastronómico de España: puedes hacerlo de acuerdo a sus regiones, a un alimento o ingrediente determinado como el queso o siguiendo otro criterio. Preséntalo a la clase y explica cómo lo has organizado y qué caracteriza cada región.
3. Elige un país hispánico y elabora un mapa gastronómico de ese país siguiendo las instrucciones anteriores.
4. Identifica un plato emblemático dentro de una de las culturas del mundo hispánico y explica las razones de la asociación de ese plato y la identidad étnica o cultural del grupo.
5. Inventa una tapa y compártela con la clase. Puedes cocinarla o dibujarla.
6. Mira algún episodio de la serie de televisión "España, un país para comérselo" y comparte con la clase lo que has aprendido.

---

[93] *medir*: to measure

Capítulo 14: Naciones culturales y gastronómicas: Euskadi

Este capítulo presenta al País Vasco (o Euskadi) como ejemplo representativo de una nacionalidad gastronómica. Por su variada geografía, su cercanía al mar, su tradición de excelencia en la cocina y la excepcional importancia que los vascos dan a la comida, el País Vasco disfruta de una importante gastronomía. Los txokos, los restaurantes con Estrellas Michelín, el poteo y los pintxos son algunos de los componentes característicos de la vida gastronómica de la zona. Los modales son importantes para disfrutar de la comida en uno de los elegantes restaurantes de San Sebastián (o Donostia) o en la propia casa. Por su tradición marinera y mercantil, el País Vasco ha tenido activos contactos con rutas comerciales como las establecidas con el Nuevo Mundo mediante la ayuda de empresas como la Compañía Guipuzcoana de Caracas. La sidra y el vino son dos bebidas importantes en el País Vasco, que produce sidra y txacoli, así como los vinos de la Rioja Alavesa.

Gastronomía vasca

El paisaje vascuence es muy variado, lleno de bosques y con un extenso litoral. Del mar salen las deliciosas anchoas,[1] los chipirones,[2] la merluza,[3] el atún, el pulpo, los mejillones[4] y muchos otros tipos de pescado. Debido a la abundancia de pescado de calidad, está bien establecida la industria de las conservas,[5] siendo famosas las anchoas del Cantábrico envasadas[6] en aceite de oliva y sin espinas.[7] También son justamente famosos el atún y el bonito en conserva, tanto si es en aceite de oliva como en escabeche. Las diferentes partes del bonito se enlatan[8] por separado, dividiéndose en lomo,[9] trozos, ventresca[10] y migas. En conserva, son asimismo deliciosos los mejillones en escabeche, las sardinas en aceite de oliva, en salsa de tomate, en escabeche o picante. Uno de los platos de pescado más emblemáticos de la cocina vasca es el *marmitako*, guiso que se elabora en una olla o marmita en la que se combinan atún, patatas, cebollas y pimientos y que parece ser un guiso creado por los pescadores cuando estaban en alta mar. Entre las carnes, se consume en particular vacuno y también cerdo y cordero. Son típicos los grandes chuletones de ternera o de vaca, así como los productos embutidos y curados del cerdo. Antes de prepararse para la mesa, la carne de ternera se cuelga[11] una semana en lugar frío antes de consumirse, aunque la de vaca se puede colgar desde veinte días a un mes

---

[1] anchovies
[2] small European squid
[3] hake
[4] mussels
[5] canning, canned food
[6] *envasar*: to pack

[7] fish bones
[8] *enlatar*: to can
[9] loin
[10] belly
[11] *colgar*: to hang

dependiendo del animal. Entre los embutidos destacan el jamón ahumado, las salchichas, la morcilla y un tipo de chorizo o longaniza muy delgado llamado *txistorra* (o chistorra) [en euskera o lengua vasca la -tx- se pronuncia de modo parecido a la -ch-]. Hay también un tipo de morcilla propio de la cocina vasca que se elabora con sangre de cordero y que se llama *tripotx*. Son muy apreciadas las morcillas de Beasain (Gipuzkoa o Guipúzcoa), hechas con puerro, cebolla, especias, sal, hierbas (orégano, guindilla y perejil), sangre y grasa de cerdo y que se cuecen durante mucho tiempo. En el siglo XIX la alubia de Tolosa (de color negro brillante y con sabor característico) desplaza a las habas y a las castañas en lo que se conoce como cocido vasco o *eltzekaria*. Entre las verduras destacan los espárragos de Mendavia, diferentes tipos de pimiento, que incluyen los de Ezpeleta y los de Gernika (o Guernica), además de las guindillas de Ibarra. Los pimientos de Gernika son dulces y frecuentemente se comen fritos. Al ser delicados, para freírlos deben ponerse en abundante aceite de oliva muy caliente, donde se remueven durante breves segundos; tras esto, la sartén se retira del fuego y se continúa dando vueltas a los pimientos hasta que se han cocinado procurando que no se quemen. Los pimientos de Ezpeleta son rojos, de tamaño pequeño y alargados. Tradicionalmente se ponen a secar colgados en ristras en la fachada[12] de los caseríos[13] durante casi un mes, lo que da un aire muy alegre y pintoresco a los edificios. En producciones a gran escala, el secado[14] se hace en grandes naves.[15] Al secarse, los pimientos adquieren un color rojo más oscuro y una fragancia característica. El secado de los pimientos se termina en hornos especiales. Después de secos, los pimientos, que son dulces y algo picantes, se pulverizan y se usan como especia, al igual que el pimentón. Un plato vasco típico elaborado con pimientos es la piperrada (del euskera *piperra*). Otros productos altamente apreciados de Euskadi son el llamado queso de Idiazabal, que se elabora con leche cruda de ovejas de la raza *latxa carranzana*, el *txacoli* (o chacolí), vino ligero algo espumoso de alta acidez y baja graduación alcohólica que se elabora con uvas verdes, y los *perretxikos*, setas que aparecen por primavera en los bosques vascos y son muy apreciadas por su sabor. En el País Vasco se adaptó muy pronto el cultivo de maíz por no poder cultivarse bien cereales como el trigo o la cebada. Por este motivo, la *etxeko andrea* o señora de la casa aprendió a hacer *talos*, tortas hechas con harina de maíz, que hoy suelen comerse envueltas en torno a un trozo de chorizo o *txistorra* u otro trozo de carne. Los talos, que antes eran alimento básico, hoy se comen sobre todo en ocasiones especiales y casi como golosina,[16] como cuando se acompañan con chocolate. Unas de las grandes contribuciones gastronómicas de Euskadi son sus cuatro salsas características: el pil-pil, que se hace removiendo rítmicamente bacalao, aceite de oliva, guindillas y ajos en una cazuela de barro; la salsa negra hecha con tinta del chipirón; la salsa verde, que toma su nombre del color del perejil, ingrediente

---

[12] facade
[13] Basque farm houses
[14] drying

[15] large capacity buildings, warehouses
[16] sweet treat

indispensable junto con el vino, la cebolla y el ajo; y la salsa vizcaína, hecha con pimiento rojo.

Los postres típicos incorporan frutos de los bosques de la zona, además de otros de uso común como la leche y el queso. Entre otros postres típicos, puede mencionarse la *intxaursaltsa*, que se compone de leche y nueces condimentadas con canela y azúcar, la *goxua* [en euskera la -x- se pronuncia como la -sh- del inglés], formada por capas de nata, bizcocho (borracho[17] o hecho con limón y aceite) y crema pastelera[18] bañadas con caramelo líquido; el pastel vasco o *biskotxa*, hecho con una masa de harina, manteca y huevos que se rellena de frutos o crema pastelera; la *pantxineta* se hace con hojaldre[19] y se rellena con crema pastelera y se espolvorea con almendras y azúcar fina.

En la cultura vasca se acostumbra a ir frecuentemente en grupos de amigos o cuadrillas de txikiteo o chiquiteo, es decir ir de bar en bar con los amigos bebiendo txikitos (chiquitos) o pequeños vasos de vino acompañándolos con pintxos (pinchos) o pequeñas porciones de comida pinchadas con un palillo sobre un trozo de pan. Al txikiteo también se le llama poteo o potear, de la palabra pote o vaso de vino o de otra bebida. Muchos bares tienen ofertas especiales de pintxo-pote, es decir una bebida acompañada de un pintxo, por poco dinero un día especial de la semana, frecuentemente los jueves. La "hora del poteo" es la hora del aperitivo a mediodía o por la tarde. Cuando el pote es de cerveza, en algunos lugares se le suele llamar zurito. Al vaso de sidra se le suele llamar sagardo, término que denomina la sidra en euskera. En los bares del País Vasco es costumbre que haya una selección de pintxos en el mostrador, que los clientes van tomando por sí mismos según sus gustos. Antes de salir, se dice al mozo cuántos pintxos se han consumido y se paga. También puede llevarse la cuenta de los pintxos consumidos por el número de palillos en el plato o eligiendo los pintxos y pagando antes de consumirlos. Los pintxos calientes no están en el mostrador, sino que hay que encargarlos directamente al camarero para que se preparen en el momento. Los bares y tabernas compiten por ofrecer los pintxos más deliciosos e interesantes al paladar. En Euskadi, como en otras partes del norte de España, son comunes las sidrerías, lugares para comer o cenar informalmente con los amigos a un precio módico.[20] En las sidrerías es típico comer o cenar con chuletón, tortilla de bacalao, nueces y queso con membrillo. Es costumbre que, cuando alguien se acerca a alguna de las barricas[21] para beber sidra, grite *"¡txotx!"*, llamada que significa una invitación para que todo el que quiera servirse más sidra acuda con su vaso. El *txotx* es el nombre que recibe el palillo que se usaba para cerrar el pequeño orificio que se abría en los barriles de sidra para poder probarla. Aunque los barriles

---

[17] soaked in syrup
[18] pastry cream, custard
[19] puff pastry

[20] moderate
[21] barrel

hoy comúnmente tienen un grifo,[22] la antigua llamada del txotx en la cata[23] de la sidra se adoptó como aviso a todos los presentes de que se va a abrir el grifo. Para que la sidra no se desperdicie, todos los que quieran beber deben acudir al mismo tiempo, ponerse en fila y colocar su vaso bajo el chorro.

**Figura 27: Mesas para disfrutar de la gastronomía local
al aire libre en la Plaza de Armas de Hondarribia**

La sidra debe orearse antes de beberse, por lo que se escancia desde lo alto, tanto si sale del barril como si sale de la botella. El escanciado crea una efervescencia temporal y realza su sabor. El trabajo de prensar las manzanas para elaborar la sidra dio lugar a la aparición de un ritmo musical propio conocido por el onomatopéyico término de *kirikoketa*. Este ritmo se producía al caer los palos cilíndricos con los que se machacaban las manzanas sobre la plancha de tablas de madera que se colocaba sobre las manzanas después de machacadas para exprimir su zumo. Es tradicional que, después de prensar las manzanas, los palos y la plancha de madera se secaran al aire libre y que entonces se usaran otra vez para improvisar nuevos ritmos. La combinación de estos palos y tablas se reconoce como instrumento musical, llamado *txalaparta*.

---

[22] tap   [23] tasting

La ciudad de San Sebastián (o Donostia) es la sede de 120 sociedades gastronómicas. En el País Vasco o Euskadi son muy importantes estas sociedades gastronómicas, conocidas como *txokos*, que tradicionalmente han sido enteramente masculinas y que pudieron tener su origen en antiguas sociedades de pescadores, aunque su origen exacto es incierto. Cada *txoko* tiene un centro donde hay una cocina y comedor y sus miembros se reúnen para cocinar, comer juntos, cantar y charlar e intercambiar noticias. Hoy en día muchos *txokos* admiten mujeres.

¿Sabías que...?

Los barcos de pesca vascos solían llevar un perro a bordo[24] cuya función era la de lanzarse a coger los pescados que se soltaban del anzuelo:[25] el perro se tiraba al agua y los recuperaba. A la hora de hacer el reparto de los beneficios de la pesca (lo que se conoce como partija), estaba estipulado qué porcentaje se llevaba cada uno en función de su puesto (una cantidad para el patrón, otra para los marineros, otra para el dueño del barco, etc.). Si el perro había conseguido recuperar algún pescado, el beneficio de la venta de esas piezas se dejaba aparte, y se conocía como txakurrarena (o 'lo del perro'); ese dinero se iba guardando y acumulando para hacer una merienda entre los propios pescadores, merienda que se hacía en la lonja[26] donde guardaban los aperos[27] de pesca. Algunas personas dicen que ese puede ser el origen de los txokos. (Historia oral narrada por Mercedes Gómez Bravo y Juan Carlos Zallo Uskola).

El País Vasco y el Nuevo Mundo: la Real Compañía Guipuzcoana de Caracas

Como hemos visto, el País Vasco incorporó alimentos americanos como el maíz con el que se hacían los deliciosos talos y cuyo cultivo pudo adoptarse con facilidad. También importaba productos del Nuevo Mundo que no podían cultivarse en Europa, como es el caso del chocolate, al tiempo que enviaba al otro lado del océano productos propios como el hierro forjado y los conocimientos artesanos para fabricar con él preciosos enrejados.[28] Estos enrejados pueden verse hoy, por ejemplo, adornando muchas ventanas en Oaxaca (México). El intercambio comercial entre el País Vasco y América se facilitó cuando en el siglo XVIII un grupo de comerciantes vascos formaron la Real Compañía de Caracas, que consiguió el control del comercio con Venezuela, desde donde exportaban productos como su excelente cacao a España. Con el cacao llegó el metate, con el que se trituraban los granos de cacao. En el País Vasco del siglo XIX, la elaboración de bombones y chocolate para consumir en estado sólido estaba en manos de familias como la de Gorrotxategi de Tolosa que trabajaban en confitería desde el siglo XVII. Hoy puede visitarse en Tolosa el Museo

---

[24] on board
[25] hook
[26] market, storage building

[27] tools, implements
[28] ironwork

Gorrotxategi de la confitería, donde puede estudiarse la evolución de la maquinaria y las técnicas para la elaboración de dulces. La maquinaria que se encuentra en el museo incluye la de fabricación de velas, ya que los confiteros eran históricamente los encargados de elaborarlas, al ser la cera producto unido a la miel que empleaban en la elaboración de los confites.

Hablemos sobre las lecturas

1. ¿Cuáles son las características principales de la gastronomía vasca?
2. ¿Cuáles te parece que son sus aportaciones culinarias más importantes?
3. ¿Cómo piensas que la cocina vasca refleja el entorno geográfico en el que se crea?
4. ¿Qué es txotx? ¿Cuál es su papel dentro de la sociabilidad asociada con la comida y bebida?
5. ¿Cómo se elabora la sidra? ¿Por qué es importante escanciarla antes de beberla?
6. ¿Cómo está unida la sidra a la música? ¿Conoces otros ejemplos en los que una bebida o una comida esté relacionada con un ritmo musical?
7. ¿Qué son los txokos? ¿Cuál es su origen?
8. ¿Qué es la Real Compañía Guipuzcoana de Caracas? ¿Cuál piensas que es su importancia?

El vino y los contactos biológicos y culinarios

En el País Vasco se bebe sidra, pero también se disfruta el vino. Dentro de la variada geografía del País Vasco, la zona viticultora más productiva es la de la Rioja Alavesa que, como su nombre indica, comparte características de clima y suelo con La Rioja, donde se producen vinos de excelente calidad. Los vinos de La Rioja suelen producirse con una mezcla de uvas de diferentes regiones, aunque también están produciéndose vinos de uvas procedentes de una sola zona. La Rioja se divide en Rioja Alta, Rioja Baja y Rioja Alavesa. La Rioja Alta está más cerca de las montañas y tiene por tanto una mayor elevación, con una estación más corta y con vinos ligeros que son de sabor afrutado. La Rioja Baja es la que tiene un clima más continental, cálido y seco, y sus vinos tienen un color oscuro y mayor graduación alcohólica. La Rioja Alavesa produce vinos de gran cuerpo y cierta acidez. Hay documentos que indican que el vino se producía ya en La Rioja en el siglo IX, creciendo su producción en importancia con la llegada de los fenicios y con los celtíberos, de modo que estaba ya establecida cuando llegan los romanos. En el País Vasco se cultiva también, en la zona alrededor de San Sebastián, un tipo de uva verde que crece bien en el clima húmedo y fresco de la zona y que se usa para elaborar el txacoli, del que se ha hablado anteriormente. Además del terreno, el clima y el tipo de uva, hay otros importantes factores que influyen en el sabor del vino. Estos incluyen los de su elaboración y envejecimiento. Los vinos criados en barrica de roble[29] por lo menos durante un año, seguido de otro año en botella, se conocen como vinos de <u>crianza</u>. Los vinos blancos y rosados solo tienen que estar en barrica un mínimo de seis meses para ser considerados de crianza. Los vinos que se conservan en barrica de roble durante un mínimo de un año y después dos años de envejecimiento en botella son los que se llaman vinos de <u>reserva</u>. Los vinos de <u>gran reserva</u> tienen que estar en barrica durante al menos dos años, seguidos de un año y medio como mínimo en botella.

El vino ha sido siempre una bebida tan importante que su cultivo se impuso también en lugares donde la vid no era un cultivo nativo, como resultado del intercambio colombino. Desde la implantación del Cristianismo, el cultivo de la uva también se impuso con el fin de hacer el vino necesario para la celebración de la Eucaristía. Por estos motivos, el cultivo de la vid era tarea prioritaria en todos los lugares en los que se extendía el cristianismo, por lo que se plantaron vides en muchos de los territorios americanos desde el siglo XVI. Para principios del siglo XVII había ya "mucho vino y bueno," según las crónicas del momento, en gran parte del territorio chileno. En las pulperías o tiendas de alimentos del Nuevo Mundo se servía vino tinto, blanco y moscatel. Tanto prosperó el cultivo de la vid y tanto se extendió el consumo del vino que un obispo escribió al rey de España desde Chile: "Desde los principios de la Conquista se ha introducido la vid, y a pesar de que nadie ha pedido licencia, está la tierra tan llena de ellas que no hay pago,[30] valle ni rincón que no esté plantado de viñas."[31] Los problemas de embriaguez[32] que la abundancia de vino conllevó dieron lugar a mediados del siglo XVI al establecimiento de una *Ley seca* en todo Chile, aunque esta ley no prosperó. En el siglo XVII había críticas contra la falta de sobriedad en los banquetes, donde los profusos brindis[33] al estilo "de Flandes"[34] invitaban a los presentes a beber desmedidamente[35] "con muy gran descompostura[36] y fealdad, poniendo las botijas[37] de vino en las mesas sobre manteles y brindando con mil ceremonias por cuantos hombres y mujeres le vienen a la memoria y a la postre a los ángeles porque así se usa en Flandes."

Hablemos sobre las lecturas
1. ¿Cuáles son las tres zonas en que se divide La Rioja? ¿Qué características geográficas y climáticas tienen?
2. ¿En cuántos tipos podemos dividir el vino? ¿Qué criterios se siguen en su clasificación?

---

[29] oak
[30] place
[31] vineyards
[32] drunkenness
[33] toast

[34] Flanders (region in Belgium)
[35] excessively
[36] brazenness
[37] jugs

3. ¿Por qué se extiende el cultivo del vino de forma tan rápida desde un primer momento en diferentes lugares?

4. Teniendo en cuenta lo que hemos aprendido de los hábitos alimentarios de las civilizaciones antiguas, ¿crees que el interés por el cultivo del vino se debe solamente a razones religiosas? Razona tu respuesta.

El Centro Vasco de Estudios Culinarios

El Centro Vasco de Estudios Culinarios (también Basque Culinary Center o BCC) constituye la primera Facultad de Ciencias y Artes Gastronómicas de Europa. Es una fundación sin ánimo de lucro,[38] resultado de la colaboración entre entidades públicas y privadas. El BCC está dedicado a la innovación y promoción de la alimentación y gastronomía. En el Centro se imparten cursos de nivel universitario. El Patronato[39] del Centro lo integran siete cocineros vascos: Juan Mari Arzak, Pedro Subijana, Martín Berasategui, Hilario Arbelaitz, Andoni Luis Aduriz, Eneko Atxa y Karlos Arguiñano. El Consejo Asesor[40] Internacional que guía al Centro está presidido por Ferrán Adriá, padre de la cocina modernista también conocida como cocina molecular. El curso de estudios consta de cuatro años de estudios universitarios que se estructuran alrededor de cuatro áreas principales: cocina y atención en sala, gestión[41] de negocio, ciencia y tecnología alimentaria y arte y cultura gastronómica. El Centro es también un lugar de investigación y cuenta, por ejemplo, con el Laboratorio de Nuevas Elaboraciones, en el que se experimenta con sabores y texturas y se generan nuevos productos gastronómicos. En el centro de investigación se siguen cuatro líneas principales: fomento de hábitos y estilos de vida nutricionales; nuevos diseños culinarios y nuevas elaboraciones de prototipos culinarios; otra con énfasis antropológico y cultural en la gastronomía; y una última centrada en técnicas y aparatos innovadores dedicados al mundo culinario. Tras desarrollar un producto, se pasa al proceso de cata[42] y al de evaluación sensorial (incluyendo la actividad cerebral, sobre todo en lo que se refiere a las zonas de placer). El tercer año, los alumnos pueden decantarse[43] por una de las siguientes especialidades: vanguardia culinaria; innovación y negocios; o industria alimentaria. Los conocimientos técnicos y teóricos se complementan con las prácticas en restaurantes, que se realizan empezando por pequeños restaurantes vascos, siguiendo por restaurantes españoles con estrellas Michelín, para terminar con restaurantes fuera de España y con una práctica opcional en una empresa de industria alimentaria. A nivel de posgrado, pueden cursarse estudios de Master's en sumillería;[44] pastelería de restaurante; cocina, técnica y producto; o también innovación y gestión de restaurantes. Asimismo

---

[38] nonprofit
[39] board
[40] advisory board
[41] management

[42] tasting
[43] elegir
[44] persona experta en vinos y licores

se ofrecen cursos para aficionados o profesionales y para todas aquellas personas que quieran ampliar sus conocimientos. Cuando terminan los estudios, los alumnos y alumnas trabajan en cocina o bodega como sumiller o chef; en servicios de hospitalidad y atención al cliente; en gestión de empresa; o en trabajos en la industria alimentaria.

San Sebastián (o Donostia), la ciudad en la que se encuentra ubicado el Centro, es la ciudad del mundo con mayor concentración de restaurantes con estrellas Michelín per cápita.

¿San Sebastián o Donostia?
Muchas ciudades españolas en las que se habla más de una lengua tienen un nombre en español y otro en la otra lengua. En el caso de San Sebastián, su nombre en Euskera o vasco es Donostia. Por otro lado, el País Vasco es Euskadi o Euskal Herria, "el país del euskera."

Estrellas Michelín
La guía Michelín nació como una publicación publicitaria que la compañía de neumáticos Michelín regalaba a sus clientes. En un principio la guía tenía principalmente información de viaje útil para los conductores,[45] como por ejemplo nombres de médicos, mecánicos, planos de ciudades y notas curiosas. Pronto empezó a incorporar también información sobre restaurantes, con la clasificación por estrellas, que pueden ser de una a tres, según la calidad de los mismos. La adjudicación[46] de estrellas está al cargo de inspectores que visitan de modo anónimo los restaurantes y les dan una calificación de acuerdo al servicio, la creatividad, la calidad de la comida y su presentación.

Cocina de estrellas
En bares como A fuego negro o Zeruko, situados en la parte vieja de Donostia, se sirven platos de alta gastronomía en forma de pintxos. Pedro Subijana en su restaurante *Akelarre*, situado en la falda[47] de Monte Igueldo en San Sebastián o Donostia fue el primero que introdujo el menú degustación,[48] después adoptado en todo el mundo. Famosos cocineros vascos son Juan Mari y Elena Arzak (con el restaurante Arzak), Andoni Luis Aduriz (Mugaritz), Martín Berasategui (con el restaurante de su nombre), Fernando Canales Etxanobe (Etxanobe), y Eneko Atxa (Azurmendi), Víctor Arguinzoniz (Asador Etxebarri), Rubén Trincado (Mirador de Ulía) y Josean Alija (restaurante Nerua, dentro del Museo Guggenheim de Bilbao). Todos ellos tienen estrellas Michelín. El restaurante Arzak está regentado[49] por el famoso

---

[45] drivers
[46] awarding
[47] skirts

[48] tasting menu
[49] *regentar*: to manage, to run

chef Juan Mari Arzak, uno de los padres fundadores[50] de la Nueva Cocina Vasca, y su hija María Elena. El restaurante Arzak tiene tres estrellas Michelín y su menú degustación puede incluir "ostras[51] volcánicas" (ostras a la plancha con alcachofas, flores comestibles, grosellas,[52] zanahorias y uvas de mar,[53] presentadas encima de roca volcánica), "ovolácteo light" (huevo escalfado envuelto en panko y acompañado de "hojas" crujientes de leche y de queso, todo espolvoreado con polvo de baobab) y, de postre, "hidromiel[54] y fractal fluido" (postre de limón con hidromiel dibujado en el plato en la forma de un fractal) o la "ferretería[55] Arzak" (llaves, tuercas y tornillos[56] en apariencia de metal, pero en realidad de chocolate). Los platos de Arzak, así como los de otros que abundan en la cocina creativa de muchos restaurantes, son experiencias multisensoriales dirigidas no solo al paladar sino también al ingenio[57] de los comensales, al presentar juegos conceptuales y sensoriales. Al lado del restaurante Arzak se encuentra su laboratorio, donde trabaja un equipo[58] que investiga y desarrolla nuevas propuestas de cocina vanguardista[59] que después encontrarán aplicaciones en el menú del restaurante. En este laboratorio se encuentra el "Banco de ideas," donde se guardan, ordenados y catalogados, más de 1.600 sabores y aromas liofilizados o deshidratados recogidos por todo el mundo, incluyendo flor de magnolia de México, polvo de remolacha de Australia, raíz de galanga de Guatemala o tapioca verde de Tailandia.

¿Sabías que...?
Mientras que en el resto de España se va de tapas o de copas o de cañas o de bares, en Euskadi se va de pintxos (pinchos), así llamados porque el delicioso bocado está típicamente pinchado en una rebanada de pan con un palillo.[60]

Pintxos de campeonato
En la ciudad de Hondarribia se celebra anualmente el Campeonato de Pintxos, en el que cocineros de todo el país compiten por preparar el mejor y más original pintxo del año. El ganador recibe la txapela o típica gorra vasca además de un premio en metálico. Algunos de los pintxos ganadores han sido "chips y ron," "huevo al oro," "esponja de anchoa" y "porky, porky."

---

[50] founding fathers
[51] oysters
[52] red currants
[53] sea grapes
[54] mead
[55] hardware store
[56] nuts and bolts
[57] ingenuity
[58] team
[59] avant-garde
[60] toothpick

Figura 28: Bahía de San Sebastián – Donostia vista desde el Monte Urgull

Hablemos sobre las lecturas:

1. ¿Por qué te parece importante que haya un centro académico dedicado a la enseñanza de la gastronomía?
2. En el BCC se imparten clases tanto de cocina tradicional como de técnica de vanguardia. ¿Por qué es importante conocer las dos?
3. Hoy en día, la gran cocina de restaurantes con estrellas Michelín parece estar en manos de hombres, mientras que las mujeres son las que suelen estar al cargo de la cocina doméstica. ¿Cuáles te parece que son las razones de esta situación?
4. ¿Qué aspectos de la gastronomía molecular o modernista te parecen más interesantes? ¿Por qué te parece que es importante el juego conceptual y sensorial en esa cocina?
5. ¿Qué son los pintxos?

Cerebro y comida: trampantojos...[61] ¿trampagustos?

Como vimos en el capítulo 2, desde un principio ha existido gran interés en explorar la relación entre el cerebro y el entendimiento[62] y los sentidos.[63] Como puede verse hoy en la práctica de la gastronomía molecular o modernista, en la cocina continúa ese mismo interés. Allí se elaboran verdaderos juegos conceptuales, que buscan ser sorprendentes y al mismo tiempo deliciosos. En los banquetes medievales se presentaban platos como el pavo real asado y luego revestido[64] otra vez con todas sus plumas de tal forma que al presentarlo a la mesa parecía estar vivo. Este plato continuaba sirviéndose en las mesas europeas hasta el siglo XX. Otras veces se elaboraban grandes pasteles con formas fantásticas de los que, al partirlos, salían pájaros vivos volando. Este interés en atraer el intelecto a la vez que el gusto en la mesa que tanto ocupa los esfuerzos de la cocina modernista hoy en día cuenta con muchos otros ejemplos significativos. Según cuenta Alonso de Ovalle en su *Histórica Relación del Reyno de Chile,* en el Chile del siglo XVII, las monjas se esmeraban[65] en realizar dulces de una pasta de azúcar y almendra llamada <u>alcorza</u> a los que daban formas de objetos tan perfectamente reproducidos que no podían distinguirse del natural. Según cuenta este autor estaba "todo tan perfectamente acabado, con tanta curiosidad,[66] primores[67] y galanterías[68] que admira a los que más han visto." Los objetos de alcorza que las monjas hacían no podían distinguirse de los que normalmente se usaban para servir la comida:

"Siembran[69] las mesas de algunas de estas frutas contrahechas[70] y de alhajas[71] de aguamaniles,[72] jarros, tazas, alcarrazas,[73] saleros,[74] platos, cuchillos, cucharas, tenedores, todo hecho de alcorza salpicado[75] de oro y plata; la primera acción que hacen los invitados en sentándose a la mesa es despejarlas [76] de estas alhajas, presentándoselas a los convidados[77] a quien gustan, porque las que sirven en el banquete son todas de plata. Cuesta todo esto muchísimo porque el azúcar viene del Perú y la manufactura de todas estas curiosidades es muy cara y los convidados muchos."

Diego de Rosales, en su *Historia General del Reino de Chile* (1877-1878), cuenta que el gobernador Diego de Mújica recibió muchas sorpresas similares durante el

---

[61] trompe l'oeil
[62] understanding
[63] senses
[64] *revestir*: to cover, to dress
[65] *esmerarse*: to go through a lot of effort
[66] care
[67] delicacy, skill
[68] grace
[69] *sembrar*: to scatter, to spread

[70] artificial
[71] precious objects
[72] wash-bowl
[73] earthenware container
[74] salt shaker
[75] *salpicar*: to sprinkle, to splash
[76] *despejar*: to clear, to clear up
[77] guests

banquete que la ciudad de Santiago de Chile organizó en su honor:

"Al desdoblar la servilleta, sentándose a comer en el primer recibimiento[78] que le hizo la ciudad de Santiago y hallarla de alcorza tan al vivo[79] que sus dobleces y disposición[80] le engañaron,[81] pareciéndole que era servilleta de alemanisca,[82] sucediéndole lo mismo con el cuchillo, con el pan y las aves que le sirvieron y asimismo con las frutas y las limas[83] que queriendo exprimir[84] una que estaba cortada en un plato que se le puso sobre un ave, se halló engañado, por ser lima de alcorza."

Hablemos sobre las lecturas

1. ¿Qué es un trampantojo?
2. ¿Cuáles son los ejemplos de trampantojos que aparecen en las lecturas?
3. ¿Cuáles son los ingredientes que se utilizan para que sean una imitación tan perfecta de los objetos? ¿Cómo reaccionan los comensales al intentar usarlos?
4. ¿Hay algún ejemplo de trampantojo relacionado con la comida que conozcas o que hayas experimentado?
5. ¿Cómo crees que se relaciona la gastronomía modernista con los trampantojos y los sofisticados juegos con los sentidos de las cocinas de períodos anteriores?

Modales en la mesa[85]

Cuando vamos a comer a un restaurante que tenga una estrella Michelín u otro restaurante elegante, debemos respetar los modales de la mesa, para lo que hay que conocer varias reglas importantes. Estas también son reglas que puedes seguir en casa cuando tienes invitados o en las comidas diarias. En primer lugar, la mesa estará puesta de modo que no haya ningún obstáculo para la conversación y para el contacto visual entre los comensales. Por este motivo, las decoraciones de mesa, tanto si son de flores o frutas como de otros adornos, no deben ser tan altas ni tan voluminosas[86] que impidan[87] la comunicación entre las personas. Los cubiertos que van a usarse durante toda la comida estarán puestos todos en la mesa, a ambos lados del plato en el orden en que van a utilizarse, colocándose en la parte más exterior el primero que se va a usar y el útimo en la parte más cercana al plato. Las cucharas y cuchillos se colocan en el lado derecho del plato, mientras que los tenedores se

---

[78] reception, welcome
[79] so life-like, so similar to a real napkin
[80] arrangement
[81] *engañar*: to deceive, to trick
[82] embroidered fabric
[83] limes
[84] *exprimir*: to squeeze
[85] table manners
[86] bulky
[87] *impedir*: to impede, to hinder, to stop

ponen a la izquierda. Las cucharas estarán en la parte más exterior, puesto que la sopa se come antes que los otros platos. Es sabido que, al comer sopa, la cuchara debe ir a la boca y no la boca a la cuchara. Esto quiere decir que no hay que inclinarse para acercar la boca al plato. La sopa debe comerse con cuidado para no derramar[88] el líquido y no debe sorberse ruidosamente.[89] Los cubiertos del postre[90] suelen colocarse en la parte superior del plato, en el lado opuesto al comensal. La cucharilla[91] se usa para comer el postre y se sitúa[92] con el mango hacia la derecha, mientras que el tenedor se usa para ayudar a empujar[93] la comida hacia la cucharilla, por lo que se coloca con el mango hacia la izquierda. Rara vez[94] se sirve un postre para el que se necesite usar el cuchillo, por lo que no es frecuente encontrar este utensilio entre los cubiertos del postre. Los cubiertos deben siempre manejarse con los dedos, nunca con el puño.[95] Los vasos se colocan a la derecha del plato, en la parte superior, en el orden en que van a utilizarse. El vaso que se coloca más hacia el interior es siempre el del agua. El platito para el pan se sitúa a la izquierda del comensal. La servilleta[96] se coloca encima del plato. Al sentarse a la mesa, debe ponerse la servilleta en dos movimientos. Primero, se pone la servilleta, doblada, en el regazo.[97] Una vez ahí, se desdobla[98] y se deja doblada en dos colocando los dobleces[99] cerca del cuerpo. Cuando necesita usarse la servilleta, se usa su parte interna, abriendo los dobleces y limpiándose con el interior. De este modo, la parte exterior que está a la vista de los otros comensales no presentará un aspecto sucio o desagradable. Mientras se come no deben ponerse los codos[100] en la mesa y las manos siempre tienen que estar a la vista encima de la mesa. La comida se sirve a los comensales por su lado izquierdo y se retira por el derecho. El pan y la bebida se sirven por el lado en el que están colocados el platito del pan y las copas, respectivamente. Una vez que se ha terminado con un plato, deben dejarse los cubiertos usados alineados[101] y con el mango ligeramente torcido[102] hacia un lado encima del plato para facilitar su retirada de la mesa. El cuchillo se pone con el filo[103] hacia dentro del plato y el tenedor con los dientes hacia abajo. La comida se corta con el cuchillo y tenedor y cada pedazo cortado se va poniendo en la boca a medida que se va cortando, sin dejar el cuchillo en el plato ni cambiar de mano el tenedor. Se considera de mala educación usar el teléfono móvil en la mesa. También se considera de mala educación sazonar[104] la comida en la mesa, por ejemplo con sal o pimienta, ya que esto significa que la comida no está bien preparada. Es de buena educación esperar a que todo el mundo

---

[88] *derramar*: to spill
[89] noisily, loudly
[90] dessert
[91] teaspoon
[92] *situar*: to place, to put, to position
[93] *empujar*: to push
[94] it is rare that...
[95] fist
[96] napkin

[97] lap
[98] *desdoblar*: to unfold
[99] folds
[100] elbows
[101] *alinear*: to line up, to align
[102] *torcer*: to turn, to twist
[103] edge, sharp edge
[104] *sazonar*: to season

esté servido para empezar a comer. Nunca debe abandonarse la mesa antes de que se haya retirado el anfitrión o anfitriona.

Hablemos sobre las lecturas

1. ¿Qué modales deben observarse a la hora de sentarse a la mesa?
2. ¿Cuáles son los modales asociados con la mesa que se observan en tu familia? ¿Son similares o diferentes a los que se siguen en situaciones más formales?
3. ¿Qué función piensas que cumplen los modales de la mesa? ¿Por qué han existido a lo largo de los siglos?
4. ¿Son los modales descritos en la lectura diferentes que los que se siguen en tu cultura? ¿Cuáles son las diferencias?

Receta
Piperrada

Ingredientes

- 2 pimientos rojos y 2 pimientos verdes aproximadamente del mismo tamaño, cortados en tiras [105] delgadas, habiendo eliminado el pedúnculo[106] y las semillas
- 3 cebollas medianas o grandes picadas muy finamente
- 4 dientes de ajo machacados o cortados en láminas[107] muy finas
- 4 tomates maduros triturados o una lata de 1 libra de tomate triturado de buena calidad y sin otros ingredientes añadidos
- un pellizco[108] de azúcar
- sal al gusto
- aceite de oliva

1. En una sartén a fuego alto se ponen cuatro cucharadas de aceite de oliva.
2. Cuando el aceite está caliente, se echan las cebollas y se baja el fuego de modo que las cebollas se hagan lentamente.
3. Cuando las cebollas están empezando a ponerse transparentes, se sube otra vez el fuego y se añaden los pimientos junto con otras dos cucharadas de aceite.
4. Se mezclan bien los pimientos con las cebollas en la sartén, se añade el ajo y

---

[105] strips
[106] stem
[107] slices
[108] pinch

se vuelve a poner el fuego a temperatura media.

5. Cuando los pimientos están reblandecidos[109] y empiezan a oler[110] bien, se sube el fuego y se añade el tomate, el pellizco de azúcar y sal al gusto.

6. Se baja otra vez el fuego a temperatura media o media-baja y se cocina todo durante diez minutos o hasta que el tomate se haya deshecho e incorporado bien a los otros ingredientes. Probar para rectificar de azúcar y sal.

Este plato puede servirse de acompañamiento a carnes y pescados o también con patatas asadas y huevos escalfados[111] en la misma piperrada. Para hacer estos últimos, se cascan los huevos que se quieran en la sartén una vez terminada la piperrada, se tapan y se cuecen a fuego lento encima del fogón o se introducen en horno precalentado[112] a 350° Fahrenheit durante cinco o diez minutos o hasta que los huevos se hayan cuajado. Servir acompañando con buen pan de barra.

Actividades

1. Imagina cuáles son los ingredientes y las técnicas utilizadas para hacer los pintxos ganadores del concurso de Hondarribia. ¿Puedes explicar los juegos conceptuales y sensoriales que proponen?

2. Inventa un pintxo nuevo. Recuerda que tiene que ser conceptualmente interesante, sensorialmente sorprendente y siempre delicioso. Dibuja o elabora el pintxo y compártelo con la clase.

3. Reinventa un plato típico de tu tradición nacional, étnica o familiar como pintxo modernista. Dibuja o elabora el pintxo y compártelo con la clase.

4. Organiza un pequeño ensayo de una comida formal en clase y practica los modales que se describen en la lectura.

---

[109] *reblandecer*: to soften
[110] *oler*: to smell

[111] poached
[112] *precalentar*: to preheat

Obras citadas

Pablo Lévy, *Notas geográficas y económicas de la república de Nicaragua*. Dominio público 21

Miguel de Cervantes Saavedra, *Don Quijote de la Mancha*. Dominio público 35, 37, 187

Ruperto de Nola, *Libro de guisados*. Dominio público 38, 217

La perfecta cocinera. Dominio público 40

Biblia, traducción de Casiodoro de la Reina. Dominio público 44

Juan Vallés, *Regalo de la vida humana.* Dominio público 50

Sebastián de Covarrubias, *Tesoro de la lengua castellana o española*. Dominio público 52, 212

José de Acosta, *Historia natural y moral de las Indias.* Dominio público 57, 81-82

Francisco Javier Clavijero, *Historia Antigua de México.* Dominio público 59-60, 67

Juan de Cárdenas, *Primera parte de los problemas y secretos maravillosos de las Indias.* Dominio público 61, 159-160

Juan de la Mata. *Arte de la Repostería*. Dominio público 63

Marcos Antonio de Orellana, "Oh, divino chocolate." Dominio público 63

Antonio de Ulloa, *Viaje al Reino del Perú*. Dominio público 63, 131-132, 154, 189-190

Juan de Palafox y Mendoza, *Cartas pastorales*. Dominio público 65

Sínodo de Santiago de Cuba. Dominio público 65

Francisco Javier Clavijero, *Historia Antigua de México*. Dominio público 59-60, 67

Bernal Díaz del Castillo, *Historia verdadera de la conquista de la Nueva España*. Dominio público 69-72

Hernán Cortés, *Segunda carta de relación*. Dominio público 72-74

Leónidas Castro Bastos, *Paisajes Natural y Cultural del Perú,* Lima: Universo, 1971 (p. 218) 80

Inca Garcilaso de la Vega, *Comentarios reales de los Incas*. Dominio público 86-87

Fray Bernardino de Sahagún, *Historia general de las cosas de Nueva España*. Dominio público 89-90

Pedro de Répide, "Manjar vernáculo," *Buen comer y buen beber*, Suplemento de la revista *Blanco y Negro* 30, Junio, 1936 (np) 96

Juan de Timoneda, *El sobremesa o alivio de caminantes*. Dominio público 100

Gregorio Gutiérrez González, *Memoria sobre el cultivo del maíz* 103-104

Mesonero Romanos, *Un año en Madrid*. Dominio público 121-122

José Hernández, *El gaucho Martín Fierro*. Dominio público 125-126

Concolorcorvo (Alonso Carrió de la Vandera), *El Lazarillo de ciegos caminantes*. Dominio público 126-127

Domingo Faustino Sarmiento, *Facundo. Civilización y barbarie*. Dominio público 127-128

Gonzalo Fernández de Oviedo, *Historia general y natural de las Indias*. Dominio público 134

Fernando Ortiz. "Los factores humanos de la cubanidad," *Revista Bimestre Cubana*,

21 (1940): 161-186 (p. 168) 141-142

Gertrudis Gómez de Avellaneda, *Sab*. Dominio público 147-148

Antonio Lavedán, *Tratado de los usos, abusos, propiedades y virtudes del tabaco, café, té y chocolate*. Dominio público 150-151

Virginia Auber Noya, *Ambarina: Historia doméstica cubana*. Dominio público 153-154

Popol Vuh, traducción de fray Francisco Ximénez. Dominio público 157-158

Gómez de Vidaurre, *Historia geográfica, natural y civil del Reino de Chile*. Dominio público 161-162

Cucalambé (Juan Cristóbal Nápoles Fajardo), "Adios al ajiaco." Dominio público 173-176

José Medina P., *Informe acerca de la raza, carácter, costumbres, religión*. Dominio público 177-178

Agustín del Saz, *Panamá y la zona del Canal*, Barcelona: Seix Barral, 1944 (p. 95) 178

Benito Pérez Galdós, *La vuelta al mundo en la Numancia*. Dominio público 179

Ernesto Giménez Caballero, *Notas marruecas de un soldado*. Dominio público 181

Benito Pérez Galdós, *Torquemada y San Pedro*. Dominio público 183-185

Emilia Pardo Bazán, *Los Pazos de Ulloa*. Dominio público 185-186

Melchor de Santa Cruz de Dueñas, *Floresta española*. Dominio público 186-187

Alonso Fernández de Avellaneda, *Don Quijote de la Mancha*. Dominio público 187

Rafael Nogales Méndez, *Memorias*, Caracas: Biblioteca Ayacucho, 1991, vol 2 (p. 75) 188-189

Alejandro Malaspina, *Descripción de Chile*, en *Viaje político-científico alrededor del mundo*. Dominio público 198-200

Ignacio Doménech, *La cocina vegetariana moderna*, Barcelona: Tipografía Bonet, 1925 (pp. 6-7) 203-204

Fernán Caballero, *La familia de Alvareda*. Dominio público 209-210

Diccionario de Autoridades. Dominio público 212

Raimundo de Lantery, *Memorias*. Dominio público 212

Ángel Muro, *El practicón*. Dominio público 213-214

Benito Pérez Galdós, *La de Bringas*. Dominio público 214-215

Informe del Obispo al rey de España. Dominio público 229

"Crítica sobre la embriaguez", en *Informes y documentos de la junta de guerra al rey*. Dominio público 229

Alonso de Ovalle, *Histórica Relación del Reyno de Chile*. Dominio público 234

Diego de Rosales, *Historia General del Reino de Chile*. Dominio público 235

Fotos

Películas

Cándida millonaria (1941) Argentina, dir. Luis Bayón Herrera
Una gallega en México (1949) México, dir. Julián Soler
Los hijos de don Venancio (1944) México, dir. Joaquín Pardavé
Los nietos de don Venancio (1946) México, dir. Joaquín Pardavé
Ocho apellidos vascos (2014) España, dir. Emilio Martínez-Lázaro
Primero soy mexicano (1950) México, dir. Joaquín Pardavé
Bendito entre las mujeres (1959) México, dir. Miguel M. Delgado
México de mis recuerdos (1943) México, dir. Juan Bustillo Oro
Los chiflados del rock and roll (1957) México, dir. José Díaz Morales
Yo no me caso compadre (1960) México, dir. Miguel M. Delgado
Acá las tortas (1951) México, dir. Juan Bustillo Oro
La tienda de la esquina (1951) México, dir. José Díaz Morales
Tarahumara, cada vez más lejos (1965) México, dir. Luis Alcoriza
El hambre nuestra de cada día (1952) México, dir. Rogelio A. González
El ADN del ceviche (2015) Canadá, dir. Orlando Arriagada
Los gauchos judíos (1974) Argentina, dir. Juan José Jusid
Chevolution (2008) Estados Unidos, dir. Luis López y Trisha Ziff
De tal palo, tal astilla (1960) México, dir. Miguel M. Delgado
El olivo (2016) España, dir. Icíar Bollaín
Mujeres al borde de un ataque de nervios (1988) España, dir. Pedro Almodóvar
Café cantante (1951) Argentina, dir. Antonio Momplet
Tapas (2005) España, dir. José Corbacho y Juan Cruz
Los ladrones van a la oficina (1993-1996) España, serie televisiva
Fuera de carta (2008) España, dir. Nacho García Velilla

Índice

Índice

Índice

CPSIA information can be obtained
at www.ICGtesting.com
Printed in the USA
BVHW021315200921
616963BV00014B/3